U0657304

2010年度教育部人文社会科学研究青年基金项目

证券自律组织民事责任豁免研究（项目批准号：10YJC820063）

研究成果

———————————————※———————————————

本书受中央高校基本科研业务费专项资金、大连民族学院优秀学术著作出版基金资助

研究

证券市场自律

ZHENGQUAN SHICHANG
ZILÜ YANJIU

李志君 著

人民出版社

目　　录

导　　言

一、选题背景与意义

由美国次贷危机引发的世界性经济危机给全球经济和社会发展带来了巨大的损伤,设计并操作复杂金融衍生产品的华尔街成为众矢之的。许多人士将这场危机的根源归结于政府监管的缺位,归结于自律机制的失灵,呼吁加强监管和推进国际监管合作的呼声日渐高涨。无疑,政府监管是必要的,经济全球化也需要推动国家间的监管合作。然而,政府加强监管是否就是唯一的出路?严厉的政府监管是否就能避免金融危机的出现?证券国际监管合作固然重要,但如何推进?证券业自律机制是否失去意义?本书试图在证券市场面临重大变革的时刻进一步探讨政府监管与市场自律的关系,在"加强监管"一边倒的声浪中冷静反思自律制度的价值,为今后金融危机时代的证券监管提出些许建议。

证券市场牵一发而动全身的效应一直为各国政府高度重视,金融危机的世界性灾难后果使得证券市场的监管改革包括国际监管合作提上议事日程。本书的研究有助于在当前复杂的经济背景下,检讨和反思证券监管的不足,探索证券监管改革的思路,提出推进国际监管合作的设想,论证市场自律对证券市场规范发展的积极意义。同时,本书将立足于我国实践,分析我国证券市场自律制度的模式选择与改革取向。本书理论联系实际,应用性强,具有较重要的理论价值和实践意义。

二、国内外研究动态

本书界定的证券市场自律是指依赖证券市场的自律性组织如证券交易所、证券业协会等实现市场的自我约束、自我管理,不包含市场主体道德自律范畴。国内关于证券业自律的研究较为薄弱,目前取得的较重要成果有陈野华等:《证券业自律管理理论与中国的实践》(2006),于绪刚:《交易所非互助化及其对自律的影响》(2001),谢增益:《公司制证券交易所的利益冲突》(2007),卢文道:《证券交易所自律管理论》(2008),卢文道:《判例与原理:证券交易所自律管理司法介入比较研究》(2010),吴伟央:《证券交易所自律管理的正当程序研究》(2012)等。但这些成果多侧重"具体制度"的分析,而缺乏深入的"制度分析",而且由于这些成果出版较早,资料已显陈旧,既未能反映近几年国际证券市场的巨大变化,也未能探讨金融危机对自律的影响。比较而言,国外历史较为悠久的自律实践支撑了证券市场自律的理论研究,关于自律的理论研究相对深入,涉及证券市场自律的价值、自律的走向、证券仲裁的改革、自律组织绝对豁免适用、自律监管权力行使的正当程序要求等方方面面。① 但由于这些成果并不是孤立的证券法律问题,而是与各国整体的立法、司法制度、经济政策和经济发展密切相关,能否拿来所用还需要进行充分的论证,不可能简单照搬使用。目前,针对金融危机的监管改革重心大都放在"加强政府监管"和"提升跨境监管"上,对自律改革尚缺乏深入、系统的研究。但毋庸置疑,如果不能正确定位自律在未来

---

① 代表性成果有: Stavros Gadinis and Howell E. Jackson, "Markets as Regulators: A Survey", *Southern California Law Review*, Vol.80, (September 2007); Robert S.Karmel, "The Once and Future New York Stock Exchange: The Regulation of Global Exchanges", *Brook. J. Corp. Fin. & Com.L.*, Vol.1, (Spring 2007); Joseph Silvia, "Efficiency and Effectiveness in Securities Regulation: Comparative Analysis of the United States's Competitive Regulatory Structure and the United Kingdom's Single-Regulator Model", *DePaul Bus.& Comm.L.J.*, Vol.6, (Winter 2008); Cally Jordan & Pamela Hughes, "Which Way for Market Institutions: The Fundamental Question of Self-Regulation", *Berkeley Bus.L.J.*, Vol.4, (Fall 2007); Onnig H.Dombalagian, "Self and Self-Regulation: Resolving the Sro Identity Crisis", *Brook.J.Corp.Fin.& Com.L.*, Vol.1, (Spring 2007); Yesenia Cervantes. "'FIN RAH!'… A Welcome Change: Why the Merge Was Necessary to Preserve U.S.Market Integrity", *Fordham J.Corp.& Fin.L.*, Vol.13, (2008); Sara M.Saylor, "Are Securities Regulators Prepared for a Truly Transnational Exchange?", *Brooklyn J.Int'l L.*, Vol.33, (2008); Craig J. Springer, "Weissman v.NASD: Piercing the Veil of Absolute Immunity of An SRO under the Securities Exchange Act of 1934", Del.J.Corp.L., Vol.33, (2008); Robert S.Karmel, "Should Securities Industry Self-Regulatory Organizations Be Considered Government Agencies?", *Stan. J.L.Bus.& Fin.*, Vol.14, (Fall 2008); Saule T.Omarova, "Wall Street as Community of Fate: Toward Financial Industry Self-Regulation", *U.Pa.L.Rev.*, Vol.159, (January 2011).

监管设计中的位置,也许我们就失去了一个能够解决问题的长期可行方案。考虑到当今金融市场的复杂性和全球性,任何试图通过单边的政府监管模式化解市场风险的想法和做法都是片面的,无法从根本上避免类似金融危机的再次发生,自律是探讨金融监管改革不能回避的内容。

总之,理论研究的滞后也影响了实践中自律功能的发挥,进而制约了我国证券市场的规范和健康发展。我国证券市场的发展有其特殊性的一面,如何结合实践深入研究市场自律既是实践的需要,也是理论自身的价值所在。

三、研究思路与研究方法

（一）基本思路

本书首先采用历史分析的方法,探索自律在证券市场发展中的地位和作用,考察证券市场自律与行业自律传统的传承关系。然后回归本体论,回答"自律是什么"的问题,试图从法理学角度正确界定自律的内涵。接着从价值论的角度分析自律的利弊。交易所非互助化趋势进一步推动了自律价值的争论,系统地考察交易所非互助化对自律的影响有助于科学认识和合理定位自律。自律的价值归根结底取决于其功能和作用的发挥,制定规则、惩戒会员、解决纠纷等自律监管权力是自律组织赖以生存的基础,只有有效予以规制,才能避免自律自身的"合法性"与"合理性"危机。最后本书回归现实,探讨在当前金融危机背景下,自律的发展空间,并结合我国证券市场自律的现实,提出改革和完善的建议。

（二）研究方法

1.历史分析方法

证券市场自律是历史的范畴,不同时期自律制度呈现不同的特征。历史的分析有助于明晰制度演进的内在脉络和揭示在特定历史、文化背景下制度演进的规律,从而为我国市场自律制度的具体设计提供有益的启示。

2.比较分析方法

在证券市场全球化的背景下,只有积极借鉴其他发达国家证券市场发展的成功经验,才能跟上国际化的步伐,推动本国证券市场的健康发展。因此,对不同监管模式下的证券市场进行比较,揭示制度存在的共性、差异及其背景,对于完善我国市场自律是非常必要的。

3.经济分析方法

经济分析是指采用成本—收益的分析范式,以效益最大化为目的对制度进行分析,从而实现有效率的制度安排。经济分析方法为全面评价证券市场自律的价值和探索自律制度改革提供了另类分析视角。

4.制度分析方法

市场自律是对证券市场资源配置的制度安排,制度经济学强调制度在经济增长中的重要作用,一个有效率的市场自律制度是证券市场规范发展的关键。本书就是将市场自律作为一项制度研究,寻求制度规范的途径。

第一章　证券市场自律的历史考察

　　证券市场的发展史其实就是一部证券市场自律发展变迁史。证券市场的每一次制度创新都与市场自律分不开,尽管关于自律今后的地位与发展走向还存在争议,甚至有人主张废除自律。但只有认真地梳理证券市场自律发展史,才能正确地认识自律,也才能为在当前交易所非互助化和金融危机形势下重新定位市场自律确立科学的依据。

第一节　证券市场及自律的产生

　　股份制的出现是证券市场形成的前提条件。股份的发行必然产生了流通的需要,日益增长的流通迅速催生了证券经纪人队伍的兴起和壮大。大量的股票交易产生的组织化和规范化需要客观上为证券交易所的诞生提供了条件。从制度经济学的观点分析,降低交易成本的动机使得交易所这一制度创新成为可能。于是,在 1602 年,荷兰的交易商们在阿姆斯特丹成立了世界上第一个证券交易所。[①] 英国早期证券市场的发展基本遵循此模式,以东印度公司为代表的股份公司发行大量股票,由此催生了交易市场的形成。18 世纪 60 年代,由伦敦 150 名经纪人发起,在"乔纳森咖啡馆"开办了英国第一家股票营业厅。1773 年,经投票表决,新乔纳森咖啡馆正式改名为证券交易所,成为伦敦证券交易所的前身。[②] 美国证券市场起源于政府债券的发行与交易,之后随着股份制的建立和发展,股票的交易才逐渐成

[①]　屠光绍:《证券交易所:现实与挑战》,上海人民出版社 2000 年版,第 3 页。
[②]　吴晓求:《海外证券市场》,中国人民大学出版社 2002 年版,第 62 页。

为主要的证券之一。就像一个多世纪或更早以前的阿姆斯特丹和伦敦一样,当经纪人的金融业务开始增多时,很多咖啡屋成为了交易的场所。1792年经纪人们建立一个新的拍卖中心,并达成了协议:"我们,在此签字者——作为股票买卖的经纪人庄严宣誓,并向彼此承诺:从今天起,我们将以不低于0.25%的佣金费率为任何客户买卖任何股票,同时在任何交易的磋商中我们将给予会员以彼此的优先权。"这就是著名的《梧桐树协议》。交易仍然在咖啡屋进行,但只有会员才能参加这里的证券拍卖。尽管纽约证券交易所(New York Stock Exchange,简称"NYSE")25年后才正式成立,但《梧桐树协议》一向被认为是交易所的起源。① 此外,德国、法国等欧洲国家证券市场的产生基本上都属于自发的诱致性制度变迁。

　　通过上述考察可以发现,证券交易所的产生区别于金融领域的其他产业,如银行。一般而言,企业家从事某一商业是因为他相信存在一个潜在的对其产品和服务有需求的市场,从中他可以赚取可观的利润。商人申请获取在某一地区设立银行的特许是因为他看到贷款需求的存在。他们通常只愿意对有需要的地区和人群提供经纪服务,投资基金和理财建议等。在当今主要经济体的早期年代,从未有过先建立一个股票交易市场,称之为股票交易所,然后给需要交易的人群提供服务的先例。事实上,股票交易所的设立却采取了一个相反的方式,那些从事交易股票的人——无论是经纪人还是交易商——希望能够有一个处所,在这里股票交易能得到可信赖的和持久的制度保障。既然没有既存的市场中心存在,那他们就自己设立,于是交易所就诞生了。其实,他们建立交易所的目的不是去吸引其他交易商,因为他们自己就足够了,而是拥有一个方便的交易场所,在这里他能够得到代理他人交易时稳定的委托佣金或者是为自己交易时产生的直接利润。因此,不同于其他产业,证券交易所是被自己的客户建立的,也正因如此,客户自始至终控制着交易所。②

---

　　① [美]约翰·S·戈登:《伟大的博弈——华尔街金融帝国的崛起》,祈斌译,中信出版社2005年版,第26—28页。

　　② Andreas M.Fleckner:"Stock Exchanges at The Crossroads",*Fordham law Review*,Vol.74,(2006),p.2551.

证券交易所的成立既是证券市场发展的必然结果,也是证券商自律的基本表现形式,证券市场自律也进一步推动了证券市场的发展。从这个意义上说,证券市场自律与证券市场发展如影随形,互为因果。因此,系统地研究市场自律对于理解和把握证券市场的制度变迁是非常必要的,有着重要的理论价值和实践意义。

第二节　自律在各国证券市场发展中的地位

证券市场的发展催生了证券交易所的产生,证券交易所的成立反过来又极大地推动了证券市场的发展壮大。尽管各国证券市场发展的程度不同,但不可否认的是自律在证券市场的早期都扮演了较为重要的角色,可以说,在很长一段时间,证券市场发展史就是由证券交易所自律主导绘就的。即使在强化监管的当代,自律的作用也是不容忽视的。我们以当今主要的代表性市场美国、英国等英美法系证券市场和以日本和德国为代表的大陆法系证券市场为例,分别进行考察,探究自律在证券市场发展史上的地位。

一、美国证券市场自律考察

（一）1929 年以前

1929 年美国股市大崩盘以前,政府对证券市场采取的是不干预政策。没有专门的政府部门监管,没有统一的立法规制,证券业基本上处于一种自我管制状态。作为自律组织,纽约股票交易委员会(1863 年改名为纽约证券交易所)承担了主要的自律职责。现在作为政府监管重点的发行监管和交易监管都是由交易所完成的。交易委员会通过严格的会员准入制度控制会员的数量,虽然根本上是为了保障会员的利益,但客观上有利于对会员行为的自律管理。会员享受交易特权,是以接受交易委员会的管理为代价的。交易所通过对会员的管理实现了对整个证券市场的管理,因为无论证券发行还是证券交易都是通过会员进行的,规范了会员的行为,就是规范了证券发行与交易。交易委员会曾规定,任何会员如从事虚假销售或订立虚假合同,一经查实,将被驱逐出交易所。同时,交易所管理委员会对会员的惩戒具有绝对权力。只要多数成员投票同意,对蓄意违反交易所章程或管理委员会做出的关于会员行为及交易行为之决议的行为,或有与公平公正交易原则相背之任何行为,可以对其处以暂停营业或吊销会员资格的处罚,或处罚金。①

规定上市条件,规范证券发行也是纽约证券交易所管理的重要环节。通常一家公司要在纽约证券交易所挂牌,先要提出申请,提交交易所上市委员会审核。该委员会有 5 名成员。申请者要提供证明公司合法、财务状况稳定且具有良好经营前景的材料。公司还要按要求填写调查问卷,填报行销表,提交关于公司的性质及目的、筹资的用途、公司执照及规章制度的复印件、公司成立以来完整的财务记录、公司最新的资产负债表和损益表等。上市委员会接到上述材料后,会听取来自交易所会员等方面的意见,并决定是否向管理委员会推荐该公司上市。如果公司上市后,管理委员会保有对该股票暂停交易或摘牌的权力。②

纽约证券交易所也发展了一套争端解决机制。对于涉及证券买卖争议的所有问题,都要交给交易所解决。此类裁决作为一种先例,对于未来的交易或以后的案件具有一定的指导性。交易所还反对由无关的其他仲裁者解决纠纷。③

早期的美国证券市场采取自由放任政策,基本上没有政府监管措施,主要是由各州制定的监管法律予以规范。因为交易所自律管理并不能完全杜绝操纵股市、内幕交易的发生,于是 20 世纪初各州纷纷制定了"蓝天法",以防范和制裁证券欺诈行为。但由于各州间立法宽严不一,难以对跨州发行作出有效的规制,加之投资银行家的激烈反对,最终这些法律没有达到遏制证券欺诈的目的。

---

① J.Edward Meeker, *The Work of Stock Exchange. New York*: The Ronald Press Company, 1922, pp.336-337.转引自王书丽:《1929 年前纽约证券交易所和行业自我约束机制述评》,《历史教学:高教版》2007 年第 9 期。

② Alliston Cragg, *Understanding the Stock Market: A Handbook for the Investor. New York*: Greenberg Publisher, Inc., 1929, pp.93-94.转引自王书丽:《1929 年前纽约证券交易所和行业自我约束机制述评》,《历史教学:高教版》2007 年第 9 期。

③ 韩铁:《1929 年股市大崩溃以前的美国证券管制》,《世界历史》2004 年第 6 期。

有学者指出:"联邦政府在20世纪30年代以前除了对公债发行和国许银行的股票有所规定外,基本上没有介入这一行业,但以纽约证券交易所为主导的行业自我管制在这一历史时期美国证券业的发展过程中起了在其他部门十分少见的不可或缺的作用。"[1]正是这一长时期的自律传统,奠定了自律在以后美国证券业监管的地位,即使在强化政府监管的年代,自律依然能够左右监管政策的制定,发挥独特的不可或缺的作用。

(二)1929年以后

尽管对1929年股市大崩盘是否是导致美国30年代经济危机的主要因素至今仍存在不同看法,但是1929年股市大崩盘的确促使政府反思对证券业监管的立场,从而一改自由放任的不干预政策,转向加强政府监管。1933年《证券法》和1934年《证券交易法》的出台从立法上确认了美国当今监管模式的雏形。其中,最引人瞩目的是建立了美国证券交易委员会(U.S.Securities and Exchange Commission,简称"SEC"),从而较大程度上改变了美国证券业监管模式,那种完全依赖自律管理的时代一去不复返了。然而,如果考察1934年以后的美国证券业监管的历史,实际上是SEC不断与交易所斗争、妥协的历程,有学者称之为"合作型模式"[2]。这种监管体制并不是SEC主导,自律完全居于附庸地位的局面,相反,在很多情形下,自律事实上处于主导地位。究其原因,多年来证券业形成的自律传统与自治文化已经深深地扎根于证券市场中,任何试图废除自律的努力都被证明是徒劳的。

1.SEC的设立

SEC是依据《证券交易法》设立的,其定位是独立于政府行政部门的独立监管机构,直接对国会负责。SEC拥有广泛的行政权力和准司法权力,对全国和各州证券的发行和交易进行监管。SEC拥有如此广泛的权力当然是华尔街不愿看到的,其设立伊始就受到了投资银行家的广泛抵制,甚至连首

---

① 韩铁:《1929年股市大崩溃以前的美国证券管制》,《世界历史》2004年第6期。

② Stavros Gadinis & Howell E.Jackson, "Markets as Regulators:A Survey", *Southern California Law Review*, Vol.80,(September 2007),p.1270.

任主席的人选都受到了华尔街的影响。① 时任纽约证券交易所总裁的理查德·惠特尼一直站在反对新政的前沿,他的立场是:"纽约证券交易所对任何的联邦政府法令都将予以坚决的抵制,应该允许交易所自己去清理自己的房间。"②他领导组织了强大的游说活动,以至于最初的股票交易议案——弗莱彻—雷伯恩议案遭受了失败。即使后来正式通过的《1934 证券交易法》,也是多方势力不断斗争妥协的结果,因而这场游说活动被称为"华盛顿有史以来发生的最大、花费的费用最高的公共游说活动","发生在华盛顿的最恶毒、最顽固的游说活动"③。虽然,交易所的游说活动是为了维护自身的利益,但并不能说这些举动完全是自私自利的。比如,他们一开始就强烈反对由联邦贸易委员会监管证券市场的做法,最终促成了独立的 SEC 的诞生,对于后来的美国证券市场产生了深远影响。这也从另一个方面说明自律在美国证券业中的地位,如果没有悠久的自律传统,如果缺乏深厚的自律文化基础,如果没有坚决捍卫自律的自治精神,他们也很难发起这场游说活动,以至于在面对自己的切身利益受到侵害时可能无能为力。而且,联邦政府的监管压力也促使交易所主动进行自身改革,无疑这将有助于交易所自身治理机制的完善。例如 1934 年 2 月 13 日,交易所委员会投票通过新规则,禁止联手坐庄,禁止专家经纪人泄露内幕消息,禁止专家经纪人购买他们所做市的股票的期权。④

2.SEC 监管下自律的发展

SEC 成立并运作后,如何处理与自律组织的关系一直令人关注。SEC 首任主席肯尼迪在首次公开演讲时便确立了"合作"的方针,每次出台规章

---

① [美]查里斯·R·吉斯特:《华尔街史》,敦哲、金鑫译,经济科学出版社 2004 年版,第 211 页。

② [美]乔尔·赛利格曼:《华尔街变迁史——证券交易委员会及现代公司融资制度的演化进程》,田凤辉译,经济科学出版社 2004 年版,第 77 页。

③ [美]乔尔·赛利格曼:《华尔街变迁史——证券交易委员会及现代公司融资制度的演化进程》,田凤辉译,经济科学出版社 2004 年版,第 85—97 页。

④ [美]约翰·S·戈登:《伟大的博弈——华尔街金融帝国的崛起》,祈斌译,中信出版社 2005 年版,第 288 页。

之前,SEC 总要与来自受影响行业的代表举行会谈。① 针对纽约证券交易所组织结构存在的问题,SEC 提出了扩大佣金经纪人在理事会中的席位,改革理事会成员的产生办法等 11 条建议,但提出不会诉诸法律,而是希望交易所自愿实施。这种合作而不是命令式的对抗策略的确收到了效果,交易所自愿接受了 SEC 的许多建议,从而在理事会改革等方面迈出了重要一步。

惠特尼挪用资金的丑闻推进了 SEC 对交易所的改革步伐。纽约交易所修改了章程,强调交易所的公共职责。总裁不再由会员担任,而是成了一名拿薪水的雇员。同时加强了对会员公司的审核。客观地讲,这些措施一定程度上改变了交易所"私人俱乐部"的形象,使其承担了更多的维护公共利益的责任,有利于证券市场健康发展。SEC 第三任主席道格拉斯推动了上述改革,但其意并非在于废除自律,他的一个美好理想是让行业界在政府机构的监督下实现自我管理。他认为,在防止欺诈和不公平的现象中,行业界必须肩负起第一性的责任,但在行业自律无法维持高道德标准的时候,SEC 必须采取更具有攻击性的措施。②事实也证明,如果 SEC 寻求对交易所实行直接控制的话,"那么它将促使交易所的所有派别团结起来,采取统一的反对立场。"③这样做的后果将使 SEC 试图推进的改革难以奏效。同时,纽约证券交易所要想维持自己的自律地位,意图在市场发展中发挥主导作用,就必须改革自身,否则,只会导致更多的政府干预。而干预越多,留给交易所自己的空间就越小,最终可能完全沦为 SEC 的附庸,没有任何主动性和独立性可言。道格拉斯任内的另一项成就是推动组建了美国证券市场上另一个重要的自律组织——全国证券商协会(National Association of Securities Dealers,简称"NASD")。NASD 的建立主要是为了对大量的场外

---

① [美]乔尔·赛利格曼:《华尔街变迁史——证券交易委员会及现代公司融资制度的演化进程》,田凤辉译,经济科学出版社 2004 年版,第 112 页。

② [美]乔尔·赛利格曼:《华尔街变迁史——证券交易委员会及现代公司融资制度的演化进程》,田凤辉译,经济科学出版社 2004 年版,第 159 页。

③ [美]乔尔·赛利格曼:《华尔街变迁史——证券交易委员会及现代公司融资制度的演化进程》,田凤辉译,经济科学出版社 2004 年版,第 167—168 页。

交易及其经纪人进行约束,SEC 认识到,让其对当时 6000 左右的场外交易商和经纪人进行管理是不现实的,而由相应的自律组织进行自发管理,同时赋予 SEC 监督审查的权力的方式可能更有效。广大的场外经纪人也乐于自我管理,以免受政府过多的干预。经过无数次磋商,NASD 于 1939 年成立,成为美国第一个也是唯一一个场外自律管理组织。

SEC 此后的监管一直是在与交易所和 NASD 的谈判、磋商等过程中完成的,其中不乏妥协的结果。如关于交易所限制会员场外交易的规则的废除,固定佣金制的废除,交易方式电子化等。事实上,许多 SEC 的主席都是抱着合作而非对抗的姿态来处理 SEC 和行业的关系。例如 1964 年任主席的科恩认为,为了让自律机构在一个合作性事业中发挥负责的合伙人的角色,这些机构必须享受一定程度的自治权利,同时委员会直接管理和监督的权力在使用中应该有所节制。① 在场外交易问题上,最终的建议是由交易所提出的。在废除固定佣金率问题上,也不是由 SEC 直接强制性的提出方案适用,而是通过多次的听证会,让交易所充分发表意见,提出维护固定制的理由,真理越辩越明,最终交易所不得不接受浮动佣金率。虽然过程可能长了些,但却避免了政府与行业的激烈对抗,避免使证券业陷入无序和对立状态,因而更有利于证券业的健康发展。

NASD 于 1971 年建立全美证券商协会自动报价系统(NASDQ),并负责监管该市场。然而,NASD 并没有很好地履行自律职责。SEC 的调查显示,在以下情况下,做市商违反了相关规则,但 NASD 并没有彻底调查或者采取有效措施制止。第一,交易商人为扩大价差影响股票报价。第二,做市商有义务按照报价进行证券交易,但并没有履行。第三,没有执行交易报告的规则。第四,没有遵守关于 NASD 会员的规则。在 SEC 计划采取诉讼的威胁下,NASD 于 1996 年同意和解,按照要求改善治理结构。主要的成果就是设立监管公司(NASD Regulatory Inc.,简称"NASDR"),专门负责对 NASDQ 市场的监管。该公司及监管人员具有较高的独立性,不受 NASD 会员及

---

① [美]乔尔·赛利格曼:《华尔街变迁史——证券交易委员会及现代公司融资制度的演化进程》,田凤辉译,经济科学出版社 2004 年版,第 357 页。

NASDQ 商业利益的影响,监管人员只受 NASD 理事会监督。①

（三）2001 年以来证券监管的改革及自律的发展

2001 年以来,美国爆发了一系列会计丑闻,导致安然、世通等大公司相继申请破产保护,安达信会计师事务所也退出审计市场。在巨大的压力下,SEC 加强了以加强信息披露为原则的改革,重点在于改善上市公司财务信息披露的质量,完善公司治理结构,建立新的上市公司会计监督委员会,分离审计与咨询业务等。国会于 2002 年通过了《萨班斯—奥克斯利法案》,该法是继《证券法》、《证券交易法》之后又一部具有里程碑意义的法律,主要在以下四方面做了规定:第一,严格界定了上市公司管理者的财务责任和义务,加重了对 CEO 和 CFO 的刑事和民事责任;第二,强调了公司内部审计的作用与职责,要求上市公司都必须设立审计委员会,全部由独立董事构成;第三,对公司的信息披露做了明确要求,并要求 SEC 在三年内对每个上市公司提交的信息进行审查,并做出审查结论;第四,对公司的外部审计做出严格规定,严格审计与其他业务的分离。法案通过后,纽约证券交易所和纳斯达克市场根据该法制定了更加严格的管理标准。例如,纽约证券交易所规定:上市公司独立董事比例不得低于董事人数的 50%;上市公司不担任管理职务的董事要定期举行会议,且公司管理层不得出席;上市公司股票期权方案必须经过股东大会批准等。纳斯达克市场要求,凡是有公司管理层和董事参加的股票期权计划必须经过股东大会批准,所有上市公司必须在 2004 年股东大会上披露独立董事情况,并在 2005 年 7 月底前对上市的所有外国公司实行统一的信息披露等。

2003 年纽约交易所董事长格拉索的薪酬丑闻曝光。交易所作为非营利性机构,其如此高额的薪酬安排引发了人们对交易所治理结构的高度不满和担忧。在 SEC 和各方的压力下,格拉索不得不辞职。新任主席理德主持进行了交易所内部治理的改革。改革方案主要内容包括:设立新的独立的董事会,除了 CEO 外所有的董事都必须独立于管理层、会员和上市公司;

---

① 谢增益:《公司制证券交易所的利益冲突》,社会科学文献出版社 2007 年版,第 114—117 页。

设立新的执行委员会;为避免领导权力过于集中,交易所主席和 CEO 职务由不同的人担任;新设首席监管官一职,直接对董事会负责。上述措施构成了纽约证券交易所有史以来最大规模的一次治理结构的改革,在一定程度上化解了危机,提升了市场信心。同时,上述治理机构的改革也对纽约证券交易所商业模式的改变产生了深远的影响。2005 年 4 月,纽约证券交易所宣布合并 Arca 交易所的计划,成立纽约交易所集团公司,并于 2006 年 3 月 7 日完成。纽约证券交易所会员拥有集团公司 70% 的股份。新公司于 3 月 8 日成为上市公司。为了应对合并后的监管,纽约证券交易所监管公司作为独立的、非营利的集团子公司成立。为了保证其独立性,除了非营利性外,还在公司结构和治理上进行了设计。除了 CEO 外,监管公司的每位董事都必须是独立董事。大部分委员会成员和薪酬、提名委员会的成员不能由纽约交易所集团公司的董事担任。监管公司的成本支出来自会员的监管费用。①

2007 年 3 月,纽约证券交易所和巴黎的泛欧证券交易所成功合并,成为全球第一个跨大西洋股票交易市场,4 月 4 日这个全球首个洲际证券交易所正式开市。纽交所——泛欧证交所的成立无疑对全球范围内资本市场的监管带来了新的课题。②

2007 年 7 月 30 日,NASD 和 NYSE 的会员监管、执行和仲裁职能合二为一,成立美国金融行业监管局(FINRA),FINRA 的成立被认为是数十年来美国证券自律监管体系极其重要的一次改革。③

金融危机爆发后,美国在证券监管领域再次进行了重大改革。2010 年 7 月,美国总统奥巴马签署了新的金融监管改革法案——"多德—弗兰克华尔街改革与消费者保护法",成为继 1933 年"格拉斯——斯蒂格尔法

---

① Robert S. Kanmel, "The Once and Future New York Stock Exchange: The Regulation of Global Exchanges", *Brook. J. Corp. Fin. & Com. L.*, Vol. 1, (Spring 2007), pp. 388–389.

② 有关问题,参见第四章第四节相关内容。

③ 王晓国:《美国证券行业的组织创新及启示》,2008 年 8 月 13 日,见 http://finance.qq.com/a/20080813/001041.htm。

案"颁布以来涉及面最广泛的法案,必将对证券市场发展产生深远的影响。①

以上是美国证券市场自律产生及发展的主要脉络。或许有人认为,这是一部市场自律由盛及衰的发展史。但笔者认为,评价自律的价值或地位并不在于是否在某个时期或阶段,证券市场的发展是由自律组织主导还是由政府主导,我们不能说由自律组织主导的阶段自律地位就高,反之,由政府主导的阶段自律就没了价值。从整个历史发展来看,也可以理解为是自律不断改革自身并逐步走向完善的过程。不同阶段的经济和社会发展的程度不同,证券市场对一国经济及社会影响(尤其是负外部性)不同,因而社会对它的关注程度也不同。在资本主义发展早期,资本市场相对独立,在国民经济中的比重不高,所以即使出现什么风险,也不会殃及池鱼。但现代资本主义阶段,经济对资本市场的依附度非常高,证券市场作为国民经济的晴雨表,会出现牵一发而动全身的后果。因此,社会的关注度也就很高,对自律的要求显然不同于以往。任何一种制度都存在缺陷,自律也不例外,证券市场出现的系列问题固然与自律的内在缺陷有关,但谁又能保证政府或其他组织处在这个位置上就不会出现问题? 理论上,公共选择学派对政府失灵现象的分析就引发了人们的关注。实践中,那些完全依赖政府监管的市场哪个又能独善其身呢? 如日本这个典型的政府集中干预市场的国家,不也时常发生危机吗? 因此,把问题都推给自律组织是不负责任的做法。美国证券市场高度发展的背后自律的作用是不可低估的。自律组织不断进行制度创新,包括最近成立美国金融行业监管局的做法,事实上推动了证券市场的发展。如果没有深厚的自律文化积淀,这个非官方的监管局恐怕就是政府的一个分支机构了,甚至没有必要再设立,因为已经有强大的 SEC 了,或者即使设立了,恐怕又要面对如何与 SEC 分权的头痛问题。所以,笔者认为,就美国证券市场发展历程看,无论是自律组织还是自律机制都是一个不断完善的过程,是维持市场健康长远发展不可或缺的动力。

---

① 具体分析,详见本书第七章相关内容。

二、英国证券市场自律考察

(一)1986年以前,交易所自律主导的时期

早期英国证券市场也是自发产生的。自伦敦交易所成立以来,其事实上就承担了管理市场的职责。政府在很长时间内采取了不干预的政策,除了颁布《1958年防止欺诈(投资)法》,通过司法制裁来打击和防范证券市场中的欺诈行为外,没有制定专门的证券法律。规范市场的交易规则主要来自交易所的自律性规章,而规章的效力也不需要政府的批准。[①] 除了交易所,英国证券业理事会和证券交易所协会以及收购与合并问题专门小组等自律管理组织也成功地进行自我管理,只有发现严重不法行为时,才向贸工部提出建议,由后者进行调查和提起诉讼。[②]

(二)1986年监管体制改革

1986年英国进行了被称为“大爆炸”(big bang)的金融改革,颁布了《金融服务法》。改革的主要内容是授权贸工部监管市场,贸工部根据法律授权可将部分职权授予证券和投资委员会(SIB)行使。SIB虽以公司名义注册,但根据授权行使了广泛的职权,是一个具有半官方性质的机构。

(三)英国金融服务监管局成立

1997年,英国对金融管理体制进行全面改革,逐步建立了单一的金融监管机构体制。金融服务监管局(FSA)据此成立,FSA根据英国《公司法》注册成为一个担保有限责任公司,其资金来源不是公共部门或国家税收,而是向整个金融行业的收费。FSA行使对整个金融业的监管职能。2001年随着伦敦证券交易所(LSE)改制为公司并在自家主板市场上市,其上市审核权也转移到FSA。但LSE仍负责对交易市场的监管,另外,二板市场的营运、监管及发展仍由LSE负责。

尽管对于FSA成立以来英国金融监管模式属于政府主导还是自律监

---

① 盛学军:《法德英证券监管体制研究——以证券监管主体在近代的变迁为线索》,《西南民族大学学报》2006年第5期。

② 李朝晖:《证券市场法律监管比较研究》,人民出版社2000年版,第15—17页。

管有不同的看法，①笔者认为纠缠于模式的定位似无必要，而是应当客观地
分析在政府加强监管的背景下，自律组织是否无作用？自律是否消失了呢？
答案是否定的。作为现行监管法律渊源的《金融市场与服务法》主要是在
合并原有自律规则与相关法律的基础上形成的。自律组织也保留着特定形
式的自律管理。如 LSE 虽然改为公司制，但证券商管理仍维持会员制的精
神，交易所内部还存在一些市场监督部门，通过实时监控，维系场内的交易
秩序。② 事实上，英国经济社会中历来有着自律的传统，几百年形成的自律
文化绝不可能随着政府干预的加强而轻易消失，自律仍然有着广泛的空间。
FSA 非常重视证券业者的自律，在出现问题时，其往往寻求合作的方式解
决，而非单方面的调查和处罚。因此，目前英国的单一监管模式并非像大陆
法系国家政府集中监管模式那样监管机构无处不在，相反，其采取的是被称
之为"light touch"③的监管模式，事实证明该模式具有高度的有效性。④ 单
一管制者的出现似乎令自律黯然失色，该管制者可能采取强化干预的做法
一度像幽灵一样笼罩在（英国）资本市场上。然而，FSA 采取的以原则
（principles）而非规则（rules）为基础的监管模式一定程度上抵消了市场的
忧虑。英国政府的这种监管理念成为伦敦市场的竞争力所在。⑤ 基于原则

① 据笔者掌握的资料分析，大都认为英国目前是政府主导模式或者政府与自律结合的
模式。见尚福林：《证券市场监管体制比较研究》，中国金融出版社 2006 年版，第 243 页；盛学
军：《法德英证券监管体制研究——以证券监管主体在近代的变迁为线索》，《西南民族大学
学报》2006 年第 5 期；卢文道：《证券交易所自律管理论》，北京大学出版社 2008 年版，第 32
页。笔者认为，自律主导论的观点可能一是对英国近几年金融市场的巨大变化了解不够全面
所致，二是可能认为 FSA 的性质应定位于非政府组织而不是政府机构，从而认定是自律监管。
② 盛学军：《法德英证券监管体制研究——以证券监管主体在近代的变迁为线索》，《西
南民族大学学报》2006 年第 5 期。
③ "light touch"，国内多译为轻度监管或软监管，但据英国金融管理局前主席卡伦·麦
卡锡所言，将英国的监管程序表述为"轻度监管"（light touch）是一种误解，更确切地描述应是
"以风险为基础"（risk based）的监管。见［英］卡伦·麦卡锡：《金融监管：神话与现实》，孙芙
蓉、华蓉晖译校，《中国金融》2008 年第 18 期。
④ Joseph Silvia，"Efficiency and Effectiveness in Securities Regulation：Comparative Analysis
of the United States's Competitive Regulatory Structure and the United Kingdom's Single-Regulator
Model"，*DePaul Bus.& Comm.L.J.*，Vol.6，(Winter 2008)，p.262.
⑤ Cally Jordan & Pamela Hughes，"Which Way for Market Institutions：The Fundamental
Question of Self-Regulation"，*Berkeley Bus.L.J.*，Vol.4，(Fall 2007)，p.223.

为基础的监管模式遵循以下理念,即理想的监管效果是经由原则和关注于后果(outcome-focused)性的规则,而不是由详尽的规范性的规则达成。FSA相信以原则为基础的监管模式的主要优点在于其允许由被监管公司决定采取最符合成本—收益的方式以实现令FSA满意的监管结果。FSA认为责任转移给被监管公司将会鼓励市场竞争和创新,最终导致对行业监管的更有效回应。FSA还制定了一部手册,详细规定了被监管公司为遵循原则所需接受的"最低程度标准",并鼓励被监管公司采取更高的标准。[1] 在FSA模式下,行业自律指导规则分为"确认性"(confirmed)和"非确认性"(unconfirmed)两部分。确认性规则具有"稳固的防波堤"作用,FSA不会对遵守这些指导规则的公司采取任何行动。同时,不遵守这些指导规则也不会被视为违反了FSA规则,这是因为确认性指导规则并不能被推断为对FSA规则的唯一解释。因此,确认性指导规则并不具有独占性。行业指导规则具有确认性的地位时间一般是3年,到期后,这种地位会失效,除非重新申请确认。FSA可以确认同一领域的不同行业指导规则,只要这些规则彼此不存在冲突。确认一般需要满足以下条件:是对FSA规则或原则的具体阐释;充分考虑消费者的利益;没有对第三方权利进行限制;能够公开查阅;明确表明受众对象;不具有反竞争性。FSA并不负责对确认性指导规则的遵守情况进行监管。但如果出现违反FSA规则的情况,这些确认性指导规则将用来决定是否被指控的行为违反了FSA规则所要求的标准。[2] 英国在一些重要的证券业管制方面,例如交易所和结算公司的管制,FSA也往往倾向于采用颁布没有强制约束力的指导性意见的方式指导被监督者执行相关法律条款。[3]这种做法给规则的适用提供了较大的弹性空间,有利于自律组织发挥专业优势,激发进行制度创新的积极性,从而提升证券市场的竞争力。

---

① Eric J.Pan,"Structural Reform of Financial Regulation",*Transnat'l L.& Contemp.Probs.*,Vol.19,(Winter 2011),pp.829-835.

② Eva Hupkes,"Regulation,Self-Regulation or Co-Regulation?",*Journal of Business Law*,Vol.5,(2009),p.432.

③ Stavros Gadinis & Howell E.Jackson,"Markets as Regulators:A Survey",*Southern California Law Review*,Vol.80,(September 2007),p.1316.

（四）英国新近的金融监管改革

金融危机对英国经济也产生了巨大的冲击。2011 年 6 月，英国政府正式发布包括立法草案在内的《金融监管新方法：改革蓝图》白皮书，对金融监管体系进行全面改革。新成立的金融政策委员会将负责宏观审慎监管，而金融服务局的职能则将分别由新成立的审慎监管局和金融行为监管局承担。根据该法案，FSA 将被撤销，由 FSA 作为英国上市主管机关行使的职权将由金融行为监管局继续行使。上述改革法案主要是为了加强宏观审慎监管，建立各类监管机构间的协调机制，避免监管漏洞。目前该法案的前景尚不明朗，尚无法评估其对英国证券市场自律将会产生的影响。2013 年，审慎监管局和金融行为监管局分别成立。有学者评论道："英国金融监管改革并不只是在体制与机构上进行小修小补，而是一次大手术，这显示出英国金融监管模式的颠覆性转换。改革之后，英国金融监管模式既不是单一监管模式，也不是基于机构监管或功能监管理念的多头监管模式，而是更加接近基于目标监管理论——即按照不同监管目标（如审慎目标和消费者保护目标）来相应设立监管机构和划分监管权限的澳大利亚'双峰'模式。"[1]本次金融监管改革后，其对证券市场产生的影响尚无法评估。笔者认为，从现有法案内容及英国自律制度的传统及传承的角度分析，不会对现有的证券市场自律机制产生较大的影响。

三、德国证券市场自律考察

（一）依赖自律管理的阶段

这一时期政府的作用非常有限，联邦银行监督局代表联邦政府，负责制定有关金融机构监管的规章制度，但受制于联邦和州的权力划分，监督局并没有获得在各州的执法权限。从证券监管的角度看，仅仅涉及证券商的部分监管，对证券发行和证券交易几乎没有规制。

（二）政府专门体系确立的阶段

随着证券市场国际化的发展，尤其是加入欧盟后，为增强竞争力，德国

---

[1]　张锐：《英国金融监管改革的近谋与远求》，《中国经济导报》2013 年 4 月 25 日。

颁布了《第二部金融市场促进法》,其核心内容是调整联邦与州之间的证券领域的权力划分,并赋予联邦在州界内的执法权,成立了联邦证券监管局,专门负责对证券市场的监管。

（三）金融市场一元化监管阶段

2002 年 5 月 1 日,德国颁布了《关于建立联邦金融监管局的法令》,德意志联邦金融监管局成立,负责对整个金融市场的监管。

（四）德国现行证券监管的主要特点

其一,从立法层面看,联邦金融监管局、州监察署和证券交易所不是上下级关系,而是平行的关系。同时,他们又各司其职。交易所负责管理证券发行、上市和交易等具体业务,履行对证券交易的一线监管职能;州监察署对交易所实施法律监督,对辖区内的交易、结算和其他证券活动进行监管;联邦金融监管局对整个市场进行监管,履行国家监管职能。[1]

其二,德国各政府机关在对市场行使监管权时,尽量不采取直接干预的手段,主要依靠证券市场参与者的自律管理。[2] 交易所在会员管理方面依旧发挥着重要的作用。首先,它制定、监督和执行会员规则;其次,它通常在联邦金融监管局规则的基础上制定额外的规则（要求）,要求会员必须遵守,该规则主要集中在会员专业义务的履行上。[3] 除了交易所外,证券业协会、投资信托和资产管理联合会等自律组织也在维护行业利益方面发挥着自律职能。

金融危机对德国也造成了一定的冲击。但由于德国政府坚持秩序政策优先于过程政策,稳定和可持续性优先于需求刺激和赤字财政的社会市场经济理念,虽未实施大规模的经济刺激计划,但取得了较大的收益。[4]德国政府也未对现行证券及金融监管体制作出改革,因此,对证券市场的影响并不大。

---

① 高基生:《德国证券市场行政执法机制研究》,《证券市场导报》2005 年第 4 期。
② 尚福林:《证券市场监管体制比较研究》,中国金融出版社 2006 年版,第 318 页。
③ Stavros Gadinis & Howell E. Jackson, "Markets as Regulators: A Survey", *Southern California Law Review*, Vol.80, (September 2007), p.1315.
④ 史世伟:《德国应对国际金融危机政策评析》,《经济社会体制比较》2010 年第 6 期。

四、日本证券市场自律考察

（一）日本证券市场发展历史简述

1.第二次世界大战前日本的证券市场

日本的证券市场于 1878 年建立。由于受不规范的谷物商品交易的影响，证券市场建立初期有很强的投机色彩，并且直接影响对证券市场管理的政府主管部门选择。直到第二次世界大战前，日本证券市场的主管机关先后为农商务省和商工省。

2.第二次世界大战后日本证券市场的发展

第二次世界大战后，在美国占领当局的要求下，日本按照美国模式颁布了《证券交易法》，设立了证券交易委员会。但由于"水土不服"遭到抵制，证券交易委员会很快被废止，许多法律进行了修改。证券市场管理划归大藏省理财局，后成立独立的证券局。1992 年成立了证券交易监视委员会负责对市场交易行为的监管。

3.1998 年后日本证券业改革

随着泡沫经济的崩溃，日本金融市场出现剧烈的动荡。为控制局面，1998 年 6 月设立了金融监督厅，同年又设立了金融再生委员会。2000 年设立了金融厅，金融再生委员会也被整合到金融厅。[1]

2006 年，日本制定了《金融商品交易法》，吸收合并了《金融期货交易法》、《投资顾问业法》等法律，彻底修改《证券交易法》，将"证券"定义扩展为"金融商品"的概念。金融危机后日本证券监管体制改革基本维持不变，但更强调提高监管质量，注重合理协调各监管机构的职能。[2]

（二）自律组织在日本证券市场中的作用

在日本，自律组织证券交易所、证券业协会、证券投资基金协会和证券投资咨询协会等自律组织在政府监管机构的指导下在各自领域发挥着重要作用。1940 年，日本以省为单位批准设立了 33 个地方证券业协会，1949 年在此基础上成立了证券业协会联合会。1973 年联合会解散，由全国证券公

---

① 尚福林：《证券市场监管体制比较研究》，中国金融出版社 2006 年版，第 94—95 页。
② 吴衷弘：《国际金融危机之后的日、韩金融体制改革》，《上海经济研究》2010 年第 12 期。

司设立了统一的日本证券业协会,总部设在东京。证券业协会分为正式会员和非正式会员,主要职能包括:第一,行业自律;第二,促进证券市场和证券业者发展;第三,柜台市场和债券市场的管理。作为自律性组织,协会主要通过制定行业共同道德规范和业务规范来完成自律职能。这些自律规定涉及股票和债券柜台交易、有价证券承销、证券公司内部管理体制、证券从业人员的行为准则、证券公司与客户纠纷处理等多个方面。此外,协会还定期对会员检查,对违反依据行业章程者及时给予处分。证券交易所的自律监管业务包括:第一,制定业务规范。包含有关交易与结算,证券上市,退市,投资者与证券公司委托事项等业务规则。第二,对日常证券交易行为进行适时监控。第三,对交易结果审查。主要是对可能存在市场操纵、内幕交易的行为进行事后调查,并根据调查结果,对证券公司进行处分。第四,对证券公司业务进行考察。①

整体上看,日本是较为典型的政府主导型监管体制。在大部分事务上,自律组织的管制权力是平行于政府监管部门权力的。在一些领域,尤其是最重要的方面,自律规则需要金融厅的批准才能实施。那些需要金融厅批准颁布的规则,同样也会因为市场发展的需要而被金融厅要求修订。在交易监管方面,虽然交易所被授予很大的权力去制定、监督和执行交易规则,但对于市场操纵、内幕交易等重大的违反公平交易的行为,仍由金融厅承担首要的执行责任。交易所的义务通常是证实潜在违法行为的存在,并提交给金融厅作进一步调查。②

从全球范围看,上述四国证券市场发展模式与发展路径具有一定的代表性,尤其对于发达国家或地区证券市场而言,其发展历史可能会与上述某个国家具有某种程度的相似性,但限于篇幅,于此不一一列举。

通过对上述四国证券市场发展的历史的梳理,我们可以得出如下结论:证券市场的发展较普遍地经历了从完全自律管理到逐步加强政府干预的过

---

① 尚福林:《证券市场监管体制比较研究》,中国金融出版社 2006 年版,第 129—131 页。

② Stavros Gadinis & Howell E.Jackson,"Markets as Regulators:A Survey",*Southern California Law Review*,Vol.80,(September 2007),pp.1307-1310.

程(当然,日本证券市场由于是明治维新的产物,一开始就具有浓厚的政府推动和政府干预色彩)。在很长时期内,在没有或基本没有政府介入的情况下,自律组织承担了市场管理的责任。后来,随着证券市场在国民经济中的重要性日趋显现,特别是在不断的市场危机的冲击下,政府逐步加强了监管,自律的空间似乎越来越小。伴随着交易所由会员制到公司制的身份转变,对交易所是否适合承担自律的角色的质疑再度高涨。由此,需要我们反思的问题似乎越来越多。自律还有无存在的价值? 从目前看,还没有国家完全废止自律,那么为什么需要自律? 自律本身就是制度变迁的产物,自律肯定面临着改革,改革的方向何在? 除了证券市场以外,探讨市场自律对于我国经济社会发展与法治建设是否有益? 所有这些问题,都需要我们从理论上充分证成。

第三节　证券市场自律与行业自律传统的传承之历史考证

　　证券市场自律作为行业自律的一种形式,是中世纪以来商人自律传统的自然传承,还是一种特定时期自发形成的制度创新? 这种历史关系的考辨对于理解证券市场自律的内涵有着重要意义。因此,有必要梳理商人自律的历史,以期正确把握证券市场自律产生的背景,并有助于合理评价证券市场自律的历史地位。

一、商人自律传统的历史考察

　　商人自律传统起源于商品经济比较繁荣的古希腊,在中世纪的欧洲得到进一步发展。商品经济的发展使得商人阶层逐渐发展壮大。但当时商人地位是低下的,为了维护自己的利益,同时也为了向统治阶级争取法律地位,他们便自发地组成团体。[1] 这就是商人行会,由从事工商业的市民组成。在相当一部分城市中,最初的市民地位和商人行会成员的地位,基本上

---

　　① 郑远民:《现代商人法研究》,法律出版社 2001 年版,第 146 页。

是一致的。① 此后,其他各类行会纷纷组建,主要以手工业者行会居多,如工匠师协会、工匠协会、学徒协会等。手工业行会逐渐取代了商人行会占据主导地位。再后来,手工业行会逐渐走向消亡,一种新的组织形式公会成为行会组织的主导形式。公会形成的途径,除少数由单个手工业行会直接演变而来外,大多数皆为多个手工业行会合并而成。② 因此,可以说西欧行会制度经历了商人行会到手工业行会再到工会三个阶段。但三个阶段除了在成员的范围上存在不同外,本质上是一样的。行会基本上是一个享有封建特权的封闭性组织,行会的封建特权主要表现在对外拥有就业垄断权,对内则实行超经济的强制性管理和监督。③ 维护自己的经济利益是行业协会组建的基本目的,但追求经济利益除了依靠垄断和反竞争的内部规则约束实现外,没有政治上的自治或独立地位是很难获得保障的。因此,行会事实上也成了推进中世纪城市自治运动的重要力量。

行会的主要运作机制就是自律机制。凡是有行会的地方,行会实际上又是一个立法团体。④ 各种各样的商人和手工业者都有自己的法令,这些法令的内容无非是维护行业的垄断利益,并对违反者课以处罚。自律性还表现在纠纷的解决机制上。商人们拥有自己的法院,如市场法院、集市法院、行会法院和城市法院,所有这些商事法院在12、13世纪开始取得了对所有商事案件的管辖权。并且,所有这些法院坚持由商人首领或通过临时性选举产生的商人担任法官。法院在适用法律时以商业习惯和惯例为依据,按照良心和公平的原则处理。各类商事法院的裁决之所以能被纠纷的胜负两方同样接受,乃是以商人共同体的普遍抵制的威胁作为后盾的。一个破坏契约或拒绝商事法院裁决的商人将不再会是一个商人,其他商人们从根

---

① 金志霖:《论西欧行会的组织形式和本质特征》,《东北师范大学学报·哲学社会科学版》2001年第5期。

② 金志霖:《论西欧行会的组织形式和本质特征》,《东北师范大学学报·哲学社会科学版》2001年第5期。

③ 金志霖:《论西欧行会的组织形式和本质特征》,《东北师范大学学报·哲学社会科学版》2001年第5期。

④ 雷勇:《西欧中世纪的城市自治——西方法治传统形成因素的社会学分析》,《现代法学》2006年第1期。

本上控制了他的商品,没有其他的商人愿意接受他的商品。①

伴随着产业革命的到来,行会特有的就业垄断实际上限制了劳动者的择业自由,行会对生产规模等的限制与社会化大生产的趋势是相悖的。因此,中世纪行会制度的衰败乃至消亡就难以避免。

进入资本主义以来,虽然传统的行会制度逐步消亡,但这并不意味着商人自律传统的消失。大量的新型的行业协会或商会仍然自发地成立起来。这些组织仍以维护行业利益为宗旨,集合起来抵御政府的干预,同时也为会员提供信息和其他服务,谋求行业的共同发展。就其产生和管理方式而言,仍然具备中世纪行会的自发产生和自我管理特征。

二、证券市场自律与行业自律传统的传承

证券市场形成的原因是存在股份交易的需求。因此,股份制是证券市场产生的前提。一般认为现代意义上的股份制公司起源于 17 世纪英国和荷兰等国家设立的殖民公司,如英国的东印度公司和荷兰东印度公司即为最早的一批股份有限公司。② 显然,股份公司的出现为资本主义萌芽以后的产物,股份制也推动了资本主义的进程。

证券市场自律组织(早期就是交易所)的出现显然也是证券商们为了自我利益的需要而自发组建的。这一点他们继承了先辈们的自律传统,纽约交易所的建立就是为了避免无序的手续费竞争,以获得稳定的利益,他们完全实行自我管理,包括争议的解决。但与先前的行会或之后的商会不同在于,并没有一种外来的来自于政府或管理部门的强制或压迫,从而使得他们不得不团结起来,共同抵制。或者说后者多少承担了一点"政治"使命。行会是西欧中世纪城市自治运动的重要力量,只有获得自治的权力,才能谈得上发展。正如有学者指出的,城市公民权在一定程度上依赖于行会来实现,行会生活是城市居民参与自治生活的有效途径,城市居民在很多情况下

---

① 陈颐:《从中世纪商人法到近代民商法典——1000—1807 年欧陆贸易史中的法律变迁》,华东政法大学,2002 年硕士论文。

② 赵旭东:《公司法学》,高等教育出版社 2003 年版,第 27 页。

通过行会组织抗衡城市内部其他权力体系,尤其是市政府权力。① 因此,那时的行会自律伴随着城市自治逐步发展。后期的商会虽然也是自发成立,但是正如学者对美国行业协会研究后指出的那样,成立行业协会的最初目的之一便是抵御政府的干预。②他们通过团结起来,组成一股强大的力量,表达自己的意见,从而有效地影响政府决策,维护自身的利益。应当说,证券市场自律组织成立的初衷就是单纯的经济利益,由于那时没有政府的干预,也就不存在通过有组织的反政府干预活动以维护自己经济利益的问题。经济利益的实现完全依赖于自我管理,自律组织要做的是制定并执行交易规则,通过惩罚违反规则的证券商的方式维护组织的共同利益。因此,就证券交易所的产生方式而言,经济的动机是唯一的。当然,随着政府干预的加强,以后的交易所和其他自律组织也进行了广泛的抵制政府干预的活动。由于证券市场自律历史悠久,文化根基深厚,使得证券市场自律组织维护自律机制的决心更大,反干预措施更强烈,其影响力远超过其他行业自律组织。

所以,证券市场自律的产生既是中世纪以来商人自我管理之自律传统的继承,同时又是现代意义上自律的初始形态。从某种程度上讲,早期证券市场自律可能最符合自律的本质,那就是一种纯粹的经济领域的商人自治,一种单纯的以追求会员经济利益为目的的自发组织,一种为维护会员共同利益而运作的团体,基本上不涉及政治上的身份或地位问题。

---

① 雷勇:《西欧中世纪的城市自治——西方法治传统形成因素的社会学分析》,《现代法学》2006 年第 1 期。

② 鲁篱:《行业协会经济自治权研究》,法律出版社 2003 年版,第 32 页。

第二章　自律概念的法理学分析

自律有道德自律、市场自律两种内涵,只有厘清二者的区别和关联,才能正确认识自律。自律与自治的关系也需要考证,唯有如此,才能从法理学意义上把握自律与法治的关系。

第一节　什么是自律

一、自律的界定

迄今所知,"自律"这个词,最早出现在希腊语中,意思就是自主、独立、出自内在的原因按自己的规则生活和行事。在哲学上,德国哲学家康德第一个明确地把自律作为伦理原则,意思也是指人自己为自己的行为立法,告诫自己该怎么行事并完全自觉地那样行事。[①] 这大概就是我们通常所说的道德自律,属于伦理学范畴。自律的第二种理解是市场自律,指某类市场主体通过自发成立组织的形式实现自我管理、自我约束。由于主题所限,本书所提的是第二种意义上的理解,即指市场自律。[②]

从语源学上讲,自律是指一个人、一个组织或一群人制定并执行规则以规范他的/他们的行为,不需要来自外在的管制干预。[③]自律与经济学上的

---

　　① 陈新权:《金融业的他律、自律》,《新华文摘》2001 年第 12 期。

　　② 广义上讲,市场自律包含了所有市场主体的自律,如中介机构自律、上市公司自律、投资者自律。但本书主要以中介机构自律如证券商、会计师、律师自律为限,而且由于证券商自律有着更为悠久的历史传统与更为基础和核心的地位,本书除特别说明外,仅以证券商自律为限。

　　③ Onnig H. Dombalagian, "Self and Self-Regulation: Resolving the Sro Identity Crisis", *Brook. J. Corp. Fin. & Com. L.*, Vol. 1, (Spring 2007), p.318.

私序(Private ordering)概念有着紧密的联系。经济学上认为,私序是与公序相对的概念。由政府强制力所支撑的官方法律体制或管制制度,所形成的交易秩序,通常称为公序(Public ordering)。交易当事人私下自发形成的自我约束和惩罚的制度安排,所形成的交易秩序称为私序(Private ordering)。私序是非正式治理制度,包括以声誉为基础的自我执行秩序、非正式的第三方执行秩序和自治性质的私序组织。私序的形成要求商人自愿的合作。它之所以能保证交易的安全和有效,是因为所有参与人承诺遵守行业规则,因为不遵守这些规则将被阻止行业内的将来的交易。有学者指出,自律的潜在含义是行业自身在自律方案的制定和执行中同时充当立法者和法官的角色。① 实际上肯定了行业自律是私序的一种方式。

根据私序相对于公序存在时间先后,私序可以分为两类:一类私序在由政府强制力所保证的法律制度没有建立或建立之前就已经存在,即在缺少国家和法律强制力条件下,私序在约束当事人行为、解决其承诺问题上的执行机制;另一类私序在官方法律已建立甚至相对完善的条件下,私序发挥治理的作用。② 如果按照此种分类,早期的证券市场自律可以归为第一类,后期的市场自律可以归为第二类。事实上,在现代金融监管模式下,政府普遍地加强了监管,完全属于第一类的私序模式基本上不存在。自律与私序不完全相同。私序强调的是一种私人治理的作用,或者说更注重民间性,完全在"非政府"状态下运行。就证券市场而言,证券市场自律包含了私序,但又难以完全依赖私序实现。因为,现在的自律组织是在政府的监管下运作,仅享有有限的反垄断法豁免权,并且在制定或采取新规则、政策和程序时必须服从特定的形式要求。③ 这与证券市场的巨大风险、证券市场在国民经济中的地位相关,完全交由私序实现已被各国实践证明是不可行的。

---

① Philip McBride Johnson & Thomas Lee hazen, *Commodities Regulation*, Boston: Little, Brown and Company, 1989, p.409.转引自谢增毅:《公司制证券交易所的利益冲突》,社会科学文献出版社 2007 年版,第 145 页。

② 郑江淮、李艳东:《私序的功能与转型——一个文献综述》,《产业经济研究》2007 年第 1 期。

③ Onnig H. Dombalagian, "Self and Self-Regulation: Resolving the Sro Identity Crisis", *Brook. J. Corp. Fin. & Com. L.*, Vol.1, (Spring 2007), p.319.

自律通常意义上是指这样一种状态:某项行为的实施要受到积极参与这些行为的人们的制约。要达到这种理解,必须满足以下条件:其一,已经制定了公平的和广泛接受的规则,无论是以习惯的形式还是书面形式。其二,某种意义上说,自律是作为直接的政府监管的替代形式出现的。自律既是一个公法的概念,意味着应接受司法审查,同时也要受到私法(如合同法、侵权法)的制约。① 国外文献中,关于自律的概念除了"self-regulation"外,还有其他不同形式的表述,例如,"self-governance","collaborative governance","negotiated governance","co-regulation","voluntarism","private regulation","soft law","quasi-regulation","enforced self-regulation","communitarian regulation"等。这些概念都力图强调其与直接的政府监管相比的"自我监管、自我约束"的特征:监管的完全自愿性,规则制定权力完全集中于非政府业者手中,规则的非法律约束性。但是,许多概念也都试图克服传统的"监管"与"自律"两分法的片面性,并提出多种混合解决方式,以使自律机制带有某种程度的政府介入或监督性。在这些学者看来,单纯的政府监管与自律就像是监管连续统(continuum)上的两个端点,但现实生活中的大部分自律模式是介于其间的。例如,最近比较流行的"合作监管"(co-regulation)的概念,就是提出由政府机关、市场主体在规则制定、履行和执行环节相互合作的设想。该模式其实就是希望引入市场主体参与决策程序,以充分发挥立法的前瞻性、约束性和自律的灵活性的双重优势。与上述分类不同,社会学家和法学者倾向于将自律分为三种,其一是"自愿性"的自律,主要特点是没有政府的直接干预;其二是"经批准"的自律,即自律规则需要经过政府的批准;其三是"法定"的自律,即该种自律模式及框架是依据政府法律建立的。此外,因适用范围上的不同导致关于自律的概念还存在另一种争论。一种是认为自律机制是建立在私人实体基础上的,例如从公司治理的角度来分析;另一种是范围更广泛的集体层面,例如一个行业、一个区域等。②

---

① Peter Cane, "Self regulation and judicial review", *C. J. Q.*, Vol. 6, (October 1987), pp. 324-326.

② Saule T. Omarova, "Rethinking the Future of Self-Regulation in the Financial Industry", *Brook. J. Int'l L.*, Vol. 35, (2010), pp. 675-677.

就本书主旨而言,本书所界定的自律不是指公司内部治理或内部风险控制,而是建立在整个行业基础上的自我约束、自我管理的机制。当然,在当今社会,证券行业的复杂性、全球性和高度风险性,使得证券行业的自律也不再可能完全回归到不受政府监管的纯粹自律的时代。

就交易所而言,其自律从本源上讲是证券商的自律,也就是传统的会员监管。包括监管会员的资格、会员的交易过程等。早期的交易所基本上如此。但随着反对欺诈上市,保护投资者利益呼声的加强,使得交易所不得不承担了监管上市公司的责任。例如制定上市条件,上市后的持续监管等。严格地讲,上市公司并非交易所会员,自律组织对其的监管超出了自律的范畴。再如,交易所对交易的监管,除了会员外,还涉及对其他投资者操纵市场等违规行为的监管,这实际上也不符合自律的传统含义。由于习惯上交易所已经行使上述自律职能,本书在涉及证券市场自律时予以尊重,但在自律的基本原理部分仍以会员的自我管理为逻辑起点。

自律从外延上看包括了交易所自律(又称"场内自律")、场外市场自律两种。场内交易分股票市场和期货市场交易;场外交易包含股票市场、金融衍生品市场交易等,例如本次金融危机就是由金融衍生品市场泡沫破灭而引发的风险释放。本书所研究的自律主要以股票市场(包含场内和场外交易)为限。当然,这并不是说其他市场形式的自律不重要,只是本书所称市场自律更注重"组织化"特征,更强调团体自律的价值。从证券市场的发展来看,股票市场发展历史最为悠久,已经形成较为成熟的自律组织并在实践中发挥着举足轻重的作用,而其他市场形式的自律比较而言尚不成熟,有的甚至没有形成有影响力的自律组织。也就是说,股票市场自律更具代表性,既便于展开研究,也有利于总结一般性规律,为探索建立其他市场形式的自律制度模式提供有益的理论参考和实践指导。

二、市场自律与道德自律

说到自律,人们很自然会想到道德自律,尽管本书采纳的自律概念与道德自律不同,但毕竟二者有着一定的关联。市场自律的优势之一就是自律组织可以采取高于法律法规要求的道德标准作为自律规则,从而更好地规范会员的行为。因此,离开道德自律去谈市场自律又是不可能的,理解道德自律是更好地把握市场自律的前提。

(一)道德自律的概念

道德自律与市场自律又有很大的不同。在西方伦理史上,康德第一个系统地阐述了自律概念,并把它确立为伦理学的基础。康德理解的自律,就是道德主体自主地为自己的意志"立法",设定道德法则,而这种自主的设定排除了任何外在因素的影响。康德认为,个体的人作为有理性的存在物,在自律时只听命于自己的意志所颁布的道德法则。因此,若服从他人意志的强制就等于取消了自律。自律排除的不仅有他人意志,甚至还包括上帝的意志。康德认为,道德法则完全是意志的自律,绝不需要宗教,它因纯粹实践理性而自足。康德的自律道德论同样拒斥了感情因素的影响,认为如果把行为结果作为法则的基础,那么这样的法则永远只不过是意志的他律性。康德的自律根据在于"绝对命令",即不论什么总应该做到使你的意志所遵循的准则永远同时能够成为一条普遍的立法原理。康德把这一"绝对命令"作为意志自律的总法则。按康德的理解,意志自律意味着意志只接受先天的、无条件的"绝对命令",即只接受来自纯粹实践理性的这种纯形式的规定来判断人的行为的道德价值,不是看意志的对象或行为的结果如何,而是仅仅取决于行为的动机是否出自纯形式的"绝对命令"。[①]

马克思主义批判地吸收借鉴了康德的自律概念,提出了一种新型的自律观。关于自律的根据,马克思主义从历史唯物主义的立场出发,认为自律的动机并不是纯粹理性的先天产物,而是根源于一定的外在因素的影响。马克思指出,人们"归根到底总是从他们的阶级地位所依据的实际关系中,从他们进行生产和交换的经济关系中,吸取自己的道德观念"[②]。不同的社会关系会产生不同的道德,也就会提出不同的道德要求,促成不同的自律动机。这就使得处于不同社会关系中、不同社会地位上的人们的自律有了内容差别,导致了自律标准的社会性、历史性。因此,也难以形成为所有个体

---

① 吕耀怀:《两种自律观的歧异》,《道德与文明》1996年第3期。

② 《马克思恩格斯选集》第3卷,人民出版社1995年版,第434页。

所普遍认可的自律。

康德的自律概念，以绝对自由的意志为前提，而马克思主义的自律观，则把个体的意志自由放在特定的历史条件下来考察，强调这种自由总是要依赖于人对外部世界的规律性、必然性的认识，总是要依赖于产生和深化这种认识的实践活动。道德主体的自我"立法"，不能超越外部规律的客观要求，而应自觉地限制在规律性、必然性所允许的范围内。因此遵循外部世界的规律性、必然性，不再被认为有道德他律的嫌疑，而被当做是实现道德自律的前提。缺乏对于必然性、规律性的认识，自律就会变得盲目，而盲目的自律因其违背规律的客观要求最终不得不承受外部强制，不得不回归他律。①

道德自律绝不是空洞的纯形式的要求，绝不是来自于一种虚幻的世界。道德自律体现了主体的一种精神追求，反映了主体自觉地、主动地规范和约束自己行为的状态，是对主体的一种更高层次的行为规范的要求。笔者赞同马克思主义的观点，认为道德自律因人而异、因行业而异，不存在统一的标准，只能说存在着最低的标准，而这最低的标准往往又是为法律或其他规则所规定的。当然，仅仅停留在最低标准的他律层次上绝不是自律的体现，只有当他律转化为自律，主体把外在的他律规则转为内在的行为规范时，道德自律才具备了基本的要求。这时的主体将自觉遵守有关规则，把它作为一种内在的需要，作为实现个体价值的一种手段，这才可以说是在较低层次上实现了自律。但我们平常所言的自律，又往往是高于这种标准，是在一较高层次上的追求。这个层次的特点是，"主体能够超越（不是违反）他律。这包括：是主体在把他律的内容接纳到自律的同时，还自立了一些与他律相一致或不矛盾的具体内容超出他律范围的自律；二是主体自立了高于一般社会规范和伦理水平的自律；三是主体能够不断自省自新，孜孜不倦地追求真、善、美"。② 现在证券市场违规事件层出不穷，加强自律的呼声日渐高涨。作为证券从业人员，如律师、会计师，就不仅要自觉遵守国家相关的法律、法规及有关自律规则，还要进一步根据法律的规定和证券市场发展的实

---

① 吕耀怀：《两种自律观的歧异》，《道德与文明》1996 年第 3 期。
② 陈新权：《金融业的他律、自律》，《新华文摘》2001 年第 12 期。

际情况,既要做到维护客户的利益,更要从大局出发,以维护广大投资者的利益,维护市场的公平、公正、公开为根本目标。这就要求他们加强职业道德自律,遵循诚信标准,不断加强对自己行为的规范约束,自觉地使自己的行为符合证券市场健康发展的需要,并要进一步努力通过自己的职业为推动证券市场的良性发展做出贡献。事实上,由于证券市场日新月异,立法难以跟上变化的要求,具有明显的滞后性,也就是说总存在他律尚无法发挥作用的空间。这时就需要市场主体不断提高道德自律要求,所谓钻法律、政策的空子,"打擦边球",就是违反了道德自律的要求。例如我国证券市场之前出现的大小非减持,财务报表频频变脸等诸多事件就突出体现了形式合法,但实质上损害证券市场其他投资者利益,损害市场公平与诚信的基本价值问题。这时,就需加强道德自律的作用,知情者应自觉遵循证券市场诚信与公平的基本原则进行交易。利益法学的倡导者赫克认为,法有两个理想:其一,完全的安定性理想;其二,完全的妥当性理想。但立法者不可能完全实现理想,原因在于:其一,立法者的观察能力有限,不可能预见将来的一切问题;其二,立法者的表现手段有限,即使预见到将来的一切问题,也不可能在立法上完全表现。因此,即使是最好的法律,也存在漏洞。① 英国著名法理学家哈特先生在其名著《法律的概念》里曾精辟地分析了法律的不确定性,并称之为法的空缺结构。他认为,无论如何我们也不应当抱有这样的信念:"一个规则应详尽无遗,以使它是否适用于特定案件总是预先已经确定,在实际使用中从不发生在自由选项中做出新选择的问题。……因为我们是人,不是神。无论何时,我们试图用不给官员留下特殊情况下的自由裁量权的一般标准,去清晰地、预先地调解某些行为领域,都会遇到两种不利条件,这是人类、也是立法所不能摆脱的困境。其一是我们对事实的相对无知;其二是我们对目的的相对模糊。"②法律的不确定性还来源于自然语言的不确定性。也就是说,自然语言是开放结构的,"词的意义及其指称范围

---

① 梁慧星:《民法解释学》,中国政法大学出版社 1995 年版,第 71 页。
② [英]哈特:《法律的概念》,张文显、郑成良、杜景义等译,中国大百科全书出版社 1996 年版,第 128 页。

并没有一条明确清晰和固定不变的边界线,越接近边缘,是与不是就越模糊。"①语言的不确定性直接导致法律的不确定性,因此也容易给人以可乘之机。具有较高道德自律的人会通过法律原则和道德原则的指引力图捍卫法律的基本价值,而不是相反。所以,那种认为法治社会是法的治理,完全排除道德自律的观点是站不住脚的。事实上,良好的社会秩序从来不能怀疑道德自律的价值,道德自律对于社会秩序(包含市场秩序、法律秩序)的实现是必不可少的助推力量。

道德自律作为主体的一种自我约束形式,体现了一种较高的精神境界,道德自律的实施需要寄托于主体的道德修养,寄希望于主体的自觉实践。而且自律的实施还有赖于整个社会形成一种风尚,试想,即使一个人想加强自身道德自律,而同行人皆唯利是图,他还能坚持下去吗?"柠檬市场"原理将使得道德自律约束愈来愈差,最终形成整个行业的诚信危机。人是社会中的人,必然要满足基本的生活需要,因此道德自律的实施效果还有赖于物质文明的提高。从这个角度讲,道德自律是一个社会性的、系统性的工程,我们不应企求一朝一夕就会达到一种较高层次的自律。正因为如此,考虑到目前的国情,我们首要的还是应强调他律的作用,同时积极推进道德自律建设的制度保障。比如,社会信用体系的完善,就能极大地提高主体的道德自律意识。外在约束对主体行为的规范对于提升道德自律可能有着更为直接的意义。道德自律与他律的一个重要区别就在于道德自律依赖于主体的内心觉悟与自觉行动,如果说有什么"强制"形式的话,它也不是靠什么威胁或借助惧怕或利诱所施加,而是"对规则要求之事的强有力提示、呼唤良知、对过错和悔恨作用的依靠"②。

(二)市场自律与道德自律的关系

市场自律与道德自律有着紧密的联系。

首先,就市场自律的产生而言,它源于市场主体维护共同利益、实现共

---

① 郑成良:《法律之内的正义》,法律出版社 2002 年版,第 152 页。
② [英]哈特:《法律的概念》,张文显、郑成良、杜景义等译,中国大百科全书出版社1996 年版,第 176 页。

同目标的一种自发行为,也就是说,他们基于一种共同的信仰或价值追求成立自律组织、制定自律规则、实现自我管理。这种共同的信仰是道德主体主导观念的体现,这就使市场自律具备了一定的道德自律基础。

其次,就市场自律规则的形成来看,最初的规则往往来源于本行业成员在日常行为中所形成的普遍认可的道德规范。起初,不遵守这些道德规范并不能受到什么实质的惩罚,最多是舆论的谴责而已,但其结果可能造成恶性竞争,最终损害的是全行业的利益。如我国某些行业一味靠低价争取市场,结果导致出口价格不断走低,最终导致国外反倾销调查,整个行业都受到牵连。① 但一旦这些规范形成自律规则,将原来不遵守道德规范的人置于一种"强制"下,将有助于协调行业成员的行动,促进行业共同利益的发展。

再次,就市场自律的实现来看,市场自律因具备共同信仰的条件而更易为主体所接受,他律只有转化为自律,才会在更高层次上得以实现,这样自律组织的规则执行起来阻力较小,成本较低而效果却很显著。当然,市场自律不可能全部转化为道德自律实现。因为自律组织的运行不可能由全体会员共同进行,必然也要推选代表组成理事会,这就存在所谓的委托代理风险。委托代理风险的解决除了制度完善外,也离不开道德自律的约束。而且在自律规则的通过上一般采取"多数一致"规则,除非是人数很少的组织。这样总有小部分人的意志可能没被体现,因而在行动时必然产生心理上的抵抗情绪。同时,如奥尔森指出的,除非一个集团中人数很少,或者除非存在强制或其他某些特殊手段以使个人按照他们的共同利益行事,有理性地寻求自我利益的个人不会自愿采取行动以实现他们的共同利益。② 这说明为了追求共同利益而成立的组织其运行可能难以使每个人的利益得到满足,这同样会影响他律向自律转化的效果。

自律与他律本来就是相对而言的,从这个意义上说,与道德自律相比,

---

①　例如,几年前,我国出口到东南亚市场的普通摩托车平均卖到 800 美元,现在仅为 170 美元,每辆平均利润仅为 6 美元左右。资料来源:低价"攻城掠地",无异自相残杀,2009 年 1 月 1 日,见 http://finance.sina.com.cn/roll/20051031/0807376069.shtml。

②　[美]曼瑟尔·奥尔森:《集体行动的逻辑》,陈郁、郭宇峰、李崇新译,上海三联书店、上海人民出版社 1995 年版,第 2 页。

市场自律是作为他律的形式存在的。市场主体自发成立自律组织，就是为了统一规则，减少本组织内部无谓的冲突，共同应对外部的风险与压力，以期获得共同发展的环境。然而，没有规矩不成方圆，组织的运行必须建立相应的制度规范，如制定章程及相关的行为规则，更重要的是建立一套严密的罚责体系。它们往往通过罚款、警告、开除会籍等不同手段维护本组织的正常运行，作为会员自然要受这些规则的约束，否则将会为此付出代价。可见，市场自律与通常意义上的道德自律相距甚远，尤其是在运行、实施方式上二者存在根本的差别。市场自律组织是自治的团体，其组织的运行更需要广大会员自觉履行自律规则，但如若没有相应的内部制裁措施，这种自觉性的维持是颇有疑问的。如果某个会员可任意违反规则而不会受到惩罚，则这个组织必将因其权威不足而终将解体。因此，一定的权威性是组织存在的基础，而权威的维护则必须依赖于一套严密的罚责体系，从而使不服从的人为此付出相应的代价。自律组织的自律虽然形式上也是自我管理、自我约束，但由于其人格的特殊性决定了它不可能像自然人一样遵循一种道德的自律，它的存在依赖于一套非人格化的规则体系的维护，并通过一种"软强制"体系确保会员遵守规则，对违反者施以惩罚。

总之，市场自律与道德自律虽然存在着较大的不同，但二者并非完全不相容。即使在法律比较完善的发达国家的证券市场，在强调自律组织的作用的同时，也非常重视证券参与者的职业道德自律。事实上，面对几十万甚至上百万的从业者，无论是政府部门还是自律组织，都难以全面监管到每一个人，从业者良好的道德自律意识和自律行为是保障证券市场健康发展的基本动力。因此，重视道德自律机制的研究，尤其在实施机制上进行积极探索也是很有必要的。

三、市场自律与法律

市场经济是法治经济，这毫无疑问是正确的，但法治经济并不是市场经济的全部。市场经济的另一个重要部分是市场自律，它和法律共同构成市场经济运行的规则、制度的基础。① 市场经济又是秩序经济，而秩序的形成

---

① 沈敏荣：《市场法律与市场自律》，《法学杂志》2000 年第 6 期。

依赖于一定的规则,法律无疑是重要的规则。"市场经济是一种以主体的平等独立和平等自由的交换为基础的经济形式,它内在地要求由权威化的法律规则来保障平等与自由,否则,市场竞争的正常秩序和环境极易受到破坏,市场经济难以正常运行和发展。"市场经济"也需要一套有效的法律规则保障各经济主体通过平等、自由地协商来决定相互间互利有偿、彼此限制和约束的关系,保障各自应当受到承认和尊重的正当利益并及时有效地解决它们之间的冲突和纠纷。"①但是,如果把法律作为规则的全部,把法律作为市场经济运行的唯一规则,则显然夸大了法律对市场经济的作用,忽视了法律本身的缺陷,同时也是对市场经济运行过程不甚了解的体现。事实上,如果我们追本溯源,考察市场经济的初始形成及运行,就会发现那时指导市场主体行为规则的主要是习惯、惯例,是商人们在无数次交易中反复形成的、被普遍认可的规范。后来各行会的出现加速了统一习惯、惯例的进程,并结合现实的需要制定出行业的自律规则。应当说相当长一段时间,市场是由这种自律规则指导运行的。国家所能做的就是确认这些自律规则。正如伯尔曼先生指出的,那个时期的商法"最初的发展在很大程度上——虽不是全部——是由商人自身完成的:他们组织国际集市和国际市场,组建商事法院,并在雨后春笋般出现于整个西欧的新的城市中建立商业事务所"②。当然,单个的商人是不可能完成商事立法活动的,他们是通过特定的组织即行会来实现的。正如我国学者指出的,组成商人的基尔特和商业联盟,积极组织国际集市,运用商人习惯法协调商人之间的关系,处理商事纠纷,既维护商人和工匠的权利,又保障顾客的利益,并编纂规范,组织商事法庭,行使审判权和商务仲裁权。正是这些商人行会和商业联盟的章程、规范、商人惯例、商事判例和一些城市立法,成为商法的重要渊源。③ 只不过随着国家加强了对市场的控制,陆续地颁布了许多规范市场主体行为、克服

---

① 姚建宗:《法律与发展研究导论》,吉林大学出版社1998年版,第176—177页。

② [美]哈罗德·J·伯尔曼:《法律与革命——西方法律传统的形成》,贺卫方、高鸿钧、张志铭等译,中国大百科全书出版社1993年版,第414页。

③ 李功国:《商人精神与商法》,载王保树:《商事法论集》第2卷,法律出版社1997年版,第22页。

市场失灵的法律法规,相当一部分自律规则也被吸收到法律体系中去,这样法律最终取得了主导性地位。但是,由于市场是一个不断发展、不断完善的过程,总会出现许多新情况、新事物,法律的滞后性决定了它并不可能及时地应对这些变化,这时就需要市场自律,由市场主体通过制定自律规则,实现自我管理,维持经济秩序的良性运作。自律过程同时也是一个不断修订自律规则的过程,在相关规则具备了一定的稳定性后,便有了上升为法律的可能。比如加拿大个人信息模范法案便是由加拿大银行行业协会率先采用,并协同加拿大标准制订委员会完善,最终由标准委员会颁布,成为国家的强制性法案。①在瑞士,大约一半的金融业规则是由金融行业起草的。瑞士的金融市场监管法案明确规定监管机构可以将行业自律规则作为最低标准予以认可和执行。这些得到认可的行业规则被赋予准法律规范的效力,所有的规则调整范围的市场参与者都必须遵守这些规则,违反者将受到监管机构的处罚。制定和认可行业规则可以由行业或者政府监管者启动。一旦决定启动,将完全由相关私主体负责规则制定程序,而且对该程序没有任何规范要求,也没有强制要求公共的参与性。但监管当局会详细审议规则的具体内容,如果必要将与起草者协商其关注点和最低要求。只有在规则满足监管当局的要求并正确阐释了现行法律法规的条件下,才会得到认可。监管当局可以认可同一领域的多套行业规则。② 所以说,市场经济运行既要依赖于法律规则,同时也要依赖自律规则。

法律一经产生,便具有了相对稳定性,非经法定程序不能修改。法的稳定性是法治社会的重要特征之一,是法律的价值所在。维持法的稳定性固然有利于稳定既有的社会秩序,增强人们的行为预期,但是法的稳定性与市场经济发展的内在逻辑要求还会存在一定的冲突。如萨维尼所言,法律自制定公布之时起即逐渐与时代脱节。经济的发展要求在立法上体现,但立法有一定的技术要求,要遵循一套严格的程序,这样必然导致法律的滞后性。那么在新法出台之前,市场仍需有章可循,否则必然陷入混乱,此时的

---

① 鲁篱:《行业协会经济自治权研究》,法律出版社 2003 年版,第 172 页。

② Eva Hupkes, "Regulation, Self-Regulation or Co-Regulation?", *Journal of Business Law*, Vol.5, (2009), pp.434–435.

自律规则正好扮演了这样一个角色。所以,如若忽视自律规则的积极意义,便不可能有市场经济的良性发展。

从实施效果上讲,相比较法律而言,自律规则有其优势,毕竟同一行业的成员还是具备许多共同的利益。他们在其最高权力机构——会员大会上地位是平等的,一人一票的投票规则保障了权力行使的平等性。[①] 自律规则能体现本行业大部分人的意志,而法律则不同。法律是众多利益集团协商和斗争的产物,总是体现着统治阶级的意志。法律的制定程序更为复杂,其价值追求更注重整个社会的公平,因此不可能完全是某一行业利益的反映,所以,法律转化为道德自律的阻力更为沉重,因此才更需要国家机器的强制力。

自律规则经过一定时期的运行,便可能上升为法律规则,从这个角度说,自律规则构成了法律(尤其是经济法律)的基础。但从另一个角度看,自律规则的起源却是与一定的法律传统相联系的,也就是说,正是在一定的法律条件下,自律规则才得以产生。有学者曾就自律规则的起源与法律传统问题做了较全面的考察。[②]

其一,自律规则与教会法传统。自律规则在西方11、12世纪的发展是社会权威分立的产物。在西方的法律传统中存在着宗教与世俗的分离。世俗法又分成封建法、庄园法、商法、城市法和王室法,自律规则便是在西方封建割据、法律重叠的状态下产生于城市之中的。11世纪之后,教会法在欧洲取得了优于世俗法的地位,在有关信仰与道德问题上进行规范,而在当时,城市法又具有相对的独立性和完整性,商法却具有跨国的统一性,这些都构成了当时社会世俗与权威的分立,从而给城市中自律规范的产生提供了一个制度上的基础。

教会法对商业活动的许可是自律规则产生的法律基础和道德基础。伯尔曼认为,从盛行于西方商业制度形成时期的基督教社会理论的观点来看,商人的经济活动就像其他的世俗活动一样,他们不再被认为必定是"对拯

---

① 一般意义上的自律组织采取的是会员制形式,因此,该论断是基于会员制的自律组织而言的。对于其他形式的自律组织,则需另作判断。

② 桁林:《论自律的法律基础》,《浙江社会科学》2001年第9期。

救的一种威胁",相反,如果从事这些活动是按照教会制定的原则的话,那么它们就被认为是通往拯救的一条途径。这些原则在教会法中得以阐明。从教会的观点看,由商人们发展起来用以调整他们自己的相互关系的法律,应该反映教会法,而不是与教会法相矛盾。11世纪晚期和12世纪的天主教会不仅不谴责金钱或财富本身,而且确实还鼓励追求财富,只要从事这种追求是为了一定的目的并按照一定的原则。那些从事商业的人的世俗活动应该用他们从贪婪的罪孽中拯救出来的方式加以组织,商人应该组成行会,这种行会将具有宗教功能,并在商业交易中维持道德标准。①

其二,自律规则与城市法的独立性。11、12世纪欧洲新兴城市和城镇也是法律的联合,事实上,大多数欧洲城市和城镇正是通过一种法律行为,通常是授予特许状而建立的,"特许状几乎不可改变地确立了市民的基本'特许权',通常包括自治的各项实体权利"②。与城市同时出现的是行会,11、12世纪的行会制度根源于早期的德意志行会。后来的行会还在很大程度上归因于10世纪和11世纪的部分通过宣誓的兄弟会来运作的上帝和平运动,这些行会被用来作为团体和自愿的法律实施组织。在11世纪末期商人行会、社区行会、手工业行会以及其他具有世俗性质的行会遍布各地。有行会的地方,行会又是立法团体,城市或城镇里五花八门的商人和手工业者的行会,各自都有自己的法令,法令的内容因不同行会而千差万别。③

总之,正是在一定的法律条件下,自律规则才得以产生。自律规则并不是一种自上而下的规则的制定过程,而是一种需要一定基础的规则的产生过程。当然,这种自律与现代社会自律是不同的,当时自律的道德性与行会的作用十分明显,行业的限制和垄断在以后资本主义的发展中也成为其发展的障碍。自律这种制度形式逐渐向更为自由、更强调当事人的意思自由

---

① [美]哈罗德·J·伯尔曼:《法律与革命——西方法律传统的形成》,贺卫方、高鸿钧、张志铭等译,中国大百科全书出版社1993年版,第412页。

② [美]哈罗德·J·伯尔曼:《法律与革命——西方法律传统的形成》,贺卫方、高鸿钧、张志铭等译,中国大百科全书出版社1993年版,第440页。

③ [美]哈罗德·J·伯尔曼:《法律与革命——西方法律传统的形成》,贺卫方、高鸿钧、张志铭等译,中国大百科全书出版社1993年版,第473页。

的方向发展,自律这种规则形式在市场经济中被保留了下来,而且随着经济生活的复杂化,行业自律也得以更大的发展。

自律规则构成了法律的重要渊源,同时,法律也在一定程度上保障着自律的有效实施。首先,自律组织的自律地位是由法律确定的。如在美国,交易所的自律监管组织地位就是由《1934证券交易法》确认的。法律的确认使得自律组织资格的合法性得到了保障,其制定和执行自律规则的权力具备了法定的基础。法律的确认使自律组织的自律监管权力由约定上升为法定,尤其使其在对抗政府不当干预上获得法律保障。其次,自律组织在依法行使管制权力时,享有类似于政府机构的绝对豁免权。法律之所以这样规定,主要是考虑到如果自律组织在行使管制权力时,可以任意被诉请损失赔偿,他们将没有动力采取有效的自律行动。① 再次,自律组织在对会员违规行为调查时,通常不受自证其罪条款的约束,会员对自律组织采取的诸如罚款、取消资格等自律惩戒措施不服时,通常适用内部权利救济用尽原则。这些法律规定都在一定程度上保障了自律机制的有效发挥。②

第二节　自律、自治与法治

一、自律与自治

（一）自治的概念分析

什么是自治? 搜索近几年理论界的研究成果,可以发现"自治"似乎是很时髦的一个词。哲学、法学、经济学、政治学、社会学等相关人文和社会学科不约而同地都选择了"自治"作为研究课题和方向,如村民自治、社区自治、大学自治、业主自治,民族区域自治、学术自治、地方自治、行业自治、公司自治等。一时间场面"蔚为壮观"。虽然由于研究视角不同,对自治的界定和认识存在着一定的差异,但大都强调了"自我管理"、"自主治理"、"追求独立"等品格。

---

① Robert S. Karmel, "Should Securities Industry Self-Regulatory Organizations be Considered Government Agencies?", *Stan. J. L. Bus. & Fin.*, Vol. 14, (Fall 2008), p. 173.

② 有关内容详见本书第五章第一节。

《布莱克维尔政治学百科全书》对"自治"有两个不同的英文词条（autonomy & self-government）。autonomy 按其字面意思是指"自我统治",在通用的政治语言中,亦指实行自我管理的国家,或国家内部享有很大程度的独立和主动性的机构;在政治思想领域,这一术语现在常常用来指个人自由的一个方面。① self-government 指某个人或集体管理其自身事务,并且单独对其行为和命运负责的一种状态。更狭义地说,它是指根据某个人或集体所特有的"内在节奏"来赞誉自主品格或据此生活的品格(这需要摆脱外部强制)的一种学说;因此,自治以自决权为先决条件。② 我国政治学学者较早对社会自治进行了研究,认为自治是一种依靠自我管理自身事务并对其行为负责的社会管理形态,或者说,自治是一种依靠自我调节的社会管理形态。③ 但近期许多学者从治理的角度理解自治,认为社会自治是这样一种治理:它以服务为内容,治理主体与治理客体之间会经常性的易位,治理者同时也是被治理者,被治理者又是治理活动的积极参与者。也就是说,治理者与被治理者之间的界限已经被打破。每一个人都是服务者,同时每一个人也都是服务的接受者,是一种"人人为人人服务"的制度规范体系。社会自治意味着一种新型的社会制度的产生。④

法理学家眼中的自治是广义上的社会自治,是可以抵制政治干预的社会自治空间,是实现法治的社会基础。那么什么是社会自治呢? 严格说来,社会自治的含义可以从两个层面去理解:一是个人意义上的自治;二是社群意义上的自治。从实在法上讲,前者是指法律赋予公民个人所享有的作为公民的权利与自由。后者是指作为一个社会共同体内部全体组成人员所享有的自治权利。前者的权利是通过单个具体的自然人来实现,后者则是通过社群的集合体共同行使。⑤ 本书中,笔者倾向于采取第二种社群意义上

---

① ［英］戴维米勒、韦农·波格丹诺:《布莱克维尔政治学百科全书》,邓正来译,中国政法大学出版社 2002 年版,第 49 页。

② ［英］戴维米勒、韦农·波格丹诺:《布莱克维尔政治学百科全书》,邓正来译,中国政法大学出版社 2002 年版,第 745 页。

③ 李远书:《论社会自治》,《学习与探索》1994 年第 5 期。

④ 张康之:《论新型社会治理模式中的社会自治》,《南京社会科学》2003 年第 9 期。

⑤ 周安平:《社会自治与国家公权》,《法学》2002 年第 10 期。

的自治的观点,因为单纯的个人自治完全属于宪政研究的课题,而且与社群自治在自治理念与方式上存在较大的差异,与本书主旨不符。正如郑成良先生指出的,所谓社会自治,就是组成了社会的那些自然人、法人及其他主体在处理私人事务时,可以按照自己的或按照彼此的共同意愿自主地行事,不受外在因素的干预。从根本上说,法治不过是社会自治的特定实现方式。①

行政法学研究的自治则从行政管理的角度出发,认为自治是转移政府行政职能、推进政府管理改革的必要举措。尤其在我国积极推动自治组织的发展,由其承担相应的管理职责,是非常必要的。否则,只是一味地放松管制,在市场缺乏自我管理能力的背景下,难免导致"一放就乱"的结局。在我国台湾地区,自治作为行政任务民营化的基本方法得到学者的一致肯定。自治系将国家隶属机关以外之组织个体,纳入国家组织中,由具有利害关系之当事人自行负责管理特定事务,并受国家法律监督。至于该组织性质是公法人还是私法人,并不重要。② 利害关系人的参与是自治区别于政府行政行为的重要特征。

(二)自律与自治的关系

自律与他律是相对应的一组概念。一切外在的约束包括立法的、行政的、司法的、舆论的等都可以称为他律。自律与自治两个概念经常混用,如行业自律与行业自治,但在许多方面二者又有特定的用法。如我们说领导干部要加强自律,此时用自治似有不妥。如公司自律与公司自治似有不同的含义,证券市场上在出现上市公司违规事件后,经常出现加强公司自律的呼声,而学界往往从公司自主经营,反对政府过多干预的角度研究公司自治。上述事例说明自律与自治在内涵和外延上有所不同。据笔者观察,在涉及单个主体(自然人或法人)时,一般用自律的概念。如法官自律、球员自律等。究其原因,笔者认为,此时的自律被赋予了较多的含义。其一是希望相关主体能够遵守法律、法规,照章办事,仅停留在这个阶段尚有"被动"的意味;其二是希望相关主体将外在的控制变成内在的约束,能自觉地约束

---

① 郑成良:《论法治理念与法律思维》,《吉林大学社会科学学报》2000 年第 4 期。
② 赵相文:《由法律观点论自治制度》,《中原财经法学》2005 年第 15 期。

自己的行为,不违反相关规定,这个阶段有些"主动"的意思;其三道德自律,就是不仅能做到主动遵守法律法规,不违反规章制度,而且还要给自己苛以更高的道德标准,使自己成为同类人中的模范,学习的榜样。以上市公司信息披露为例,出现了某一事件,本属于交易所规定的信息披露范围,但因担心影响公司业绩,不想披露,后又担心受到惩罚,不得不披露,属于第一层含义;事件发生后,能够自觉主动地以第一时间披露,让市场及时了解信息,属于第二层含义;虽然该事件不在交易所规定的信息披露范围内,但可能对公司的发展产生些许影响,可能引发投资者投资策略的调整。因而出于对市场和投资者负责的理念,仍然及时地通过正式渠道公布,可以认为属于第三层次的自律。但无论哪种自律解释,其自我管理的依据或者是他律规则,或者是道德标准,其含义都没有自我制定规则,然后基于此规则实现自我管理的意思。因此,单个的个体自律不属于本书探讨的范围。本书的自律实质上是一种团体自律,是由相同职业或行业的人组成团体的方式,通过制定规则,并执行规则以实现自我管理。可以说,团体性是自律的重要组织特征。从这个角度说,自律团体与自治团体具有相当的同质性。尽管如此,笔者认为,自治团体的范围可能更广些,一些纯粹的基于政治上安排或考量的团体,如村民自治组织,当然不能视为自律团体。

二、自律与法治

自律组织的自律与自治精神使得其能够形成自治性的公域,而这一公域的存在既提供了市场主体自行处理相关问题的自主空间,又是制约政府干预的最为有效的力量。市场主体自律精神的弘扬有利于形成自主、自治的社会领域,其以自治为原则,以自律为手段,从而形成与国家相对应的独特空间。我国著名法学家张文显先生认为,一个以市场为中心的平等、自由和协商的社会领域,始终是法治国家的根基所在。社会赢得的是自主的空间,得以自由地契约和结社建构自身,本身不得侵入或并吞社会的制度空间,否则,法治也就蜕变成赤裸的专制。① 从这个意义上说,市场自律作为

---

① 张文显:《法哲学范畴研究》,中国政法大学出版社 2001 年版,第 159—160 页。

市场主体自我管理的形式就具有更为深远的意义。

对于什么是法治,古今中外的法学家进行了不同的表述,囿于篇幅,本书不拟对此做历史的回顾。尽管各家看法不同,主张有异,但在有关法治的表征等一些基本问题上,笔者认为还是达成了某些共识,归纳如下:①法治意味着社会形成一种权力制衡机制,国家权力受到有效制约。②法治的关键在于政府守法,依法办事。③权利受到法律保障和社会自由原则的确立。人们普遍认识到:实现法治的最大障碍来自于公权力的侵犯,因此,如何有效制约公权力一直是法治的核心实现机制。从洛克的自然权利让渡,到孟德斯鸠的三权分立、卢梭的社会契约论,从霍布斯的"利维坦"到公共选择学派的政府失灵论,无不关注于此。显然,政府为何能主动守法,权利因何能得到保障,社会自由如何实现,归根结底是公权力受到了有效制约。而制约的途径除了公权力内部制衡以外,还必须有来自于社会的制约。孟德斯鸠指出,政治自由只有在国家权力不被滥用的时候才能存在,"但是一切有权力的人都容易滥用权力,这是万古不易的一条经验。""从事务的性质来说,要防止滥用权力,就必须以权力约束权力"。①　孟德斯鸠提出的以权力制约权力是典型的权力分立理论,强调的是权力内部的分权。然而,仅有内部的分权是不够的,"立法权与行政权的分立,在很大程度上能够防止政府的独裁与专断,但是这种分权本身却无法构成一种预防侵犯个人权利的完全且充分的保护措施。"②如何强化社会分权,保障社会自治权利的实现与制衡才是根本。社会自治理念是抵御国家权力扩张的根本武器。自治组织和团体的内部互动和管理具有高度的自治性质,国家公权必须尊重自治体的这种独立自治的特征,否则,社会自治体可以以其自治权对抗国家公权而使国家公权的干预在法律上无效。③

社会中个人、组织等构成了多元的权力主体体系,是制约国家权力的根本力量。个人的自主性、个人的天赋人权一直以来都是保障个体自由、反对

---

①　[法]孟德斯鸠:《论法的精神》,张雁深译,商务印书馆 1961 年版,第 154 页。

②　[美]E·博登海默:《法理学:法律哲学与法律方法》,邓正来译,中国政法大学出版社 1999 年版,第 54 页。

③　周安平:《社会自治与国家公权》,《法学》2002 年第 10 期。

国家强权的基本手段。社会组织的多元化发展,也形成了对国家权力的有效制约。这些组织必然以权利争取者和捍卫者的角色参与国家政治生活,通过种种途径影响国家权力,在整体上就形成了一个抑制权力的多元结构。它们一方面有其独立性发展的趋势,要求政府尽量少干预而维护其自治权,抑制国家权力职能和范围的扩张;另一方面,它们又要通过积极地直接或间接民主政治参与,力图使政府政策大多是通过谈判和讨价还价来决定。因此,组织的多元化无疑构筑了一个以权力分离和制衡为标志的多元政治体制,提供了能有效保护少数人权利、抑制等级体系和权力支配的互控机制。① 作为社会组织体系中重要支柱的各类协会,尤其是经济类协会,因其直接的经济利益驱动与雄厚的经济实力背景,更可能成为这支大军中的攻坚力量。达尔指出:"独立的社会组织在一个民主制中是非常值得需要的东西,至少在大型的民主制中是如此。……其功能在于使政府的强制最小化,保障政治自由,改善人的生活。"②

　　自治不仅是维护个人自由的手段,同时也构成了法治的基础。郑成良先生指出:"如果有谁认为,实行法治就是用尽可能多的法律调控社会生活,就是借助于法律尽可能广泛地实施统一的强制性标准,那么,他就从根本上曲解了法治的理念。尽管法治意味着法律至上,但并不意味着一味地用法律上的强制性标准排斥当事人的自主决定和约定。相反,法治需以适度的社会自治为基础。"③在社会自治领域和国家公权力领域,双方应保持一种相对的独立性,并奉行不同的处事原则,在社会自治领域,强调意思自治、自主自决,反对国家的无限制介入。诚如哈耶克指出的,"在自由的社会中,每个人都拥有一个明确区别于公共领域的确获承认的私域,而且在此一私域中,个人不能被政府或他人差来差去,而只能被期望服从那些平等适

---

　　① 马长山:《国家、市民社会与法治》,商务印书馆 2002 年版,第 162 页。
　　② 顾昕:《以社会制约权力——托克维尔、达尔的理论与公民社会》,载刘军宁:《市场逻辑与国家观念》,生活·读书·新知三联书店 1995 年版,第 164 页。
　　③ 郑成良:《论法治理念与法律思维》,《吉林大学社会科学学报》2000 年第 4 期。

用于所有人的规则"①。如果国家权力可以肆意侵入私人领域,就会混淆国家公权力领域与社会自治领域的界限,其后果便是"在公共机构与社会主体之间,在公共权力和私人权利之间,形成强弱悬殊的力量对比关系,作为私人主体之总和的社会完全处于公共机构和公共权力的控制之下"②。

通过大量的实证分析,学者们指出,当今社会信息流动的复杂性和迅捷性给命令—控制式的政府监管方式带来了前所未有的挑战。于是,针对政府在制定和执行规则上的全面统治力,批评者质疑政府缺乏足够发现问题、解决问题的能力。具体而言,包括未能设计出有效的详尽的法律和政策工具解决复杂的社会问题,未能有效执行规则,未能有效激励被监管者主动遵守规则,分别被称为工具失败、执行失败和激励失败。应当注意的是,治理理论的学者并不赞同单纯地将政府权力分解给市场或者社会私人机制,相反,他们认为,当今世界是一个复杂的、动态的、相互联系的系统,众多政府和非政府力量在其中就公共和私人经济和社会生活的界限问题进行反复协商。因此,政府的目标并非是通过外在的规则去控制被监管者,而是调动私人的能力以实现公共目标。③ 俞可平先生认为,治理意味着一系列来自政府但又不限于政府的社会公共机构和行为者,政府不是唯一的公共权力中心;治理意味着在为社会和经济问题寻求解决方案的过程中存在着界限和责任方面的模糊性,各种私人部门和公民自愿团体正在承担着越来越多的原来由国家承担的责任;意味着在涉及集体行为的各个社会机构之间存在权力依赖;意味着参与者将形成一个自主的网络;意味着对公共事务的管理在政府权威之外还有其他的技术和方法。④ 治理理论的许多思路恰恰也是法治的实现途径与追求,治理理论的实践无疑将重新调整政府与社会的关系,推动社会力量参与的广度和深度,这无疑有助于推进法治社会的建设进

---

① [英]哈耶克:《自由秩序原理》上卷,邓正来译,生活·读书·新知三联书店1997年版,第264页。

② 郑成良:《论法治理念与法律思维》,《吉林大学社会科学学报》2000年第4期。

③ Saule T.Omarova,"Rethinking the Future of Self-Regulation in the Financial Industry", *Brook.J.Int'l L.*,Vol.35,(2010),p.665.

④ 俞可平:《治理与善治》,社会科学文献出版社2000年版,第3—4页。

程。证券市场当然也需要一种治理理论,如果市场的监管仅仅依赖政府部门的监管,缺乏市场力量的参与,显然是无法实现善治的。从这个意义上说,自律也是治理的一种形式或一种元素。

市场经济体制内在地推动了社会自治的观念,因为市场经济运行的前提是市场主体经济地位的独立性和经济行为的自主性。同时,社会中的自律性组织培育了社会自治能力,创造了自治的条件和方式,使得市场得以在平等的基础上通过自律组织对私人生活进行自主管理,实现自我约束、自我规范、自我发展。这些无疑构成了法治的重要社会基础,将深刻推动法治目标的实现,反之法治又会为其提供根本的制度保障,从而形成良性互动关系。

第三章　证券市场自律的价值分析

本章主要从经济分析的视角探讨自律的优势,并分析其缺陷,从而对自律制度的价值进行全面评价。所谓经济分析是指运用微观经济学成本—收益的分析范式,以效率/效益最大化为判断标准,分析论证制度的性质和存在的必要性,目的在于对制度进行改进和完善,以建立最有效的制度,促进经济增长和社会发展。自律作为证券市场的重要制度,在证券市场发展历程中起到了重要作用,从经济分析的角度对自律进行研究,可以更好地审视和完善该项制度,为提升证券市场的治理和效率提供重要的理论支持。

第一节　自律的优势

一、自律有利于提高决策效率

自律能够对市场迅速做出反映,从而提高决策效率。

首先,自律组织相比较政府监管部门更接近于市场。由于利益的驱动,市场的风吹草动更能引起自律组织成员的关注。同时,交易所拥有较多的技术专家,理论上他们能够比外在的监管者(outside regulator)更好地执行交易所规则和证券法律。① 自律机构的专业性使得他们对市场的走向把握得相对准确。一旦市场出现风险,敏锐的职业意识使他们更能及时制定应对措施,将市场风险降到最低。相反,政府监管部门人员则在整体上缺乏这种素质。为了提高政府监管人员的专业素质,监管机构必须雇佣相关领域

---

① David Lipton, "The SEC and the Exchange: Who Should Do What and When? A Proposal to Allocate Regulatory Responsibilities for Securities Market", *U. C. Davis L. Rev.*, Vol. 16, (1983), pp.527–545.

最好的专家并且提供最好的待遇,这样才能吸引投资银行和对冲基金的专家加入监管队伍。这显然存在相当的难度。即便这些人员曾有过丰富的证券专业知识和从业经历,但面对瞬息万变的证券市场,其知识折旧的速度也会加快。现实中,一个人的受教育水平或智商并不必然意味着能转化成实践能力。在这样一个高速发展的复杂金融世界,最好的拥有实践能力的途径就是具体设计、操作金融交易。任何政府雇员,无论受过多么良好的培训,都不能期望其拥有如此直接的、极具变数的交易性知识。[1] 作为政府部门,监管机构的工作重心在于宏观上保证证券市场的良性发展,其根本宗旨在于维护投资者的利益,因此它不仅要关注证券市场的发展动态,制定近、远期规划,还要处理大量违规事件,以确保市场"三公"原则的实现。此外,大量日常行政性事务还等待处理等。这样,监管部门需要的不仅仅是证券专业人才,其他的行政、管理等人才亦不可或缺。所以,把监管部门设计成一个纯粹由专业人士组成的机构是不现实的。自律组织恰恰能填补监管部门的这一空白。自律组织的利益追求相对单一,就是维护行业的利益,因此他们更关注市场的变化于自己利益的影响,更可能通过提高机构的专业素质、研发能力为自己服务,而且他们本身就拥有较为丰富的专业知识人才,可以通过提名、推荐的方式进入自律机构相关部门,保证了机构研发的后备力量支持。同时,身处市场一线的他们能够及时"嗅"出市场的微变,从而能迅速将有关信息反馈给自律组织,有利于问题的及时解决。正是由于自律组织与其成员的这种紧密联系,使得二者沟通便利,易于协作,专业知识的优势才会较好地发挥。应当指出,自律组织专业知识背景的优势并非一成不变,只有处在动态过程中才会更好地发挥出来。因此,这就要求自律组织要保持人员的流动性。要注意不断聘用市场前线的专业人士,只有这样,自律组织才能发挥优势,才能在证券市场取得更多的发言权。

其次,自律组织决策程序简捷,便于对市场迅速做出反应。政府监管部门制定、修改或执行有关规则通常要遵循一套较为严格的程序,尤其是涉及

---

① Saule T.Omarova,"Rethinking the Future of Self-Regulation in the Financial Industry", *Brook. J.Int'l L.*, Vol.35,(2010),p.689.

法律的层次更是复杂,周期很长。如在美国,SEC 的行为要受宪法规定的正当程序原则和其他程序的限制,从而对迅速发展的高度竞争的金融市场环境难以做出灵活地、适时地调整。① 由于证券市场牵一发而动全身的效应,监管部门也总是很谨慎地制定、修改、废止相关规则,颁布前总是要多次征求业内人士和相关专家的意见,有的甚至还公开征求意见。这么做虽然有利于保证决策的科学性,但难免因时限过长以致不能迅速对市场做出反应,因而事实上也影响了法的实效。自律组织的决策程序恰恰相反。它可以将许多关于公司治理和商业行为引起争论的立法建议从政治领域转移出来,否则,国会或者委员会将一直为此争论直到执行这些规则的有效性能够被确认,也就是预期不少的公司或经纪/自营商会"自愿"地接受这些规则。例如,尽管美国证券委员会一直未能制定关于上市公司治理的一般规则,但它却在促使交易所制定并执行上市规则方面取得了成效,从而绕过了立法程序。② 自律组织的自律规则仅适用于其成员间,针对市场的变故,他们能很快就解决方案达成一致,而且能针对适用中产生的问题及时调整规则,甚至反复修改,直到满意为止。

美国证券交易委员会第三任主席道格拉斯指出,与那些在必要程序要求下的政府约束相比,行业自律可以更快更灵活地做出反应;同时还可以避免进攻性太大的政府执法部门所带来的官僚主义不良影响。③ "一切官僚主义的管理(无论是对内部的工作人员还是对外部的受保护者)都属于受规则约束的照章办事,原则上拒绝根据不同的情况作出不同的处理。"④官僚主义导致思想保守、行动僵化、不思改革、墨守成规。因为只要改革就会有风险,所以他们宁愿维持现状或者等待进一步的时机成熟,结果是错失发

---

① Stavros Gadinis & Howell E.Jackson, "Markets as Regulators:A Survey", *Southern California Law Review*, Vol.80, (September 2007), p.1252.

② Onnig H.Dombalagian, "Demythologizing the Stock Exchange:Reconciling Self-regulation and the National Market System", *U.Rich.L.Rev.*, Vol.39, (May 2005), pp.1099-1100.

③ [美]乔尔·赛利格曼:《华尔街变迁史——证券交易委员会及现代公司融资制度的演化进程》,田凤辉译,经济科学出版社 2004 年版,第 159 页。

④ [英]约翰·基恩:《公共生活与晚期资本主义》,马音、刘利圭、丁耀琳译,社会科学文献出版社 1999 年版,第 30 页。

展的良机。这种官僚主义必然导致被管理者的不满,并直接导致在具体行事方式上的"对抗"态度。此外,自律机制可以以一种不同的方式运作,他们会更强调合作。原因在于,管理自律机制的官员与被管理的社会有许多共同的态度,因此监督应该能在一个合理的、一致的基础上进行。自律机构可以灵活地处理内部事务并可依靠警告或非正式的制裁来处理不是明显违法的滥用行为。因此可以比政府管理者更好地根据法律的精神而不是文字来执行规则,并且可以直接处理灰色区域中的事项。① 同时,自律机制的运转采用的是较为民主的方式,监管组织要接受来自会员的直接监督,会员可以对自律监管者的不当做法"不客气"地提出批评和提出相应建议。这种通畅的监督机制在一定程度上克服了官僚主义所带来的弊病。

二、自律有利于降低成本

自律有利于节约监管成本,实现监管收益最大化。政府监管成本的构成是一个较为庞杂又相当可观的数字,包括了立法成本、执法成本等。自律机制则可以在一定程度上减少政府监管的成本。道格拉斯说,与建立一个委员会直接行动体系相比,NASD 所引起的费用支出只是很小的一部分。② 立法者也不愿意花纳税人的钱去实施监管计划,自律提供了一个较好的解决办法。自律组织经费直接来源于他们监管的从业者,其独立于政府的预算和政治的因素,从而确保有充分的资源用在监管上。有了业界的巨大协助,政府可以专心于自己的事务,并将资源投入到最需要干预的地方。③ 比如,就立法成本而言,监管机构可以通过委托的方式由自律组织负责某些规则的调研、草案起草等工作,甚至直接授权其制定某些规则,而自己则保留最后的批准权。就执法成本而言,监管机构可以将某些纠纷特别是涉及证

---

① [加]布莱恩 R.柴芬斯:《公司法:理论、结构和运作》,林华伟、魏旻译,法律出版社 2001 年版,第 412—413 页。

② [美]乔尔·赛利格曼:《华尔街变迁史——证券交易委员会及现代公司融资制度的演化进程》,田凤辉译,经济科学出版社 2004 年版,第 189 页。

③ Stavros Gadinis & Howell E.Jackson, "Markets as Regulators: A Survey", *Southern California Law Review*, Vol.80, (September 2007), p.1251.

券商之间的纠纷交由自律组织仲裁或处理,也可以授权其负责某些证券市场违规事件的前期调查取证工作。自律组织自己制定的大量自律规则显然节约了监管部门的立法成本。而且,由于自律规则在制定上通常采取多数一致规则,因而交易所会员尤其愿意遵守由他们自己的代表制定的规则。①自律组织的违规处理机制、内部纠纷调解、仲裁机制也使监管部门从大量的违规事件处理中解脱出来,节约了执法成本。

从另一方面讲,自律组织所具有的专业性和灵活性也是节约成本的重要因素,因为如果自律组织的人员对所调查行为的性质比政府官员更熟悉,那么,在同等条件下自律机制应该能够在一个更有效率的基础上探知违法行为。如果自律机构可以比政府部门更迅速地修改规则,就可以更快地去除给市场参与者施加的不公平地成本的错误和过时的管理标准。与此相似,如果自律机制在一个比政府监督更合作和一致的基础上运行,裁决应该是较不敌对和较少法律性的,并因此对所有各方而言是较不昂贵的。②

从控制费用动力的角度来看,自律机制也具有明显的优势。公共选择理论在解释政府预算规模增长的原因时,将官员政治视为重要因素。布坎南等人认为,“现行的官员政治不仅会导致政府预算规模的不断膨胀,而且必然会造成永久性的财政赤字。”③政府缺乏控制费用的动力,而由于信息的不均衡,社会公众也很难采取有效的应对措施。但自律机构却不同。由于自律机构的费用来源相当一部分为会员缴纳的会费,因此它的成员对于控制自律机构的费用开支有直接的经济上的动力。自律机构的运转机制也决定了信息渠道的通畅,这样,会员可以很容易地监督自律机构的行为,将费用控制在合理程度内。

从市场运行的角度看,自律机制有助于减少大量运行成本。在证券市场上,信息无疑是最重要的资源,各证券公司只有在掌握充分信息的基础上

---

① Stavros Gadinis & Howell E.Jackson, "Markets as Regulators:A Survey", *Southern California Law Review*, Vol.80, (September 2007), p.1251.

② [加]布莱恩 R.柴芬斯:《公司法:理论、结构和运作》,林华伟、魏旻译,法律出版社2001年版,第425页。

③ 方福前:《公共选择理论》,中国人民大学出版社2000年版,第195页。

才能采取有效的行动,或者说才能获得较高的收益。然而,获取信息不仅要支出成本,而且成本高昂。但是出于利益竞争的考虑,各企业很难做到资源共享,这样一来不可避免的后果是企业各自为政,可能为了同一信息资源各自都付出了较大的成本,而信息的使用上却又难以阻止"搭便车"行为。从效率的角度看,属于高成本低效益。从整个社会资源看,造成大量的资源浪费。如果由自律组织来承担这一职责,则可以采取费用分摊的方法,降低各企业的成本。"交易所通过持续信息披露的要求降低了社会公众的信息成本,并有助于增强市场在评价公司股票价值方面的有效性。"①

自律机制还可以发挥组织者的角色。在政府寻求监管改革时,自律组织构成了一个有力的与政府谈判的相对方,因为他们专注于业界的利益并且有能力执行谈判达成的协议。② 在行业受到共同威胁时,协调采取一致行动,这样既避免了单个会员由于力量有限、成本过高而难以独自行动的困境,又克服了"搭便车"的尴尬与无奈,最后的收益由行业共享,成本由大家分摊,整体看仍然是低成本的运作方式。例如,交易所作为证券商的代表,可以与立法者在证券业改革方面进行谈判。著名的纽约证券交易所就一直在这方面扮演着独特的角色。③

三、自律有利于增加收益

证券交易所的存亡依赖于交易收入,经纪人按照交易量收取委托费用,自营商的收入也与交易量有着紧密的联系。市场交易越活跃,交易量越大,市场的流动性就越好。高流动性既提高了证券公司的收入预期,同时也能

---

① Stavros Gadinis & Howell E.Jackson,"Markets as Regulators:A Survey",*Southern California Law Review*,Vol.80,(September 2007),p.1249.

② Onnig H.Dombalagian,"Demythologizing the Stock Exchange:Reconciling Self-regulation and the National Market System",*U.Rich.L.Rev.*,Vol.39,(May 2005),p.1100.

③ 就美国证券业发展史而言,几乎每一次重要变革都是伴随着立法者与纽约证券交易所的无数次谈判完成的,如SEC的设立,固定佣金的废除等。这方面的资料可参见:[美]乔尔·赛利格曼:《华尔街变迁史——证券交易委员会及现代公司融资制度的演化进程》,田凤辉译,经济科学出版社2004年版;[美]查里斯·R·吉斯特:《华尔街史》,敦哲、金鑫译,经济科学出版社2004年版。

够增强引力,更多的公司可能选择到该交易所上市,因为高流动性意味着募集资金成本的降低,如此便可形成良性循环。从这个角度分析,交易所应该有加强自律的动机。

内幕交易和市场操纵等违法违规行为损害了市场的流动性,因此交易所也有动力加强监管。例如对于内幕交易,由于信息不对称,内幕信息掌握者可以低买高卖,获取高额利润。对于其他投资者而言,所能做的就是尽量减少交易量,因为只要他们进行交易就会受到损失。交易量的减少意味着流动性降低,低流动性提高了交易成本,降低了交易所的收入水平。因此,交易所一直以来都关注上市公司的信息披露,并开发交易监管系统进行实时监管。操纵市场等违规行为同样会产生损害市场流动性的效果。那些能够对客户忠实履行诚信义务的经纪人,更能够得到客户信任,逐步创出信誉,并从其他经纪人处争取到更多的客户。[1] 交易所之所以是最好的证券反欺诈规则的执行者,是因为会员席位的价值取决于交易所吸引的交易量,而交易量最终又取决于证券市场的欺诈程度。[2]

同时,由于不同的交易程序对交易参与者可能有着不同的优势,设计一套有效的交易程序就成为交易所在发展过程中的重点关注事项。交易所也制定清算和交割规则,以保证交易的顺利进行。同时,交易所必须承担市场的监管职责,监管交易规则的遵守情况,通过实时监控以发现潜在的欺诈或不法行为,并对会员的违规行为进行惩罚。

优良的监管环境构成了交易所品牌的基本要素。对于交易所会员而言,他们的利益取决于发行者股票的质量,因而不会为了寻求短期利益滥用手中权力。同样,一个公司决定在一个高质量的交易所上市,并同意适用该所的监管标准,将会提升投资者对公司股票的信心,因此,也会降低交易费用。[3]

---

[1]　Adam C.Pritchard,"Self-regulation and Securities Markets",*Regulation*,(Spring 2003),pp.32-33.

[2]　A.C.Pritchard,"Markets as Monitors:A Proposal to Replace Class Actions with Exchanges as Securities Fraud Enforcers",*Va.L.Rev.*,Vol.85,(1999),p.967.

[3]　Jonathan R.Macey & Maureen O'Hara,"Regulating Exchanges and Alternative Trading Systems:A law and Economics Perspective",*J.Legal Stud.*,Vol.28,(1999),p.20.

例如,在纽约交易所上市,就意味着从全球范围看,发行公司具备了较高的公司治理水平。品牌的重要性在于其吸引收入的能力,包括上市费用、交易费用、信息费用,著名的 NYSE 和 NASDAQ 在这方面一直进行着激烈的竞争。

如果从整个社会收益来看,自律的作用不容低估。通过有序的市场运作,交易所减少了严重市场动荡的可能性,毫无疑问,这种动荡会对宏观经济的发展带来负外部性影响。①

四、自律有利于提升激励、约束机制

从博弈论的观点分析,自律有利于激励、约束机制的全面实施。

市场主体不可避免地存在着机会主义倾向,加之客观上存在着监管机构与市场主体间的信息不对称,从而使市场主体(此处主要指证券商、基金等二级市场参与主体)因违规遭到查处的概率很小,我们假设其为 Q。再假设市场主体因违规行为而获得的收益为 Y,因受惩罚所受的损失为 L。若市场主体具备完全理性,则预期成本为 Q L。显然,在 Q 极小的情况下,Q L亦极小,违规行为的预期收益 Y 很可能大于预期成本 Q L,结果将激发市场参与者采取机会主义行为。② 而通过自律组织,则可以较好地约束市场主体的机会主义行为。那么,为什么在市场主体都具有"机会主义倾向"的条件下,他们还会自发地成立自律组织呢? 刘波先生从博弈论的角度做了精彩分析,他认为,市场主体之间的博弈绝不是一次性的,而是重复性的。如果在某一次博弈中,某一参与者实施了"机会主义行为"并获取了额外收益,在市场信息充分的条件下,该行为可能导致两个后果:其一,在一次博弈中,其他市场主体都将模仿该参与者而实行损人利己的"机会主义行为",这必将导致整个市场秩序的破坏和市场的崩溃;其二,其他市场参与者联合起来,对该参与者实施惩罚以防止今后的机会主义行为。即使市场信息不够充分,也会发生上述后果。显然,从长期看,第一种后果对所有市场主体

① Stavros Gadinis & Howell E.Jackson, "Markets as Regulators: A Survey", *Southern California Law Review*, Vol.80, (September 2007), p.1249.

② 刘波:《资本市场结构》,复旦大学出版社 1999 年版,第 59 页。

均无好处,因此,在对后果的灾难性损失有了充分认识之后,市场主体会倾向于选择第二种后果,即组织起来对机会主义行为进行约束和惩罚,对市场进行自律监管。从实施机会主义的市场主体的角度来看,尽管他们通过损人利己可获短期收益,但在长期中,第一种后果显然毫无益处可言,如面临后果二,将遭受惩罚,长期成本极高。因此,该主体将一方面约束自己的行为,另一方面选择加入自律组织,以惩罚侵害自身利益者。由此可见,建立和参与自律组织是市场主体的理性选择。①　正是由于自律组织的成立缘于市场主体共同利益的诉求,也是每个市场主体私人利益的保障所在,所以成员之间能够产生有效的监督,及时发现违规情况,并将之报告于自律组织处理。这样,自律组织就能起到较好的激励、约束作用,市场也将沿着有序的方向健康发展。

第二节　证券市场自律的缺陷

一、利益冲突

自律机构通常由会员发起成立,维护会员的利益就不可避免地成为其活动的宗旨,而证券市场却存在着证券商、投资者等多重主体,在二者发生冲突时,自律机构能否保证投资者的利益优先? 自律机构能否承担维护市场公平、公正、公开和有序等公共利益职责? 长期以来,尽管交易所和证券商协会等自律组织一再宣称其能够承担公共职责,但证券市场频发的诸多丑闻使得其“私人俱乐部”的形象暴露无遗。正如学者指出的,现有模式下的最大缺陷就是市场、会员、发行人、股东都对自律发挥着作用。自律组织通常不愿意对向其提供重要财源支持的会员、发行人和股东执行严格的规则,监管目标与市场目标存在内在的冲突。②

1932 年纽约证券交易所总经理维特尼(Whitney)被查出挪用客户资金将近 11 年,许多会员知悉这种情况却无动于衷。该项丑闻直接导致了交易

---

① 刘波:《资本市场结构》,复旦大学出版社 1999 年版,第 162 页。

② Jarad D.Hunter, "'No Crying in Baseball'—And No More Crying on the Stock Markets: An Alternate-Hybrid Approach to Self-Regulation", *U. Cin. L. Rev.*, Vol.74, (Winter 2005), p.649.

所总经理人选的改革,即由原来的由会员人士担任改由从非会员人士中任命。2003 年 9 月 17 日,自 1995 年起就担任 NYSE 董事长兼首席执行官的理查德·格拉索因他本人高达 1.39 亿美元的"递延薪酬"引发争议被迫宣布辞职,并由此引发了交易所治理结构的重大改革。1994 年,两位大学教授通过对 NASDAQ 市场上的报价研究,认为做市商之间可能存在相互勾结。不久 NASDAQ 最大的经纪公司就被卷入操纵价格的指控,作为 NASDAQ 的自律组织 NASD 被指责没有能有效实施自律监管。这个案件的结果之一就是:SEC 与 NASD 就 NASD 重组达成共识,以 NASD 为主体,下面分别设立 NASDAQ 与 NASDR,前者作为交易市场,后者作为专门的监管机构,负责 NASDAQ 的自律管理。NASDQ 丑闻最后经法院判决,由经纪/经销商赔偿投资者 10.3 亿美元的损失。① 上述事例无疑说明了自律机构缘于角色的定位,难以有效地担负起维护公共利益的责任。他们为了自身的利益很可能放松对会员的监管,结果使投资者大受损失。自律组织以追求成员利益最大化为目标,不应被期望像慈善团体,或者政府部门或公共机构那样服务于公共利益。② 而证券市场的健康发展却必须坚持"公开、公正、公平"的原则,必须以维护投资者的利益为根本宗旨,否则,必然导致证券市场欺诈盛行,投资者信心严重受挫,最终可能导致市场崩溃的后果。

自律组织的私人利益与公共利益之间并非完全一致,二者经常存在着难以协调的冲突。交易所只有在追逐私人利益的过程中才可能去间接地维护公共利益。③从 2003 年上半年开始,一些大型基金公司的证券经纪人就向纽交所投诉,抱怨场内专家进行暗箱操作,使基金公司错过了买进和卖出股票的机会,造成经济损失。美国证监会于 2003 年年底公布的对此事的调查显示,仅在 2001 年和 2002 年期间,专家通过不正当交易增加的收入超过

---

① Dale Arthur Oesterle, "Securities Markets Regulation: Time to Move to a Market-Based Approach", *Policy Analysis*, Vol.374, (June 2000), p.4.

② Dale Arthur Oesterle, "Securities Markets Regulation: Time to Move to a Market-Based Approach", *Policy Analysis*, Vol.374, (June 2000), p.5.

③ Stavros Gadinis & Howell E.Jackson, "Markets as Regulators: A Survey", *Southern California Law Review*, Vol.80, (September 2007), p.1249.

了 1 亿美元。另一方面,部分专家公司的人员在客户下单之前率先行动,为他们自己先行购入股份,然后才替客户交易。这样,他们以较低价格购入股份,从而令客户损失了大约 1.2 亿美元。此外,美国证监会的调查还表明,纽约证券交易所对专家的一再违规视而不见。即便发现违规,通常只是对专家公司发出一封警告信,或者施以小额罚金而不痛不痒地进行惩罚。2003 年 3 月,纽交所五大专家公司与美国证监会及"纽交所"执法部门达成了和解协议,根据协议,专家公司将退回约 1.55 亿美元非法所得,外加约 8500 万美元罚款,用于了结其交易员在客户交易前进行插队及违反消极义务的民事指控。① SEC 的调查也发现,交易所对错误处理公众买卖订单的这些交易商并未能有效地执行交易所的规则。纽约证券交易所被指控对专家公司的此类重复性违规行为视而不见,且对违规者的惩罚太轻,其罚款仅仅是违规者所获利益的极小部分。交易所对此类行为的监管失败使得公众对其是否有能力执行自律规则产生疑问。② 交易所最擅长惩罚几个"坏苹果"的不当行为,但对于系统性欺诈却很难实施惩罚,更不用说调查对会员经济利益有着重要影响的可疑市场行为了。相反,交易所经常异乎寻常地捍卫会员利益免遭公众批评。③ 也许正如道格拉斯所言,没有证券交易委员会的威慑力,行业自律组织几乎没有动力去充当那种费力不讨好的角色。④ 早在 1963 年,SEC 在证券市场特别调查报告中就断言,没有哪个行业渴望监管,很自然的是,与一个真正的与行业无关的外部监管者比较而言,自律监管者具有更少的热情。⑤

　　同时,自律监管需要一定的成本支出,而自律组织的资金来源主要是由

---

　　① 李秀琴:《华尔街再曝金融欺诈丑闻》2013 年 2 月 5 日,见 http://news.sina.com.cn/w/2013-02-05/10435648242s.shtml。

　　② Ernest E.Badway & Jonathan M.Busch,"Ending Securities Industry Self-Regulation As We Know It",*Rutgers L.Rev.*,Vol.57,(Summer 2005),p.1363.

　　③ Onnig H.Dombalagian,"Demythologizing the Stock Exchange:Reconciling Self-regulation and the National Market System",*U.Rich.L.Rev.*,Vol.39,(May 2005),p.1095.

　　④ [美]乔尔·赛利格曼:《华尔街变迁史——证券交易委员会及现代公司融资制度的演化进程》,田凤辉译,经济科学出版社 2004 年版,第 190 页。

　　⑤ Ernest E.Badway & Jonathan M.Busch,"Ending Securities Industry Self-Regulation As We Know It",*Rutgers L.Rev.*,Vol.57,(Summer 2005),pp.1364-1365.

会员交纳的会费及其他费用,有效的监管必然增加相应的费用支出,这显然是会员所不愿的。因此监管的质量可能在商业考虑面前妥协。如果交易所苛加了沉重的管制负担,会员可以威胁监管者将转移到其他交易所交易。如果公司治理标准过于复杂,上市公司可以威胁退市。如果信息费用太高,投资者可能选择投入较少的市场信息费用。因此,自律组织能否有足够的资金投入自律工作不无疑问。

二、不透明性

尽管自律组织往往有着半官方的地位,但他们的决策却没有应有的公开性。格拉索薪酬丑闻加剧了人们对自律组织公开性缺失的担忧。阳光是最好的消毒剂,如果自律组织的运作和决策程序不透明,那么它就缺乏外在的监督,也就没有动力追求公平公正。自律组织就会被少数人掌握,成为谋求私人利益的俱乐部,能否忠实维护公共利益不无疑问。

同时,自律组织的处罚程序也缺乏透明性。例如在美国,联邦宪法第5条修正案规定,任何人不得被强迫自证其罪,非经正当法律程序不得被剥夺生命、自由或财产。这就是著名的"正当程序"条款。正当程序条款被称为美国宪法的核心制度,对于限制政府权力,推动美国法治进程和人权保障起到了重要的作用。然而就是这样一项重要制度,却在自律组织这里无法适用。自律组织拒绝承认会员或相关人员享有"反对自证其罪权",而且,如果有谁主张该权利的话,他将面对额外的惩罚。如果会员或关系人企图在自律组织实施调查或处罚时寻求正当程序的保护,法院会将自律组织作为私人组织对待,因而判决无需遵守正当程序条款。同时,法院赋予自律组织民事责任豁免权进一步加剧了不透明性。美国法院也将自律组织作为准政府机构看待,因而其对会员实施的任何惩罚行为都将免于承担民事责任。①应当承认,这种不透明性虽然有助于自律组织迅速实施惩罚,但程序的不透明往往伴随着结果的不公正。如何保护受处罚者的合法利益显然是一个法

---

① Ernest E.Badway & Jonathan M.Busch, "Ending Securities Industry Self-Regulation As We Know It", *Rutgers L.Rev.*, Vol.57, (Summer 2005), p.1357.

治社会应当予以考虑的问题。

三、垄断

应当说,所有的商业协会自成立时就似乎伴随抑制竞争的问题。正如有学者指出的,协会仅仅把自治作为一种掩盖其自身利益保护的门面,自治通过限制进入而被使用作为反竞争的设置。[1] 协会的会员总是试图维持他们的垄断地位,并将非会员推向不利境地,证券市场自然不例外。对交易所而言,最微妙的抑制竞争行为因其内在的约束机制而变得更加可能。例如,出于担心其会员可能会从事看似合法而实质上却与交易所产生竞争的行为,交易所就会运用自律制裁条款阻止这种行为的发生。没有会员的记录是完全清白的,这样的调查对一个会员而言是极其尴尬且代价高昂的。通常,交易所会打着效率的旗号,主张自己规则的合理性,而事实上他们是为自己寻求市场和价格优势。例如,NYSE 认为统一的报价驱动系统有利于防止交易市场的分散,它还辩称维护会员在大宗交易中的媒介地位能够给予客户较好的报价,而这是电子交易系统所不具备的。而事实上,电子交易的熟练和电脑技术的发展已使得当事人有理由怀疑以上辩解的可信性。[2]

交易所的会员制治理结构本身就具有反竞争性。主要表现在:几乎所有的交易所都严格限制会员的数量,如改制前的 NYSE 自 1929 年以来一直维持 1366 名的会员数量不变。有的交易所即使增加会员的数量,他们也会创造新的会员类型,限制后来者的交易权限,以避免初始会员受后来者的竞争。新进入的经纪交易商以及电子接入者一般无权就交易所的事务行使投票权。[3] 诸如此类的限制造就了交易所的自然垄断,妨碍了正常的竞争,因而无助于交易所自身的良性健康发展,对证券市场的损害也是相当严重的。然而,在美国,法律却赋予了交易所反垄断豁免权。为了防止交易所滥用该

---

① 鲁篱:《行业协会经济自治权研究》,法律出版社 2003 年版,第 127 页。

② Dale Arthur Oesterle, "Securities Markets Regulation: Time to Move to a Market-Based Approach", *Policy Analysis*, Vol.374, (June 2000), p.8.

③ 于绪刚:《交易所非互助化及其对自律的影响》,北京大学出版社 2001 年版,第 32—35 页。

权力,国会和法院都认识到只有在为了保证证券法实施并且在最低程度的必要范围内,交易所才享有该豁免权。①

市场自律既有着其他监管方式难以比拟的优势,同时也存在着自身难以克服的局限。关于自律的存废,学术界和实务界一直存在较大的争论,有废除说与维持说两种针锋相对的观点。② 笔者认为,自律仍然存在一定的基础,不能完全废除,但应当进行必要改革。我国证券市场属于政府主导的强制性制度变迁,自律存在先天不足,自律机制作用还非常有限,自律文化和自律精神尚很缺乏,更需要完善自律机制的功能。正如任何制度都难求完美一样,自律制度本身也是一个逐步发展并完善的变迁过程。事实上,无论是主张加强政府干预还是放松监管的学者,都认同有些领域政府应当介入,而一些新的高度竞争的领域则不需要严格的监管。区分这些领域并安排最恰当的主体,或者是政府机构或者是高度自主的自律组织,是问题的根本所在。③ 希望通过上述分析能够更好地理解自律,在我国未来的自律制度设计中,发挥其优势,祛除其弊端,不断完善自律,成为证券市场有序发展的重要助推力量。

---

① Onnig H.Dombalagian,"Demythologizing the Stock Exchange:Reconciling Self-regulation and the National Market System",*U.Rich.L.Rev.*,Vol.39,(May 2005),p.1094.

② 笔者将在下一章结合交易所非互助化对自律的存废进行详细分析。

③ Stavros Gadinis & Howell E.Jackson,"Markets as Regulators:A Survey",*Southern California Law Review*,Vol.80,(September 2007),p.1263.

第四章　交易所非互助化对证券市场自律的影响

从自律的历史发展来看,会员制是自律的组织基础。人们习惯上也认为,只有在会员制结构下,自律才可能具有本源的、正当的权力基础。所以,当交易所非互助化①后,便迅速引发了对其是否适合承担自律职责的激烈争论。交易所非互助化颠覆了传统的自律理论,需要我们对自律的基础及本质进行更深入地反思。从制度经济学上分析,交易所非互助化直接推动了自律的制度变迁,其对证券市场发展必将产生深远的影响。

第一节　交易所非互助化进程

1993 年以前,所有的证券交易所都采取会员制的形式。但是自瑞典斯德哥尔摩证券交易所非互助化以来,证券交易所的组织结构发生了巨大的变化,交易所纷纷一改会员制的组织结构,而转变为赢利性的公司制,大部分还成为上市公司。一度被誉为"会员制的最后堡垒"的纽约证券交易所也于 2006 年进行了公司制改造,并成为上市公司。至此,世界范围内的著名证券交易所大都改制为公司。②

---

① 非互助化由 demutualization 而来,关于 demutualization 的译法,可参见于绪刚:《交易所非互助化及其对自律的影响》,北京大学出版社 2001 年版,第 5—6 页。

② 据深圳证券交易所总经理宋丽萍介绍,截至 2011 年 3 月,在加入世界证券交易所联合会(WFE)的 52 家交易所(集团)中,38 家完成了公司化改造,其中上市的有 25 家。可参见宋丽萍:《交易所发展的全球趋势与中国道路》,《金融世界》2011 年第 5 期。

表一　世界主要交易所的非互助化进程

交易所	改制为公司的时间	上市时间
OMX 集团	1993	1993
泛欧证券交易所	1997	2001
澳大利亚证券交易所	1998	1998
伦敦证券交易所	1999	2001
法兰克福证券交易所	2000	2001
香港证券交易所	2000	2000
多伦多证券交易所	2000	2002
东京证券交易所	2001	—
纳斯达克证券交易所	2000	2002(2006)
纽约证券交易所	2006	2006

注:NASDAQ 原在 OTC 挂牌交易,在 2006 年 1 月 13 日经 SEC 批准获得交易所资格后,转为在自家交易所上市。

　　交易所之所以要进行公司制改造,尽管有多种考虑,如吸引公众资金以改进交易设施,改善交易所治理结构,适应国际化趋势等,但究其根本,还是出于竞争的考虑。竞争的加剧迫使交易所走上非互助化之路,以下三个因素提升了竞争。其一,管制的放松。政府在固定佣金、订单处理规则、报价价差等方面的放松管制使得交易所利润空间被压缩,政府对另类交易系统(Alternative Trading System,简称"ATS")的支持降低了市场进入门槛,使得传统上属于交易所的交易市场被进一步分割。其二,技术的进步促进了证券市场的巨大变化。新的技术降低了进入门槛,使得 ATS 更容易建立。不断降低的交易费用带来了更多的交易量,更多的交易量导致规模经济(因为一旦新交易系统建立,就不需要额外的成本去处理更多的订单),这样会促使 ATS 进一步削减交易费用,然后带来更多的交易量,从而形成良性循环。其三,全球化。从发展的视角看,资本的跨境流动使得证券市场绝不可能局限于一国之内,今后交易所将面临全球范围内的竞争压力。[1]

---

　　[1]　Andreas M.Fleckner,"Stock Exchanges at The Crossroads",*Fordham law Review*,Vol.74,(2006),pp.2566-2567.

公司制后的交易所,将在以下三方面提高竞争力。

其一,资金筹集。竞争的加剧使得交易所必须在提供高技术、高效率、低成本的交易系统、信息系统和结算系统方面具有优势,而开发这些系统都需要巨额的资金投入,传统的互助组织形式显然不能满足这种需求。因为互助组织的所有权限于经纪人和交易商,数量有限,资本实力也有限,因此也就没有足够的财力去开发并维护现代化的交易系统。因此,纽约证券交易所、伦敦证券交易所等在解释为什么要改制时无一例外都提到了资本的需求。

其二,业务决策。交易所实施非互助化,尤其是公司上市后,控制权和所有权实现了分离。就像其他任何公众公司一样,小股东对公司的运营并不感兴趣,因此,公司的控制权从经纪人和交易商转移到高管人员手中。这就使得在高度竞争的环境下,公司制的交易所比在互助模式下更容易进行商业运营。许多改制后的交易所高管人员都承认在公司制的交易所里他们拥有更大的自由裁量权,在决策上有着更大的弹性。而且,在会员制下,会员的短期利益与交易所的长期利益经常存在冲突。例如,大厅经纪人就强烈反对电子交易系统,该系统的应用将使他们的工作场所闲置,而从长远来看,交易所需要投资于这样一个系统以提高市场份额。交易所为了吸引投资者可能采取减少报价价差的方式,该变化将直接减少经纪人和交易商的收入。正如美国前太平洋证券交易所主席在该所进行非互助化时所言,会员制的结构令人失望。在会员制下,要采取新的政策或做出新的战略决策是非常困难的。会员反对任何显著的改变,即便改革获得广泛的支持,要获得会员的批准仍然遥遥无期。①

其三,合并。在交易所的成本构成中,固定成本占很高的比例,其中大部分用于计算机和通讯设备上。相应的,变动成本比例较低。依据规模经济原理,在既定水平之上,增加的交易量大部分将转化为利润。当两个交易所合并后,需要投入的固定费用基本不变。更新交易设施,修订交易规则和

---

① Andreas M.Fleckner,"Stock Exchanges at The Crossroads",*Fordham law Review*,Vol.74,(2006),p.2576.

公司治理标准等,也就是说并不会带来双倍的费用投入。正是基于这样的背景,也就不难想象为什么交易所在上市后经常赞美合并的好处。[①] 公司制交易所由于采用股份制,便于在合并谈判中计算双方持股比例,也很容易按商业化运作模式做出决策。会员制交易所则在决策程序、股份折算等方面存在较大的障碍,可能贻误合并的最佳时机。[②]

第二节　交易所非互助化对自律的影响

一、交易所非互助化引发的利益冲突

交易所非互助化后,变成以营利为目的的公司,力图实现股东利益的最大化。股东和会员身份的分离可能使交易所改变单纯服务于会员的做法,但非互助化的交易所也可能带来新的利益冲突,突出表现在交易所追求商业目标和承担自律监管责任间的难以融合。

(一)非互助化后,出于利益最大化的考虑,交易所与其他竞争者(ATS)的竞争更加激烈。尽管在互助制下交易所与其他竞争者也存在一定的利益冲突,但非互助化后股东索取利润的压力加大了歧视竞争对手的可能性,交易所不断扩张业务种类可能带来难以预见的新冲突。ATS 的发展夺走了大量的原属于交易所的交易资源,这就意味着交易所交易量的减少,相应的收入降低。因此,在交易所负责监管某些竞争者时,例如运营 ATS 的大的经纪公司,很可能导致滥用监管权力,[③]以使他们处于不利的竞争地位。具体而言,冲突可能体现在以下方面:在规则制定上,交易所可能制定有利于自己的规则;滥用监管权力;做出对竞争者不公平的决定;采取掠夺性的监管措施例如推迟对投诉的处理,或者故意施加繁琐的程序;为商业目

---

① Andreas M.Fleckner, "Stock Exchanges at The Crossroads", *Fordham law Review*, Vol.74, (2006), pp.2577-2578.

② 如纽约证券交易所与群岛控股合并时,在会员席位的股份折算上,大经纪商认为自己应得到更多的份额,而不应该平等分配。由于意见分歧,致使合并从计划宣布到最后批准经历了七个多月(2005.4—2005.12)的时间。

③ Roberta S.Karmel, "Turning Seats into Shares: Causes and Implications of Demutualization of Stock and Futures Exchanges", *Hastings L.J.*, Vol.53, (January 2002), p.420.

的而不是监管目的不正当使用被监管公司的秘密信息等。① 竞争者虽然可以对这些行为提起申诉或诉讼,但要证明交易所存在不良动机非常困难,尤其在交易所享有广泛的自由裁量权的案件里。同时,威胁离开交易所的做法并不十分可行,毕竟可替代的市场有限。最终结果是,竞争者面对交易所的歧视几乎没有任何反抗措施。② 同时,对于 ATS 来说,由于其注册为交易商,不用承担监管的责任,从而省去了很大的成本支出。同时,继续要求交易所在监管上投入显然使他们处于一个相当不利的境地,这些低成本的竞争者对既有的自律模式提出了严峻的挑战。

(二)非互助化导致交易所在决策时对两类特殊群体(被监管者和股东)的重视,由此引发监管目标与市场目标的冲突。首先,营利性交易所会将重点放在收入上,这些收入是由被监管主体以上市费用、交易费用和其他费用的形式上交的。相比较于交易所声誉的降低,收入的损失更加直接和可计算,因为声誉损失很难量化。因此,交易所对客户的需求更加敏感,即使存在违规可能,交易所也可能不愿意对能够给交易所带来巨额交易量的交易商采取行动。同样,考虑到交易收费与交易量的密切关联,交易所在对交易活跃的股票是否采取中止交易的措施时也会犹豫不决。其次,股东对交易所拥有比传统上会员更大的影响力。如果股东不赞成公司的商业战略,活跃的二级市场允许其迅速退出。在会员制下会员的发展与交易所的未来捆绑在一起,因而会员的权力受到很大限制。③

(三)为追求利益最大化,交易所必然加强成本控制。成功的商业案例表明,控制成本是公司发展的重要举措。在会员制下,财务指标并不会成为中心议题,会员也不太关注成本的控制问题,因为再多的利润也不会分配,只要收入大于支出就一般不会引起关注。公司制显然不同,营利的目的使

---

① John W. Carson, "Conflicts of Interests in Self-regulation: Can Demutualized Exchanges Successfully Manage Them?", World Bank Policy Research. Working Paper No. 3183, (December 2003), p.15.

② Andreas M. Fleckner, "Stock Exchanges at The Crossroads", *Fordham law Review*, Vol.74, (2006), p.2599.

③ Stavros Gadinis & Howell E. Jackson, "Markets as Regulators: A Survey", *Southern California Law Review*, Vol.80, (September 2007), pp.1259-1260.

得交易所有动机削减监管预算,极有可能导致监管资金投入不足。事实上,在会员制下,交易所在监管方面的投入是很大的。例如,根据纽约证券交易所 2005 年 10 月 13 日公布的数据,其监管部门的雇员总数为 480 人,占全体员工的 1/3。[①] 如此庞大的人数显然需要巨额的人力成本投入,削减该方面的支出意味着利润的巨大增加。例如,在 2004 年,纽约证券交易所用于市场监管和执行方面的预算达到 5 千万美元,几乎等同于上一年度的利润。[②] 也就是说,如果没有该项支出,纽约证券交易所的利润将实现翻番。因此,在利润最大化的目标下,交易所放松监管的动力是存在的。尤其是在面对资金压力甚至破产风险时,交易所是否还能抵制削减管制预算的诱惑?

(四)自我上市的利益冲突。交易所通常选择在自己的市场上上市交易,就像航空公司员工乘坐自己的航班,电脑生产者使用自己品牌的电脑一样。自我上市的交易所很多,像香港证券交易所、伦敦证券交易所、法兰克福证券交易所、OMX 集团、NASDAQ、NYSE 等世界著名的交易所。自我上市的利益冲突表现在两个方面:一是在交易管制上。交易所可能通过对经纪人/交易商施加不当影响鼓励他们关注交易所自己的股票,例如增加股票交易量,人为干预股票价格,不鼓励小额买卖等。交易所还享有暂停、推迟和恢复股票交易的权力,这样管理层很可能利用此类权力在信息公布前买入或卖出股票。更令人担心的是决定股票退市的权力,即使符合交易规则的退市条件,交易所是否有动力作出退市决定不无疑问。二是在发行监管上。公司上市前会与交易所签订上市协议,对双方的权利义务做出约定。上市协议不仅约束首次发行,还约束持续的上市过程。问题在于交易所自我上市时,与自己谈判签订上市协议,并且按照协议进行持续的监管是否可行?[③] 显然,交易所不能与自己签订合同,因为这违背了合同订立的基本原则,不具有法律效力。当然,交易所可以通过公开宣布遵守上市规则的方式

---

① 林建:《大交易场:美国证券市场风云实录》,机械工业出版社 2008 年版,第 226 页。

② Andreas M.Fleckner, "Stock Exchanges at The Crossroads", *Fordham law Review*, Vol.74, (2006), p.2593.

③ Roberta S.Karmel, "Turning Seats into Shares: Causes and Implications of Demutualization of Stock and Futures Exchanges", *Hastings L.J.*, Vol.53, (January 2002), p.421.

解决,这样将由公众监督他们是否遵守了协议。但即便如此,一些问题仍不可避免。例如,由于具体情况不同,发行公司往往喜欢通过个别谈判的方式而不是以格式合同的方式签订上市协议,这样更能符合公司的实际,更能维护公司的利益。与其他上市公司相比,交易所也有着显著的业务特色,它的上市协议如果不采取格式合同的话,如何实现个别谈判? 即使这些程序上的问题都得以解决,在执行上仍存在争议。对交易所而言,绝大多数上市规则仅具有字面含义,没有任何实质效果。例如,为什么交易所向自己提交年度和其他报告? 为什么交易所要向自己提交重大事项的通知? 证券法和交易规则规定的关于信息披露的一切事项都存在这个问题。这种从一个部门提交到另一个部门的做法是否合适值得思考。[1] 笔者认为,提交年度报告和各类报告不仅是向交易所履行上市协议规定的义务,更是向投资者履行信息披露的义务,让社会公众及时了解公司信息,以便正确做出投资决策。从这个意义上说,交易所提交报告是必须的。但从自律的角度说,显然这种做法就像独白一样,没有什么实质效果。

（五）过度监管。按照传统的模式,交易所有权力对违反证券法律和交易所规则的组织和个人实施罚款。由于罚款直接进入了交易所的腰包,只要是额外增加的收入超过为此支付的监管费用,营利性的交易所可能面临着过度监管以提高罚款数量的诱惑。实施罚款与其说是出于监管的目的,不如说是为了实现财政目标,尤其是当管理层或监管人员的薪酬与交易所执行力度挂钩时,利益冲突就会变得更加明显。[2] 但实践中,被罚款的人很可能对交易所的决定不服,由此会给交易所处理争议带来大量的法律成本,从而抵消了获得罚款收入。也有人说被罚款的人可能不敢这么做,因为这会树立一个不好的公众形象,而且他很可能面对将来被实施更严厉监管的风险。对此,Fleckner 先生指出,两方观点其实都站不住脚。其一,一个被

①　Andreas M.Fleckner,"Stock Exchanges at The Crossroads",*Fordham law Review*,Vol.74,（2006）,pp.2605-2606.

②　John W.Carson, "Conflicts of Interests in Self-regulation: Can Demutualized Exchanges Successfully Manage Them?",World Bank Policy Research. Working Paper No.3183,（December 2003）,p.14.

实施惩罚的人似乎没有必要担心名誉的问题,因为基本上他已名誉扫地了。其二,被实施更严格监管的风险几乎可以忽略,因为如果交易所不能从发生争议的罚款中获得任何利益,他也就没有动力继续加大监管力度了。①

此外,作为上市公司,交易所可能不愿意执行其自身难以做到的上市公司治理规则。但是,尽管自己不能够遵守,交易所却仍然可能采用双重标准要求其他上市公司服从公司治理规则。考虑到交易所对上市公司的权力和损害上市公司名誉的机会,交易所因未能执行公司治理规则而被公开指责的几率和风险很小。②同时,随着交易所业务的拓展,交易所与有关上市公司的冲突将日益突出。例如澳大利亚证券交易所与该所一家上市公司就曾向同一家公司发出收购要约,引发了极大的市场关注。

二、交易所非互助化后自律存废的争论

交易所非互助化后,交易所还要不要自律,能不能自律,引起了政府部门、证券业、学者和社会公众的广泛争论。总体来说,主要存在以下三种观点。

（一）自律废除说

坚持该说的人主要理论依据就是关于非互助化后交易所面临的利益冲突,因而认为自律的基础已不存在,交易所已经不适合担任自律的角色。

（二）自律维持说

该观点的主要依据是非互助化后的交易所将面临更激烈的竞争,而竞争将会促使交易所实施更严格的自律。从短期来看,交易所或有可能采取放松监管的策略,但从长期来看,信心是任何市场吸引交易者和发行人的核心品质。如果管理层决定实行放松监管,那么它就很有可能在第一个公司丑闻爆发后迅速遭到驱逐。这就好比是一个航空公司,如果为了节约资金而削减本应用于飞机维护和安全的费用,尽管可能侥幸在数年内都安然无恙,但是一旦发生一起飞行事故,可能相当长时间内再没有人愿意乘坐该航空公司航

---

① Andreas M.Fleckner,"Stock Exchanges at The Crossroads",*Fordham law Review*,Vol.74,（2006）,p.2595.

② Andreas M.Fleckner,"Stock Exchanges at The Crossroads",*Fordham law Review*,Vol.74,（2006）,p.2594.

班,整个公司业务会因此受到影响。对证券市场来说,何尝不是如此? 一旦投资者发现交易所对上市公司的管制力度不够,正常的价格发现机制失灵,他们将迅速转移到其他市场。就像前太平洋交易所主席所言,失去投资者信心与投资者是在大厅交易还是在电脑屏幕前交易,与会员制还是公司制无关。交易所或证券业持续发展的关键就是公众信心。作为重点管制的行业,非互助化并不能减少任何证券法规定的义务,监管部门仍然会像以前那样严格执行法律,或许更加关注公司化的交易所。由于交易所利润依赖于被监管的市场,因此,有充分的理由相信交易所非互助化后不会改变现行的监管政策,也没有必要对管理层施加额外的义务以使公共利益凌驾于股东利益之上。因为这样做很可能导致管理层以公共利益为名为自己的失误辩解,而鉴于公共利益内涵的多样性,我们很难对此提出质疑。① 也有学者认为高度竞争的新环境有助于降低人们对非互助化带来的担忧。O'Hara 指出,我们需要调整资本市场的监管方向,因为充分的竞争环境已在某些方面减少了对监管的需求,例如价格和市场进入方面。② Karmel 认为,现代化的技术和新竞争者的出现有可能导致放松管制。同时,市场的跨境扩张可能再次证明自律模式的合理性。③

（三）自律改良说

该说认为自律仍然存在一定的基础,不能完全废除,但应当对目前的自律机制进行改革,以更好地应对现实的需要。seligman 就批评说 SEC 的监管更像是危机反应的产品,缺乏市场的想象力。他建议 SEC 应加强对自律组织董事会人选和预算的干预,以完善自律组织的治理结构,使其更加独立于行业的利益。④

---

① Andreas M.Fleckner,"Stock Exchanges at The Crossroads",*Fordham law Review*,Vol.74,(2006),p.2596.

② Maureen O'Hara,"Searching for a New Center:U.S.Securities Markets in Transition",*Fed.Res.Bank Atl.Econ.Rev.*,Vol.4,(2004),pp.51-52.

③ Roberta S.Karmel,"Turning Seats into Shares:Causes and Implications of Demutualization of Stock and Futures Exchanges",*Hastings L.J.*,Vol.53,(January 2002),pp.369-370.

④ Joel Seligman,"Cautious Evolution or Perennial Irresolution:Stock Market Self-Regulation During the First Seventy Years of the Securities and Exchange Commission",*Bus.Law.*,Vol.59,(2004),PP.1347-1348.

最近美国学者 Saule T.Omarova 教授提出的"嵌入式自律"(embedded self-regulation)模式引发学界关注。他认为,二十一世纪的金融市场需要一种新的自律模式,这种模式应更全面、更系统。新近的金融危机已经让监管者和政策制定者认识到最根本的挑战来自于金融产品的复杂性和金融市场、机构的全球化。自律监管在以下两方面有着政府监管无法替代的优越性:其一,能够及时接触和掌握市场信息;其二,能够跨越国界监管和控制风险。传统的自律目标是"调查证券交易中的可疑行为,预防证券欺诈和其他形式的损害投资者利益的行为",但这是远远不够的,现在的自律目标应当定位在预防市场系统性风险。这种新的自律模式需要重新平衡金融机构的从业自由和他们应当承担的维护市场稳定的公共利益责任。这种模式应当既可以提高市场参与者的遵循监管规则的能力,也能使他们更明确地对自己行为的经济和社会效果负责。从这个意义上说,该模式强调将社会价值和监管原则广泛地嵌入到金融行为中,而不是使他们与公共利益分离。但是,Omarova 确认,该种模式并不是要脱离政府监管,而是要嵌入政府监管,一个强有力的、目标明确的政府监管是必不可少的。他认为,要实现自律必须要使整个行业从业者形成一种"命运共同体"的感知,每个行业的繁荣依赖于该行业在公共安全的名义下实现对利润追逐的自我有效约束。不过,他也承认,现在金融业者尚未一致形成创建"嵌入式自律"模式的动力。造成这种局面的因素很多,包括监管的分裂,行业利益的不同质性,公共介入的缺失,政治压力的不足等。然而其中最重要的是"命运共同体"理念的缺失。Omarova 认为当前的公众信任危机和政治、社会压力为金融业树立"命运共同体"的理念提供了机会。他主张应当根据不同金融风险的特点分离监管,应将金融衍生品和复杂金融工具的监管从传统的金融业务(如证券经纪、股票承销等)分离出来,其目的是为了更好地对前者实施监管。①
Omarova 教授的观点听起来很受用,但实践中操作恐怕不易。长期以来,证券业者各自为政,不惜一切手段追逐高额利润,市场评价业者的指标往往也

---

① Saule T.Omarova,"Wall Street as Community of Fate:Toward Financial Industry Self-Regulation",*U.Pa.L.Rev.*,Vol.159,(January 2011),pp.418-420.

是以金钱数字为唯一导向。在这种背景下,自私自利、贪婪成性成为了华尔街的代名词,指望他们限制追逐利润的行为以实现不确定的公共利益的目标听起来不免有些天真。但不可否认,Omarova 教授提出的"命运共同体"理念,的确是从根本上改变目前金融业危机的正确出路,如果不能树立该种理念,金融危机的再次爆发并非危言耸听。从这个意义上说,Omarova 教授提出问题本身远比结果更重要,相信有关该观点的讨论还会深入,长远看将会对市场产生积极影响。

2004 年 11 月 18 日,SEC 发布了关于自律的概念文告①,试图提出克服自律缺陷的方案。文告中提出了六种替代性的建议以确保更好的公司治理、透明性和监管。核心的建议是对自律组织治理和透明性进行彻底改革,使得自律组织的运作受到公众更加严厉的监督。建议强调了分离自律组织的商业功能和监管功能,并提升了向 SEC 报告的要求。在文告中,SEC 提出了以下自律监管改革模式。

其一,独立的公司监管和市场功能分离模式(independent regulatory and market corporate subsidiaries)。该模式类似于现在 NASD 模式,主张成立独立的监管子公司,由该公司全权负责从规则制定到执行的一切事宜,并直接向母公司董事会报告工作。市场操作及相联系的业务则由独立的市场子公司负责。其二,混合模式(hybrid model)。该模式要求 SEC 指定一个自律组织负责所有的自律组织的会员监管。每个自律组织仅负责自己的市场业务。其三,竞争模式(competing hybrid model)。该模式来源于混合模式,但又有所不同。它强调由多个自律组织而不是一个承担上述监管混合模式下的职能,会员可以自由选择由哪家自律组织提供自律服务,有些"自助餐馆"的味道。其四,单一自律模式(universal industry self-regulator)。该模式提出由一个自律组织负责所有的市场和会员规则的制定。所有自律组织的运行都受制于该单一组织。其五,单一非行业监管者模式(universal non-industry self-regulator)。与第四个模式不同之处在于该模式是由行业外的独立的、非营利的、非

① SEC. Concept Release Concerning Self-Regulation. Release No. 34 - 50700. [EB/OL]. [2013-03-20].http://www.sec.gov/rules/concept/34-50700.htm.

政府的组织承担自律监管职责。其六,SEC 模式。该模式提出废除自律组织的监管,全部改由 SEC 负责。SEC 将成为会员和市场的唯一监管者。

SEC 提出文告的目的是期待市场和公众的评论,征求意见。但令人失望的是,文告并没引起巨大的争论,目前仅有 41 件评论意见,其中大部分都主张维持自律机制。① 应当说,上述模式各有优劣,但没有哪一种能完全克服自律的缺陷。对于 NASD 模式来说,虽然只是对现状进行最低程度的变革,并不转移自律组织的职能,但是市场和监管子公司由于仍同属一个母公司,利益冲突问题仍然难以根除。关于第二种模式,虽然可以减少对证券商的重复检查,但不同自律组织之间的规则之间的冲突可能导致执行上的困难。关于第三种模式,由于存在较多的会员监管组织,会员可能流向那些监管宽松的组织,自律组织也可能为了吸引更多的会员放松监管,不同组织监管也可能存在监管规则不统一的问题。第四种模式尽管可以解决不同组织之间规则冲突的问题,但与政府监管有些雷同。第五种模式有助于克服监管的重复和不协调问题,但由于远离市场,监管者如何保证其专业性令人怀疑,让外行监管内行,也容易受到业内的抵制。单一的 SEC 模式意味着自律的取消,从消除自律缺陷来说最为彻底。但缺点在于缺乏行业的介入,监管成本高昂且容易滋生官僚主义。② 有学者指出,在这些模式中,尤以混合模式和单一非行业监管者模式最令业界关注。但这两种模式也存在不足,并提出了建立替代混合模式(alternate-hybrid model)的建议。即成立一个业界监管的委员会,由各自律组织的负责人构成,自律组织的会员在委员会中占据 20% 的比例,上市公司和投资者至少各有一个代表。③

三、交易所非互助化后各国自律实践的模式

理论是对实践的反思,也需要实践的检验。交易所非互助化后,各国都

① Comments on Proposed Rule:Concept Release Concerning Self-Regulation [EB/OL]. [2013-03-20].http://www.sec.gov/rules/concept/s74004.s html.

② 谢增益:《公司制证券交易所的利益冲突》,社会科学文献出版社 2007 年版,第167—171 页。

③ Jarad D.Hunter,"'No Crying in Baseball'—And No More Crying on the Stock Markets: An Alternate-Hybrid Approach to Self-Regulation",*U.Cin.L.Rev.*,Vol.74,(Winter 2005),p.659.

在不同程度地探索对证券监管方式的改革,其中必然牵涉到交易所自律的改革。总得说来,可以归纳为以下三种模式。

（一）自律职能维持不变

该模式主要以澳大利亚证券交易所(ASX)、东京证券交易所和中国香港交易所、新加坡证券交易所为代表。中国香港交易所作为上市公司,本身受证监会的监管,以确保交易所与其他上市公司拥有平等的机会。其附属子公司香港联合交易所仍然保留了自律的权力,包括制定规则、上市审核、上市公司监管、会员监管等。① ASX 上市后,其自身执行《上市规则》和股票买卖情况由澳大利亚证券和投资委员会负责监管。ASX 仍继续负责对本市场上其他活动的自律监管,包括:对上市公司的监管,对市场交易的监管,对市场参与者如经纪商的监管。② 为了消除外界对交易所自律的质疑,ASX 非互助化后设立了监管审查有限公司(Supervisory Review Pty Limited),具体负责对交易所以下业务的监管:一是对于与交易所业务有联系或竞争的公司的上市决定进行审查;二是对监管资金的使用进行审查;三是对监管政策和程序的彻底性和充分性进行审查。③ 2006 年 7 月 1 日,澳大利亚市场监管公司(ASX Markets Supervision)成立,并承接了原监管审查有限公司的职能。市场监管公司的负责人为首席监管官(The Chief Supervisory Officer),首席监管官直接向监管公司董事会汇报工作,而不是向 ASX 的 CEO 汇报。监管公司将负责监管市场主体的行为及其遵守 ASX 规则的情况,其首要职责是为了处理 ASX 的商业利益与监管职责的冲突。④ 可见,ASX 尽管承继了自律角色,但也在不断探索新的自律模式,以更好地履行自律的职能。

---

① 尚福林:《证券市场监管体制比较研究》,中国金融出版社 2006 年版,第 54—55 页。

② 吴卓:《证券交易所组织形态和法人治理》,东方出版中心 2006 年版,第 127 页。

③ John W. Carson, "Conflicts of Interests in Self-regulation: Can Demutualized Exchanges Successfully Manage Them?", World Bank Policy Research. Working Paper No. 3183, (December 2003), p.18.

④ ASX Markets Supervision: new structure to operate from 1 July[EB/OL]. [2013-07-10]. http://search.asx.com.au/s/search.html? query = ASX + Markets + Supervision & collection = asx-meta & profile = web.

（二）政府接管部分自律职能

伦敦证券交易所（LSE）公司化后，为避免利益冲突，英国财政部决定由FSA负责审核上市申请。由财政部和FSA共同负责IPO规则的制定，其中，财政部发挥着关键性作用。但监管和执行的权力由FSA独享，包括特定领域的刑事指控。LSE的权力局限于制定交易所的交易规则，并负责向FSA提供市场交易的信息，但订单最佳执行规则由FSA制定。上市公司监管规则，如公司治理、信息披露、收购兼并等事宜也由FSA制定。负责监管公司的工业贸易部还指定一个独立的行业组织——收购兼并小组具体负责公司并购。交易所被允许制定针对自己会员的要求，但FSA拥有确保这些要求公平公正的权力。[1]

（三）由独立的行业自律组织负责

该模式以加拿大的IIROC模式和美国的FINRA模式为代表。

1.加拿大的IIROC模式

多伦多证券交易所完成公司化后，在交易所内部设立一个单独的监管部门，该部门对交易所的一个独立委员会负责。该部门负责所有的市场监管职能，包括上市和市场的监管。证券商的谨慎和营业行为则由其他自律组织负责监管。[2] 2002年，TSX集团与加拿大投资交易商协会（Investment Dealers Association of Canada，简称"IDA"）共同出资创建了市场监管服务组织（Market Regulation Services Inc.，简称"RS"），该组织为非赢利性的自律机构，承担交易所等自律组织的市场监管服务，对其他非自律性组织（如ATS）也提供有偿的交易监管服务。RS成立以来，加拿大所有公开交易证券的市场都接受了其提供的交易监管服务。[3] RS的主要职责是：监督上市公司的信息及时披露；对于交易行为进行监督，防范诸如内幕交易等违规行

---

① Stavros Gadinis & Howell E.Jackson，"Markets as Regulators：A Survey"，*Southern California Law Review*，Vol.80，（September 2007），pp.1316–1320.

② Jennifer Elliott，"Demutualization of Securities Exchange：A Regulatory Perspective"，IMF Working Paper No.02/119.（July 2002），p.22.

③ Stavros Gadinis & Howell E.Jackson，"Markets as Regulators：A Survey"，*Southern California Law Review*，Vol.80，（September 2007），p.1336.

为,并对相应行为根据法律赋予的权限处以 100 万加元(以下——笔者注)的罚款或取消其证券从业资格;对交易规则运行效果进行定期检查,并建立相应的标准或进行修订。①

2006 年 4 月,IDA 和 RS 宣布了两个机构将合并成为一个全国性的自律监管组织的原则性的协议。经过加拿大证券管理委员会(Canadian Securities Administrators)批准后,2008 年 6 月 1 日,加拿大投资交易商协会(IDA)和市场监管服务公司(RS)正式合并为 IIROC,形成一个单一的、独立的自律监管组织。IIROC 的成立是加拿大建设一个现代化的、更简化的、更强有力的自律监管系统的重要步骤。IDA 和 RS 合并将更有效地分配监管资源,进一步改善自律监管,实施更加有效的监管,充分保护资本市场各参与者的利益。IIROC 的职责是依据一致性和协调性监管的原则,建立一套统一的监管标准;为行业从业人员和投资者提供统一的界面;更综合观察会员和市场参与者的经营,从而更有效地鉴别和处理合规事项;减少双重管辖和监管空白发生的可能性。

IIROC 负责监管加拿大的投资交易商及其注册代表的金融及商业行为,并且负责监控多伦多交易所(TSX)、加拿大交易及报价系统等十个市场的交易行为。IIROC 设有合规检查部,负责监察 IIROC 的注册会员及其注册雇员的财务、商业和销售行为和交易的合规性,还负责监察加拿大证券市场中交易行为的合规性。IIROC 的执行部负责调查关于可能的监管中的不当行为。IIROC 的会员资源部则负责提升会员和市场对监管事项、规则、所面临的挑战和机会的了解和理解。而监管政策部则负责对现有规则的修订提出建议、制定新规则以及在保证政策连续性的前提下,根据市场变化对现有规则提出新解释。②

2.美国 FINRA 模式

2006 年 11 月 28 日,NYSE 和 NASD 宣布,将双方的会员监管业务进行合并。2007 年 7 月 30 日 NASD 与 NYSE 的会员监管、执行和仲裁部门合并,成

---

① 尚福林:《证券市场监管体制比较研究》,中国金融出版社 2006 年版,第 605 页。
② 中国证券业协会代表团出席 ICSA 第 21 届年会情况的报告,2009 年 2 月 17 日,见 http://www.sac.net.cn/newcn/home/info_detail.jsp? info_id = 1216966699100&info_type = CMS. STD&cate_id = 81183686399100。

立了一个单一的自律监管组织——金融行业监管局(The Financial Industry Regulatory Authority,以下简称"FINRA")。FINRA 的成立是数十年来美国证券市场自律监管体系最为重要的一次变化,是美国自律监管历史的里程碑。

FINRA 是目前全美最大的监管在美国境内经营的证券公司的非政府监管者。FINRA 监管着 4275 家证券经纪公司及其 16.23 万家分支机构和多达 63 万人的注册证券代表。目前有雇员 3400 人。① 2011 年,FINRA 就取缔 329 名个人和暂停 475 名经纪人从事相关业务的资格,累计罚款总额超过 6300 万美元,用于赔偿投资者的损失达到 1900 万美元。② 2012 年,FINRA 对 1541 个单位和个人实施了纪律处分,罚款累计额超过 6800 万美元,用于投资者的损失赔偿达到 3400 万美元。③

FINRA 的业务范围几乎涉及证券行业所有方面:会员及其代表的注册;证券从业人员的注册与教育;证券公司的合规性检查;监督资本市场中的欺诈和操纵交易的行为;制定规则并执行联邦法律及规则;投资者教育;管理投资者与会员公司间的争议解决平台(仲裁)。根据其 2012 年年报披露的信息显示:根据协议,FINRA 负责对 NYSE、NYSE Arca、NYSE MKT LLC、NASDAQ OMX Group、NASDAQ OMX BX、NASDAQ OMX PHLX LLC 和其他交易所进行监管。此外,FINRA 还监管 OTC 市场。FINRA 的监管手段包括对证券公司的现场检查,对市场的持续自动监管和对证券公司和登记代表的纪律约束等。FINRA 监管的股票交易份额占整个市场份额的 80%,约每天 6000 万美元。2012 年,其向 SEC 和其他监管机构移送了 692 件涉嫌欺诈和内幕交易的案件,有效地阻止了投资者损失的扩大。④

FINRA 的成立有两大目标:消除重叠监管带来的冲突,降低监管成本。

---

① About the Financial Industry Regulatory Authority[EB/OL].[2013-08-20].http://www. finra.org/About FINRA/index.htm.

② About the Financial Industry Regulatory Authority[EB/OL].[2012-07-20].http://www. finra.org/About FINRA/.

③ More About FINRA [EB/OL].[2013-08-20].http://www.finra.org/About FINRA/ P125239.

④ More About FINRA [EB/OL].[2013-08-20].http://www.finra.org/About FINRA/ P125239.

此前,两个自律组织都从自己的角度出发制定自律规则,不少规则在适用上存在冲突。据统计全美有 5000 余家经纪公司,其中约有 200 家是双重会员,也就是说既是纽约证券交易所的会员又是 NASD 的会员,而这 200 家又是全美最大的经纪公司。① 规则的冲突给这些双重会员造成了很大的不便和负担。会员不得不将大量时间、资源和精力浪费在理解和应用不同的规则上,包括保留记录、对同一服务或产品不同的程序或审计要求等。即使政府监管机构针对某项事务已制定了统一的规则,但各个自律组织在执行上也会产生不同理解。而且,会员对这种差异极易产生不满而进入仲裁程序,从而给会员公司带来更高的成本。同时,会员也会充分利用这种差异做出对投资公众不利的决定。证券商经常面对两大自律组织重复性的检查,浪费了大量成本。"据估计由于两个监管机构的合并,将节省数亿的监管成本。"② 在一个市场统一的监管机构之下,会员公司将不再受到来自不同自律监管部门的双重监管,将只向一家自律监管委员会缴纳会费,将遵从一套市场自律监管条例,将只需回答一家自律机构的询问,大大减少了不必要的行动和非运行开支。③ 统一监管机构的成立也有助于那些深受金融危机影响的金融公司从中受益。

FINRA 在治理结构上作了重大改变,建立了分类表决制度,削弱了会员的投票权重。在其成立之处,将理事会成员扩展到 23 名,其中,11 名由公众理事担任,两个席位分配给雇员。在分配给会员的席位中,3 个给了小会员公司,3 个给了大公司,此外分别给予中等规模公司、纽交所大厅经纪人、独立交易商和投资公司各一个名额。④ FINRA 在治理结构上加大了独

---

① Yesenia Cervantes, "'FIN RAH!' … A Welcome Change: Why the Merge Was Necessary to Preserve U.S. Market Integrity", *Fordham J. Corp. & Fin. L.*, Vol.13, (2008), p.846.

② 中国证券业协会代表团出席 ICSA 第 21 届年会情况的报告,2009 年 2 月 17 日,见 http://www.sac.net.cn/newcn/home/info_detail.jsp? info_id = 1216966699100&info_type = CMS. STD&cate_id = 81183686399100。

③ 林建:《大交易场:美国证券市场风云实录》,机械工业出版社 2008 年版,第 302 页。

④ Kenneth B. Orenbach, "A new twist to an on-going debate about securities self-regulation: it's time to end FINRA's federal income tax exemption", *Va. Tax Rev.*, Vol.31, (Summer 2011), pp. 155-156.

立委员的比例,以更好地摆脱会员对组织的控制,改变私人俱乐部的形象,树立公众责任意识,更好地实现投资者保护的首要目标。理事会还重视会员代表的广泛性,尤其重视小会员的利益,保障小会员的特定利益能有效地被理事会知悉和考虑,以免使他们受到大会员公司的侵害。

FINRA 成立后,在公司治理、规则制定、规则执行和会员惩戒上作出了重大改变,引发了学界和实务界的深切关注。2010 年,理事会拒绝了一项让会员决定高管人员薪水的提案,FINRA 的 CEO Richard Ketchum 认为,该提案将会给 FINRA 的运行带来严重问题,因为它让人感觉到被监管实体将有权力不当恐吓监管人员。该决定遭到了学者的批评,认为 FINRA 没有摆正会员与管理人员的关系,违反了 SEC 的公司治理理念。该决定是不当地,削弱了这么多年积累的口碑和政治支持。① 会员对于 FINRA 规则制定和规则解释没有任何决定权。FINRA 监管政策委员会成员大部分由非业内会员构成。FINRA 管理人员可以将遭到会员公司反对的规则建议和解释提交给理事会。在执法程序上,管理人员拥有独立的自由裁量权以决定对哪项事务启动调查和指控程序。纪律处分程序,原本主要由会员公司的代表主持进行,现在几乎都由 FINRA 的管理人员控制。纪律听证会由职业听证官员参照准司法的方式进行,对纪律处分的上诉由裁决委员会受理,该委员会由证券业人士和非证券业代表构成,人数基本平衡。② 这些变动说明了 FINRA 的会员属性逐步减弱,独立性进一步增强。这虽然有助于维持 FINRA 在自律监管中的超然地位和公平、公正,切实维护公众投资者的利益,但如何制约其权力,防止因其滥用权力损害被监管人员的利益,也是需要平衡的课题。

随着投资者的损失扩大,美国次债危机使得相关仲裁案件急剧上升。

---

① Kenneth B.Orenbach,"A New Twist to an On-going Debate about Securities Self-Regulation:It's Time to End FINRA's Federal Income Tax Exemption",*Va. Tax Rev.*, Vol. 31,(Summer 2011),pp.156-157.

② Kenneth B.Orenbach,"A New Twist to an On-going Debate about Securities Self-Regulation:It's Time to End FINRA's Federal Income Tax Exemption",*Va. Tax Rev.*, Vol. 31,(Summer 2011),pp.157-158.

FINRA 将会为这些涉及会员公司的仲裁和调解纠纷提供首要的解决平台。在合并前,NASD 就运作着最大的争议解决机构,2006 年就受理了超过4600 件仲裁案件。FINRA 成立后,2008 年受理仲裁案件 4982 件。而仅2013 年 7 月份受理仲裁案件 2205 件,数量急剧增长。① FINRA 关注投资者对新开发的投资品种的反映,发现潜在的问题并及时采取措施防止投资者受到损失,对已经发生损失的及时进行纠正。

如何合并原 NASD 和 NYSE 会员监管规则是 FINRA 面临的最严峻和最复杂的挑战。对此,FINRA 采取了五项原则:第一,认真检查每个自律组织以决定哪个规则更好更有效或者是否应该制定新规则;第二,根据规模、商业模式及顾客类型等将会员公司分类并分别与相应类别的公司协商;第三,采取将部分规则概念化的方式(conceptual manner),从而给会员公司更多的解释权;第四和第五项原则是使规则更明确,在执行上采取原则化的方式(principles-based approach)。所谓基于原则的监管方式是指监管者作原则性规定,留给被监管公司自己决定如何去行动,而不是事先制定详尽的规则。② FINRA 为每个会员提供了单一的进入平台,通过该平台,可以很方便地提交表格、查阅监管规则、看到规则变化的提示和获取其他有用的资源,改变了原来需要输入多次密码以进入不同业务的局面。FINRA 还特别为小公司推出了"小公司风险合作者计划"(small firm emergency partner program)。该计划推出的目的是为了应对突发事件(如大规模停电)对公司业务的影响,一般来说大公司具备应对突发事件的能力,但小公司却不具备。一旦发生事件,对小公司造成的影响是巨大的甚至是致命的。该计划目的在于当一家公司出现紧急危险事件时,将迅速得到另一家未受影响的公司的帮助。③

---

① Dispute Resolution Statistics [EB/OL].[2013-08-23].http://www.finra.org/ArbitrationMediation/FINRADisputeResolution/AdditionalResources/Statistics/.

② 与之相反的是 rules-based-regulation,意思是建立在详尽规则基础上的监管,要求尽可能地细化规则。

③ Yesenia Cervantes,"'FIN RAH!'… A Welcome Change:Why the Merge Was Necessary to Preserve U.S.Market Integrity",*Fordham J.Corp.& Fin.L.*,Vol.13,(2008),pp.860-861.

FINRA 的成立也是对交易所非互助化后能否有效承担自律职责的回应。美国次债危机引发的全球性金融危机加剧了人们对监管的指责。次级债券从产生到集中爆发危机经历了几年的时间,这期间监管者包括 NASD 为什么没能及时发现问题? FINRA 的成立可以更好地应对当今全球化带来的复杂性和竞争压力,及时处理未来可能发生的挑战并防止市场灾难的发生。金融危机使得市场信心的恢复更加重要,FINRA 的成立有利于更好地承担对社会公众的义务,有助于提升经济发展,恢复市场信心。FINRA 致力于投资者的保护,可以说来得正当其时。

第三节　非互助化后交易所利益冲突解决的具体途径

非互助化的交易所既有继续实施自律的优势,也确实存在着利益冲突,影响自律的效果。就目前世界各国的实践来看,自律仍然具备存在的基础,问题的关键在于如何克服这些利益冲突,以保障自律机制的正常运转。笔者认为,克服利益冲突的途径有以下三个方面。

一、分离交易所的监管与其他业务

分离监管业务的模式最早从 NASD 而来。"价差门"丑闻促使 NASD 将原有的监管部门独立出去,成立了专门从事监管业务的非营利性子公司(NASDR),其主要职责是制定并执行会员监管规则。同时,把对市场进行实时监控的工作交给纳斯达克市场。NASDQ 通过股票监视和交易监视两个计算机系统对市场进行实时监控。股票监视系统通过监控上市公司发布的市场新闻实现对股票的实时监视,主要监视股票价格和交易量的变化情况。交易监视系统主要监控股票的交易量是否违反 NASD 规则和法律法规,同时还负责解决 NASDQ 出现的锁市场和交叉市场的情况。①

---

① 林建:《大交易场:美国证券市场风云实录》,机械工业出版社 2008 年版,第 101—102 页。

2000年,NASDQ决定改制为公司,至2002年NASD将手中持有的NASDQ的所有股份全部卖出,从而NASDQ彻底解除了NASD子公司的身份,切断了可能存在的利益链条。鉴于此时NASDQ尚未取得证券交易所资格,也就不具备自律组织身份,无法实施自律。因此,NASDQ与NASD签订了监管协议,由NASD对其实施监管,NASDQ为此每年需向NASD支付高额的市场监管费。

该模式就是著名的NASDR模式,其主要特点就是将自律组织的监管业务与商业职能分离。正如前纽约证券交易所首席监管官所言,如果让自律保持有效运作,必须做到自律监管的实施与是否有助于交易所的业务增长还是会带来损害无关。[①]事实上,大部分改制后的交易所,如ASX、LSE、TSX等都采取了监管职能分离模式,只不过在具体运作上略有不同。就程度而言,加拿大IIROC模式和美国FINRA模式较为彻底,因此,利益冲突更小。二者的区别是在IIROC模式下,交易所只负责上市审核业务,而在FINRA模式下上市审核和交易监管业务仍由交易所负责。交易监管职能是否应当分离成为两种模式的主要不同之处。交易监管是指通过对市场交易的实时监控,发现可疑和潜在的违规行为,主要目标在于抑制内幕交易、市场操纵等违规行为的发生,以保证交易的公正与效率,是交易所的核心职能。交易监管是否有效是树立市场信心的重要环节,是维护投资者利益的重要保障。因此,各证券交易所都非常重视实时监控系统的完善,以及时发现违规行为,保持市场的流动性。交易所非互助化后,我们发现交易所大都保留了市场监管功能,例如LSE虽然被剥夺了上市审核、会员监管等传统上的权力,但仍保留市场监管职责;NYSE将会员监管、执行与仲裁部门与NASD合并,也保留了市场监管职责。可见,交易所非常重视市场监管业务,因为这关系到交易所的品牌,直接关系交易所的收入,尤其对于公司制的交易所而言,这一点非常重要。各个市场的定位不同,参与交易的群体不同,交易规则也不尽相同,监管的侧重点自然也就不同。因此,由各市场自我监管,其针对性更强,效果更明显。当然,IIROC模式也未尝不可,但前提

---

① Mara Der Hovanesian,"Big Stick at the Big Board",*Bus. Wk.*,Vol.11,(2004),p.84.

之一是交易规则的统一,否则容易出现协调的困难,甚至出现混乱。当然,交易规则是各交易所的特色之一,如若统一,则如何提升交易所的竞争力又是不得不考虑的问题。

二、完善交易所治理结构

交易所改制为公司后,应当按照公司法的有关规定建立公司治理结构,即通常所说的股东大会—董事会模式①。但由于交易所的特殊性,即交易所不是普通的商业公司,它要承担维护公共利益的责任,决定了其董事会的构成应区别于一般的公司,以更好地履行公共职责。当然,并不是说会员制的交易所不承担公共职责,事实上,交易所一直被赋予公共利益维护者的使命。交易所的公共性体现在:其一,交易所是链接发行人和公众资金的主要通道,因此,交易所维持一个高效率市场的利益与资源有效配置的公共目标是一致的;其二,交易所的其他功能也有益于投资公众的利益,如持续的信息披露要求减少了公共的信息收集成本,提高了市场评价股票的效率;其三,通过维持一个有序的市场,交易所减少了市场负外部性,该负外部性可能给宏观经济带来不利的影响。② 历史上看,交易所的公共性日益被重视,当然主要途径是通过强化治理结构实现的。1938 年惠特尼挪用和盗用证券丑闻促生了纽约证券交易所第一次较大程度的改革,主要目的是加强交易所的公共职责,使他不仅仅为会员利益服务。交易所的总裁成了一名拿薪水的雇员,而不再是交易所的会员,对会员公司也增加了更加频繁和详细的审核。③ 独立人士马丁成为交易所的新总裁。2003 年纽约证券交易所董事会改革进一步增强了董事会的独立性。④

什么是公共利益?在《物权法》制定过程中就存在是否要规定的争论,

---

① 交易所非互助化后,通常关注的是董事会的改革,而关于监事会的设置和地位各国法律规定有所不同。

② Stavros Gadinis & Howell E. Jackson, "Markets as Regulators: A Survey", *Southern California Law Review*, Vol.80, (September 2007), p.1249.

③ [美]约翰·S·戈登:《伟大的博弈——华尔街金融帝国的崛起》,祁斌译,中信出版社 2005 年版,第 298 页。

④ 详见本书第一章。

尽管学者大都承认公共利益界定的重要性,但终因其内涵和外延的不确定性而流产。公共利益一词已超越了法学范畴,具有文化或政治的特质,很难下一个准确的定义。公共利益常常成为政府干预的正当理由,对公共利益理解得愈广泛,自律的范围可能越狭窄。非互助化后的多数国家和地区都强调了交易所维护公共利益的重要性,如德国、加拿大、新加坡、中国香港等。虽然并不必然得出宽泛的公共利益概念与交易所较少的监管权力分配之间存在线性关系(linear relationship)的结论,但毫无疑问公共利益的内涵是影响监管权力分配的重要因素。[1]

从世界范围看,完善公司治理结构一般通过如下几种方式进行:

(一)限制股东持股比例和投票权

交易所非互助化后,为了防止某一股东(尤其是会员股东)因股份较多从而控制交易所,许多国家和地区都对交易所的持股比例做了限制。例如我国香港地区《证券及期货条例》规定,除香港证监会与财政司司长协商后书面批准外,任何人士均不得成为香港交易所、联交所、期交所以及相关结算所的"次要控制人"。"次要控制人"是指任何单独或联同任何一名或多于一名的相关联者有权在任何此等公司任何股东大会上行使或控制行使5%或以上投票权的人士。证监会除非相信做出上述这样的批准符合公众投资者的利益或公众利益,否则不得做出有关批准。[2] SEC曾建议任何一个会员经纪商拥有交易所股权不得超过20%。[3] 之所以要对交易所公司的股权比例进行限制,主要基于如下考虑:一是防止交易所被某个使用者或控制集团收购;二是防止被被监管公司收购;三是限制股东和利益相关者之间潜在的利益冲突;四是控制交易所公共利益、监管义务与股东利益之间潜在的冲突。另外,对股权进行限制,其明确或至少是隐含的解释是为了防止本国

---

①　Cally Jordan & Pamela Hughes, "Which Way for Market Institutions: The Fundamental Question of Self-Regulation", *Berkeley Bus.L.J.*, Vol.4, (Fall 2007), pp.215-216.

②　尚福林:《证券市场监管体制比较研究》,中国金融出版社2006年版,第54页。

③　Reena Aggarwal, Allen Ferrell, Jonathan Katz, "U.S.Securities Regulation in a World of Global Exchanges", European Corporate Govermance Institute Finance Working Paper No.146/2007, (December 2006), p17.

交易所被外国公司收购。①

除了股权比例限制外,有的国家还通过特别股的设立实现对交易所的控制。例如,瑞典政府就通过持有黄金股(gold share)②的方式,防止 OM 集团(斯德哥尔摩证券交易所的所有者)控制权的转变。

对股权进行限制最根本的原因在于交易所的公共属性,分散的股权有利于政府对交易所的管理,防止形成金融寡头,影响经济走势进而影响政治进程。鉴于证券市场在各国国民经济中的重要位置,各国政府特别关注交易所股东的身份,防止本国证券市场被国外投资者操纵损害本国经济安全,维护本国经济主权。

(二)完善董事会

从交易所公司化的实践来看,完善董事会治理结构,尤其是增加独立董事比重,提高董事独立性是普遍做法。其实,这与其他商业公司治理的转变趋势是一致的。不过,交易所的公共性使得这种独立性要求更加突出,以更好地履行维护公共利益的职责。本部分主要以纽约证券交易所、澳大利亚证券交易所和中国香港证券交易所为例探讨非互助化后的交易所董事会治理的改革。

1.纽约证券交易所非互助化后的董事会改革

因受格拉索薪酬丑闻的影响,非互助化之前的纽约证券交易所就对董事会进行了较为彻底的改革,设立新的独立的董事会,除了 CEO 外所有的董事都必须独立于管理层、会员和上市公司。纽约证券交易所合并 Arca 交易所后,完成非互助化改造,成立纽约交易所集团公司,后又与泛欧交易所成功合并,成立纽约泛欧证券交易所集团。

---

① John W. Carson, "Conflicts of Interests in Self-regulation: Can Demutualized Exchanges Successfully Manage Them?", World Bank Policy Research. Working Paper No. 3183, (December 2003), p.19.

② 黄金股起源于英国,是指政府在重要企业持有的带有特定权力的股份。黄金股通常为一股,但对企业重大决策具有一票否决权。持有黄金股的政府不能对企业的日常经营活动进行干预,但当政府认为企业行为有损于国家整体利益时,政府就可通过"黄金股"这一简单的制度安排予以一票否决。此处是指在《公司章程》中规定,未经瑞典政府的同意,不得改变公司的控股权,是防止公司股权变化的特殊制度安排。

纽约泛欧交易所董事会主要由独立董事构成,包括由独立的非执行董事担任的主席和副主席各1名,以及CEO和副CEO各1名。董事会下设4个委员会,分别是审计委员会、人力资源与薪酬委员会、提名与治理委员会和技术委员会。每个委员会都由独立董事组成,正副CEO都不能担任这些委员会委员。董事会每年都会对这些委员会的章程进行修订。根据纽约泛欧证券交易所2012年年度报告显示:审计委员会由6人组成,负责对纽约泛欧交易所集团及其子公司的内部和外部财务进行审查。人力资源与薪酬委员会由4人组成,负责制定人力资源政策和程序,员工福利计划和薪酬披露等。提名与治理委员会由4人组成,负责推荐董事候选人、检讨公司的治理原则和实践、对董事薪酬标准提出建议以及提出继任规划。技术委员会由4人组成,主要职责是评估技术发展和战略机会,在技术创新应用上提供指导以及评估系统安全和应急措施。[①]

根据纽约泛欧交易所董事会独立政策要求,判断董事独立性,主要是基于该董事与下列组织或人员之间是否存在关系或利益:(1)纽约泛欧交易所及其附属公司;(2)NYSE、NYSE Arca、NYSE Alternext US LLC的会员或联合会员或者结盟者;(3)NYSE、NYSE Arca、NYSE Alternext US LLC的会员单位。下列关系将使董事丧失独立性:(1)该董事或该董事的直系亲属现在或曾经与纽约泛欧交易所集团或其附属公司存在利益关联,或者该董事或者其直系亲属在最近一年内曾是上述公司的会员、联合成员、联盟者或者许可人员(approved person)。(2)该董事曾在最近一年内被交易所会员单位雇佣,或者其直系亲属在最近一年内曾担任会员单位的执行官,或者在最近一年内从任何会员单位收到10万美元以上的薪酬,或者收到的总薪酬占其该年度总收入的10%以上,但不包括董事会会务补贴或其他形式的递延补偿。(3)该董事与会员单位有直接或间接的联系。[②]

---

① NYSE Euronext Board Committees[EB/OL].[2013-04-15].http://www.nyx.com/investor-relations/corporate-governance/committees.

② Independence policy of the NYSE EURONEXT board of directors[EB/OL].[2013-04-15].http://www.nyx.com/investor-relations/corporate-governance/governance-policies.

2.澳大利亚证券交易所非互助化后的董事会改革

根据澳大利亚证券交易所集团 2013 年度报告显示的信息,①董事会的主要职责是审查和批准公司战略,年度预算和财政规划;监督和检查公司战略目标的实施和完成情况;监督财政执行情况,负责联系外部审计;任命和评估执行董事兼 CEO 的工作,监督管理程序的有效性,批准主要的公司创新,检查公司应对风险的处理程序,确保正确的和充分的风险控制等。交易所董事局主席和执行董事兼总经理不能由同一人担任,执行董事兼总经理日后也不能转任董事局主席。执行董事兼总经理被禁止担任在 ASX 上市的公司或市场参与者的董事或与这些实体有任何商业联系,除非获得董事会事先书面同意。

交易所章程规定,董事会由 7—15 人构成。2013 年年报显示,现任董事会由 9 人构成,其中,8 人为独立的非执行董事,只有 CEO 为执行董事。为了履行董事的职责,董事可以在任何时候联系公司高管人员,以获得相关信息。经主席批准,董事也可以寻求独立的专家建议,费用由公司支付,以更好地实现董事任职目标。在董事的选任上,ASX 非常重视董事的工作经验和观点,即使这些董事曾经在与 ASX 利益相关者处工作,如上市公司和其他市场参与者,也不影响其当选 ASX 董事。这可能与许多国家严格的独立董事标准不同,也就是说,ASX 更看重董事的专业性,或许其认为独立性可以通过完善相关制度进行保障,而专业性则对公司的发展至关重要,外行领导公司存在较大的风险。ASX 董事会每年都根据 AASB 1031——重大性(material)标准对独立董事与这些利益相关者的关系进行评估,依据该标准,除非有相反的证据或令人信服的观点,如果在过去 12 个月内,利益相关者为交易所带来的收入低于 5%,这种关系将视为不重要,如果交易带来的收入超过集团收入的 10%,则视为重大。②

董事会下属提名委员会、薪酬委员会、审计与风险委员会等三个机构。根据《提名委员会章程》(2013 版),该委员会至少应由三名委员构成,其中

① ASX Limited Annual Report 2013 [EB/OL].[2013-09-15].http://www.asxgroup.com.au/asx-corporate-governance.htm.

② ASX Limited Annual Report 2013 [EB/OL].[2013-09-15].http://www.asxgroup.com.au/asx-corporate-governance.htm.

大多数应独立于 ASX 的非执行董事,主席应由独立董事担任。其主要职责是:向董事会提名非执行董事人选;提出非执行董事的继任方案;制定非执行董事的考核标准并建立透明的程序以评价其是否满足了该要求;对董事会的整体能力进行评定;制定董事会成员性别差异性制度并监督执行。根据《薪酬委员会章程》(2013 版),该委员会至少由三名委员构成,大多数委员应是独立董事,且只能作为非执行董事,并由不担任 ASX 董事会主席的独立董事担任委员会主席。其主要职责是:审查 CEO、副 CEO、CRO、CCO 的薪酬和激励方案;审查高管人员和所有员工的薪酬和激励方案;审查所有非执行董事的薪酬;此外,委员会还要对整个交易所的薪酬结构、高管人员和骨干员工的继任计划、公司战略的补充、保留和终止、性别差异导致的薪酬不同等进行审视。根据《审计和风险委员会章程》(2013 版),该委员会至少由三名非执行董事组成,大多数成员必须独立于董事会成员。其主要职责是:检查和监督公司财务报告的真实性;评估公司风险控制规划和内部控制制度的充分性和完整性,监督内部审计的控制程序;监督公司是否遵守了相关法律、法规和政策;监督和批准内部和外部审计工作方案,检查重要的会计报告和财务报表等。委员会还负责监督外部审计者的选任并对其薪酬和工作方案进行审批,监督其独立性。

3.我国香港交易所(HKEx)非互助化后的董事会改革

HKEx 发表的公司治理声明指出,负责、透明、公正和廉洁是公司治理的基石。通过建立相应的制度框架和政策、规则的执行,好的公司治理应当保护和提升小投资者的合法利益。因此,在 HKEx,公司治理就是要加强董事会有效性,提升公司透明性,增强对股东的责任感,维护股东利益,最终实现股东价值的最大化。好的公司治理将超越公司内部范畴并延伸到建立和维持与股东的紧密联系上。① 董事会的有效运作是公司治理成功与否的根本。《香港证券和期货条例》第 77 条规定,财政司长出于维护投资大众或公众利益的考虑,可以委派不超过 8 名的人士进入 HKEx 董事会,但在2003

---

① Corporate Governance statement[EB/OL].[2013-04-16].http://www.hkex.com.hk/exchange/cg/cg_statement.htm.

年后,该人数不得超过董事会其他成员(不包括公司的最高行政人员)的最高人数限额。根据现行董事会规则,其中最多6名董事由股东选任,最多6名董事由香港特别行政区政府财政司司长委任。主席须为非执行董事并由董事会委任,但须经香港特别行政区行政长官批准。根据 HKEx 网站最新信息,现董事会由13人组成,其中,主席1人,独立非执行董事11人,集团行政总裁兼任执行董事,董事会主席及其他五位非执行董事由香港财政司司长根据《证券及期货条例》第77条委任。①董事会下设稽核委员会、环境、社会及管制委员会、投资顾问委员会、提名委员会、咨询小组提名委员会、薪酬委员会及风险管理委员会。

4.其他交易所非互助化后董事会改革的实践

从其他著名交易所非互助化的实践看,基本上都采取了强化董事独立性的举措,以此摆脱大经纪商和交易商的控制,更好地承担公共职责,维护中小股东的利益。例如伦敦交易所改制后,董事会治理结构也进行了较大的改革。根据其发布的2012年度年报,交易所集团董事会由12名董事组成,包括1名主席,1名非执行副主席兼高级独立董事,3名执行董事和7名独立非执行董事。所有非执行董事皆具有独立性,不存在影响他们作出独立判断的社会关系或环境。董事会下设薪酬委员会、提名委员会、审计与风险委员会,都由非执行董事组成。② 纳斯达克、新加坡证券交易所等也都强化了非执行董事的比例和独立性的要求。

三、双重上市

双重上市,也称为交叉上市。③ 交易所非互助化后,通常选择转变为上

---

① Board of Directors [EB/OL]. [2013 − 04 − 16]. http://www. hkex. com. hk/eng/exchange/org/boardirect/boardirect.htm.

② London Stock Exchange, Annual Report 2012[EB/OL].[2013−04−16].http://www.londonstockexchangegroup. com/investor-relations/financial-performance/financial-key-documents/lseg-annualreport2012interactive.pdf.

③ 从词义上讲,交叉上市(cross listing)侧重于在自己交易所以外的其他市场上市,强调上市的双向性;双重上市(dual listing)指在多个交易所上市,强调上市的数量,包含在自己交易所上市。但国外文献一般不做区分,二者通用,是指交易所在两个以上的市场上市。

市公司,从目前掌握的信息看,全部都在本交易所上市。

交易所热衷于自我上市,可能基于如下考虑:

1.交易所自我上市相当于为自己的市场提供了信誉担保。交易所的股票在自己的市场交易,同其他上市公司一样,也希望市场为投资者提供更好的价格发现机制和股票的流动性。这就要求必须保持市场的公开、公正、透明,保障交易的有序进行,禁止市场操纵、内幕交易等违规行为,维护市场信心。只有这样,交易所自己的股票才可能保持流动性。否则,在一个违规行为频发,投资者信心严重不足的市场里,交易所自己的股票也难以幸免。股票价格的走低也会严重损害交易所的品牌价值。而且,交易所收入的重要来源之一就是收取交易费,如果交易量减少,将直接损害交易所的业绩。交易所作为公司,以追求股东利益的最大化为己任,其高管人员的薪水乃至职位去留与交易收入密切相关。因此,他们也有动力去营造一个健康的有序的市场环境。所以,人们相信至少出于自身利益的考虑,交易所也会严格监管市场,惩治违规行为,树立市场信心。可以说,自我上市本身就是免费的广告,将吸引更多拟上市公司来该交易所上市,更多投资者来此投资。

2.交易所如果选择在其他作为竞争对手的交易所上市,则可能给人以对自己交易所的知名度和股票流动性信心不足的感觉。人们习惯上会认为,既然能够在自己的交易所上市,为什么还要舍近求远呢?就像如果开发商从来不住自己开发的房子,服装厂老板从来不穿自己加工的衣服,是否意味着对自己的产品没有信心?上市公司更关心自己公司的股票流动性和价格,普通投资者更关心自己手中股票的价值,对他们来说,自我上市引发的利益冲突问题似乎并不能引起他们足够的兴趣。一个有信心的市场更能满足他们的利益诉求。交易所异地上市可能使其他上市公司对在该交易所上市产生疑虑,直至放弃,也会对投资者的心理产生微妙影响,促其改变投资策略。最终结果可能导致交易量的减少,降低交易所收入,而这反过来又会进一步刺激上市公司和投资者的选择,形成恶性循环。

3.既然是竞争对手,交易所如果在其他交易所上市,很可能受到其他竞争对手不公平的监管待遇。例如一家交易所如果在另一家交易所上市,则必须向另一家交易所进行信息披露,这可能使交易所的商业秘密面临被竞争对手知晓的危险。① 正所谓同行是冤家。尽管信息披露是法律规定的义务,但在自家上市交易所更熟悉交易规则,也更懂得如何利用规则漏洞(必要时甚至可以制造漏洞)回避对一些信息的披露。而且,自我监管的属性也可以将交易所部分违规行为消化于内部,不必公开,以免给市场造成负面影响,维护交易所的声誉。这样自我上市的交易所主动权始终将掌握在自己手里,比异地上市被动地接受监管更游刃有余。

自我上市存在严重的利益冲突,虽然可以通过强化信息披露、完善公司治理、加强政府监管和社会监督等途径进行一定程度的克服,但最彻底的方式还是实现异地上市。但考虑到目前几乎所有公司制交易所都实施了自我上市,让他们退市再选择到其他交易所上市似乎没有必要,对市场也会带来不稳定的影响。现在要做的就是实施双重上市,即在自己的交易所上市的同时,再选择到另外一家交易所上市。

双重上市可以对企业产生以下三方面积极影响。首先,公司可以通过双重上市提高自身价值。其理论基础是"市场分割"(segmentation hypothesis)理论和"约束假设"(bonding hypothesis)理论。"市场分割"理论主要观点是,双重上市有助于打破由于税收、监管限制、信息披露限制等造成的市场的分割状态,扩大股东基础,提高股票流动性,降低资本募集成本。Coffee 等教授则提出和丰富了"约束假设"理论,认为双重上市能促使上市公司更加关注中小投资者的权利并披露更充分的信息。企业在国外市场上市,可以使他们置于"声誉中介人"(例如承销商、债券评级机构、证券分析师)的监督之下,从而改善公司治理。提升信息披露毫无疑问可以产生积极的股票价格上的反馈,研究显示:在美国交叉上市的外国公司得到了证券分析师的更多关注,因而这些公司的盈利预测很明显更加准确,公司价值也由此得到提升。② Coffee 教授还进一步提出了"职能收敛"理论(functional

---

① 谢增益:《公司制证券交易所的利益冲突》,社会科学文献出版社 2007 年版,第137 页。

② John C.Coffee,Jr,"Racing Towards the Top?:The Impact of Cross-Listings and Stock Market Competition on International Corporate Governance",*Colum.L.Rev.*,Vol.102,(November 2002),pp.1779–1781.

convergence hypothesis），即外国公司在美国的主要证券交易所上市后，即便其本国法律制度较弱，内部人作假、侵占行为也会被遏制，也就是说，外国公司可以通过交叉上市"借用"美国的法律制度，实现自我约束，这就是司法约束（legal bonding）。① 其次通过双重上市，企业可以提高募集资本的能力。此外，由于企业双重上市后，小股东权益得到了更好的保护，企业可以在母国市场募集更多的股本。② 国外关于交叉上市的实证分析一直存在不同的看法，目前尚无定论。我国有学者以 1994—2006 年期间从香港证券市场返回境内证券市场双重上市的 29 家公司为研究对象，经过比较分析得出结论：首先，整体上双重上市公司的公司治理优于匹配公司。其次，双重上市公司的绩效优于匹配公司。最后，双重上市可以调节公司治理与公司经营绩效的关系。③ 但也有学者通过实证分析得出不同的研究结果表明：中国企业在美上市前后，企业绩效先是大幅增长，而后显著下降。另外，中国企业境外上市后，企业绩效并不能持续提升，这对境外上市主流学说"约束假设"形成了挑战，说明境外上市这种国际化模式不能有效地约束企业提高公司治理水平。④ 国外也有学者反对双重上市有助于提高公司治理的观点，认为，双重上市与提高公司治理水平之间并不存在直接联系，事实上，大多数异地上市的公司回避了更好公司治理要求。⑤

不过，交易所双重上市也存在一定的弊端。其一，交易所不得不向其他交易所缴纳上市费用；其二，两地上市可能导致市场分割和减少流动性。针对上述缺陷，有学者提出解决的思路：如果上市费用过高，交易所可以通过放弃自我上市的方式，即只在其他交易所上市的方式避免，可运用成本—收

---

① 尹兴中、王红领：《交叉上市理论研究评述》，《经济学动态》2009 年第 9 期。

② 陈昀、王韬：《西方企业国际双重上市研究评价及其启示》，《外国经济与管理》2006 年第 6 期。

③ 陈昀、贺远琼：《双重上市对公司治理和公司绩效的影响研究——基于中国双重上市公司的证据》，《管理学研究》2009 年第 1 期。

④ 周建、刘小元、程广林：《境外上市战略与企业绩效动态性研究》，《山西财经大学学报》2010 年第 1 期。

⑤ Amir N. Licht, "Cross-Listing and Corporate Governance: Bonding or Avoiding?", *Chi. J. Int'l L.*, Vol.4, (Spring 2003), p.163.

益分析方法对自我上市的成本与收益进行评价。如果确有证据证明双重上市导致市场分割和降低流动性,可以采取双重上市但不是双重交易的方式解决。也就是说,允许交易所在其他市场上市,但并不实际进行股票交易。通过双重上市,交易所应当接受其他市场对发行人的监管;不进行双重交易,交易所的股票交易市场就不会被分割。①

孟买证券交易所②(Bombay Stock Exchange,简称"BSE") 非互助化后计划在自己的交易所上市,但是印度证券交易委员会(SEBI)认为,BSE 不要盲目效仿其他交易所的自我上市模式,应当选择在印度全国证券交易所或其他股票交易所上市,以避免因自我上市引发的利益冲突。③ 据 BSE 官方网站的信息显示,时至今日,BSE 仍未能实现上市。

有学者认为,交易所选择在何地上市,应由其自主做出,就像交易所做出其他商业决定一样,政府不应干预。也就是说,是否双重上市(异地上市)是交易所的商业自由,是公司自治的体现。如果政府能够施以适当的监管安排,双重上市的理由也就没有必要了。政府的责任在于在政府与交易所的目标和责任之间划出清晰的界限,这才是对投资者负责的体现。④

笔者认为,尽管交易所双重上市能否提升公司治理水平尚存争议,但交易所双重上市的根本目的不在于完善公司治理。完善公司治理是一项复杂的制度设计,涉及股份设置、股权行使、董事会构成、董事会运作机制、监事会功能等,是一项系统工程。单纯的双重上市本身并不是灵丹妙药,即使双重上市能够提高公司治理水平,也只是某种程度上提高而已。就本书主旨而言,交易所异地双重上市主要基于监管的考虑,是为了克服因自己监管自己导致的内在矛盾而设计,与"任何人不得审判自己的案件"的理念是一致

---

① Andreas M.Fleckner,"Stock Exchanges at The Crossroads",*Fordham law Review*,Vol.74,(2006),p.2616.

② 亚洲历史最悠久的交易所,目前拥有上市公司数量全球第一。见 http://www.bseindia.com/static/about/introduction.aspx? expandable＝0(孟买证券交易所网站)。

③ Raghav Sharma & Tarun Jain,"Cross Listing of Stock Exchange:Strengthening Self-regulation?",*Company Law Journal*(*India*),Vol.3,(2007),p.14.

④ Raghav Sharma & Tarun Jain,"Cross Listing of Stock Exchange:Strengthening Self-regulation?",*Company Law Journal*(*India*),Vol.3,(2007),p.16.

的。所以,就利益冲突的克服而言,异地双重上市是值得提倡的。至于从商业自由的角度分析是否应该强制双重上市,这涉及公司自治的界限问题。笔者认为,商业自由是公司自治的基本内容之一,应当予以保障,但任何自由都是相对的,自治也不是没有任何约束的自主决定。如果某项商业决定涉及了公共利益,现代法治都会强调公共利益的优先性。证券交易所公司化并不能改变其具有的公共产品属性。交易所在一国国民经济中的地位决定了其不同于普通的商业公司,对其应当给予特别的关注,实施更严格的监管。事实上,无论交易所是否实现非互助化,其始终是政府重点监管的对象。证券交易所履行自律职责既是其一项商业职能,也是其承担公共责任的要求。因此,在制度建构上,应当避免可能引发利益冲突的安排,以更好地履行自律职责。以商业自由为名反对双重上市忽略了双重上市的积极意义,而且就前面双重上市的分析不难看出,双重上市有利有弊,目前还缺乏双重上市弊大于利的证据支持,商业自由论的观点也缺乏实证基础。既然如此,我们还有什么理由支持商业自由论呢?

第四节　纽约证券交易所公司化及其对监管的影响

一、纽约交易所公司化及自律监管改革

纽约交易所通过反向收购成为上市公司,并在自家交易所上市。为了应对合并后的监管,成立了非营利的纽约证券交易所监管公司。为保证独立性,在治理结构上做了安排。除了 CEO 外,监管公司的每位董事都必须是独立董事。大部分委员会成员和薪酬、提名委员会的成员不能由纽约交易所集团公司的董事担任。监管公司的成本支出来自会员的监管费用。监管公司的职责包括上市公司监管、会员监管、市场交易监管、执行、争议解决和仲裁。[1]监管公司还根据与 NYSE Arca Regulation and NYSE Alternext U.S. Regulation

---

[1]　Robert S. Karmel,"The Once and Future New York Stock Exchange:The Regulation of Global Exchanges",*Brook. J. Corp. Fin. & Com. L.*,(Spring 2007),pp.388-389.这里指监管公司成立伊始的职责,2007 年其会员监管、争议解决与仲裁职能转移给新成立的 FINRA。——笔者注

的监管服务协议,负责对后两者的监管。监管公司直接向纽约证券交易所监管委员会负责。监管公司董事会共有 10 人构成:与纽约泛欧交易所集团或所有上市公司及会员组织没有任何关系的董事 6 名,3 名董事同时担任纽约泛欧交易所集团董事会董事。监管公司的 CEO 作为管理董事(management director)。监管公司不向纽约泛欧交易所集团 CEO 汇报工作。监管公司设有三个部门,市场监管部、执行部和上市公司监管部。市场监管部负责监管证券交易并调查会员在交易所大厅和场外操纵证券交易的行为;执行部负责对违规行为进行调查和指控,上市公司监管部负责对在 NYSE 和 NYSE Arca 上市的公司是否遵循财务和公司治理要求进行监管。①

二、纽约泛欧交易所成立后面临的监管挑战

2007 年 3 月,纽约证券交易所集团和泛欧证券交易所集团合并,并于 4 月 4 日在巴黎和纽约同时上市。合并的原因主要基于以下三点:第一,《萨班斯—奥克斯利法案》提高了海外公司到华尔街上市的监管门槛,令那些想到华尔街上市的外国企业望而生畏,其中不少外国企业尤其是欧洲公司都转向非美国证交所上市,导致纽约证券交易所外国公司上市资源减少,影响了其利润。与欧洲交易所合并可以重新获得这些公司的上市和交易费用,也为投资者投资外国公司股票提供更便利的途径。第二,合并能够为纽约证券交易所提供衍生品交易的平台。纽约交易所曾开展过商品期货的交易,然而未能成功。如今衍生品交易的红火使得纽约证券交易所很想再次涉足。第三,合并使得纽约证券交易所和泛欧证券交易所能够在一个共同的交易平台上运作,拓展纽约交易所的股票交易和债券业务。② 合并产生的协同效应预计在 3.75 亿美元。③ 合并后的纽约证券交易所和泛欧证券

---

① The Independence of NYSE Regulation [EB/OL]. [2009 - 02 - 23]. http://www.nyse. com/about/nyseviewpoint/1097788616359.html.

② Robert S. Karmel, "The Once and Future New York Stock Exchange:The Regulation of Global Exchanges", *Brook. J. Corp. Fin. & Com. L.*, Vol.1, (Spring 2007), pp.356-358.

③ Lisa K. Kothari, "Global Regulation for Global Stock Exchanges:The NYSE-EURONEXT Merger", *Temp. Int'l & Comp. L. J.*, Vol.22, (Fall 2008), p.499.

交易所作为纽约泛欧交易所集团的子公司仍独立运作。每个交易所仍然受各自国家的监管当局监管,纽交所和泛欧交易所的会员仍受原监管体制制约。考虑到《萨班斯—奥克斯利法案》对外国公司的影响,根据协议并经各自政府监管机构批准,双方合并时确认该法案不会适用于在泛欧交易所上市的公司,上市公司仍受各自交易所原来的监管制度。也就是说 SEC 只监管美国市场,在泛欧交易所上市的公司仍接受欧盟和相关国家政府的监管。因此,许多美国人士认为合并不会带来新的监管问题,不会削弱《萨班斯—奥克斯利法案》对国内投资者的保护。[1] 尽管 SEC 试图使外国上市公司确信不会要求他们履行证券登记的义务,但 SEC 不能豁免外国公司违反证券法反欺诈条款导致的责任。也就是说,只要在泛欧交易所上市的公司拥有一定的美国投资者,无论是否在美国上市,这些公司都得受反欺诈规则束缚。[2]

但是,从长期来看,纽约泛欧交易所的成立是为了寻求全球范围内的统一的交易平台。泛欧交易所就是搭建了一个可同时进行证券和衍生产品买卖的交易平台,客户只需一次登陆即可完成任意产品的交易,为每一个市场参与者提供了一个单独的交易切入点。交易所合并可以获得更大的市场份额,增强竞争力,非互助化后追求利润最大化的动机加速了交易所合并的进程,因而受到了交易所股东的支持。同时,控制订单流的大证券公司和机构要求减少交易费用的需求也推动了交易所的合并。技术的进步和通讯网络的发达使得交易不再受地理位置的限制。"证券交易所作为一个物理意义上的场所已失去其重要性,物理意义上的距离变得毫无意义,交易不在局限于一个固定的物理场所里,而是由计算机系统执行。"[3]交易所具有天然的垄断性,大市场将不断吞并小市场,最终在世界主要金融中心可能只存在为

---

① Sara M.Saylor, "Are Securities Regulators Prepared for a Truly Transnational Exchange?", *Brooklyn J.Int'l L.*, Vol.33, (2008), p.691.

② Robert S.Karmel, "The Once and Future New York Stock Exchange:The Regulation of Global Exchanges", *Brook.J.Corp.Fin.& Com.L.*, Vol.1, (Spring 2007), p.366.

③ Pierre Schammo, "Regulating Transatlantic Stock Exchanges", *International& Comparative Law Quarterly*, Vol.57, (2008), p.833.

数很少的几家交易所。① 全球化使得信息和资本在国家间流动变得更方便,交易所的合并使得 24 小时不间断交易成为可能,从而获得更大的收益。

尽管地域概念对于证券交易来说已无意义,但属地原则对于证券监管而言却是一个基础性的前提。物理住所或法律住所,交易行为、询价、投资行为等只要一项发生在一国境内,就构成具有管辖权的因素。这样,针对某个公司的某项行为,基于不同的连接点考虑,可能会面临多国政府监管当局的调查和惩罚。在缺少充分的双边监管安排情形下,跨境交易所并购将面对监管的不对称问题,主要表现在监管过度、规则的溢出效应和规则的冲突。监管过度主要是指某个市场主体要同时遵循二套、甚至是多套监管规则。规则的溢出效应是法律域外适用产生的必然结果。规则冲突与前述过度监管有关,此处主要强调是市场主体要服从相互冲突的监管要求。监管不对称问题当然也会对交易所的会员,股票发行人产生潜在的影响。同时,多边监管模式还会使市场主体面临不确定的法律风险——监管风险,从而迫使市场主体采取措施规避该风险。例如,纽约—泛欧交易所就是通过限定合并的层次和建立联合管理机构的方式应对未来可能出现的国内法域外适用的风险。显然,这样做并不能实现交易所合并的利益最大化。同时,多边监管方式也给交易所和市场参与者提供了监管套利的机会。交易所会充分评估各地监管环境的差异,并通过兼并监管环境较为有利的当地交易所的方式从中获益。本次纽约泛欧交易所合并的一个重要因素就是为了扩大上市公司市场份额,吸引那些不愿意接受 SEC 严格监管和《萨班斯—奥克斯利法案》制约的国外公司尤其是欧洲和亚洲的公司可以选择在其附属的巴黎证券交易所上市。这么做显然无助于证券市场全球化的均衡发展,各地市场标准的差异无疑蕴藏了潜在的风险。②

因此,如何协调监管已经成为交易所能否真正实现全球同步交易的核

---

① John C. Coffee, "Jr.. Racing Towards the Top?: The Impact of Cross-Listing and Stock Market Competition on International Corporate Governance", *Colum. L. Rev.*, Vol. 102, (November 2002), p.1760.

② Pierre Schammo, "Regulating Transatlantic Stock Exchanges", *International & Comparative Law Quarterly*, Vol.57, (2008), p.842.

心问题,也是交易所跨境合并能否实现利益最大化的根本前提。交易所兼并的浪潮使得各国监管机构认识到是时候考虑监管的合作乃至监管一体化问题。未来交易的监管将变得更富挑战性,因为我们可能不知道哪个国家的监管机构应当对此负责。电子化的交易方式使得我们在世界各地的任何一台电脑前都可迅速完成交易,正如前 NASD 主席兼 CEO Robert Glauber 所言,纽约泛欧交易所不可避免地将趋于更加电子化的平台,交易可能不再发生在纽约、伦敦或巴黎,而是发生在大西洋上空的一颗卫星上,该由谁负责对此监管?①

针对纽约泛欧交易所成立带来的监管问题,SEC 和欧盟就监管互认问题进行了磋商。欧盟提出,必须坚持以下五个核心原则:其一,互认必须采取渐进的程序;其二,在美国和欧盟成员国之间,多边途径优先于双边安排;其三,应采取相同的评价标准以评估双方监管制度的差异;其四,不应基于仲裁约定排除特定的欧盟国家的管辖权;其五,不应适用域外管辖权,欧盟境内的公司只应当受欧盟及其成员国法律管辖。② 2007 年 1 月 25 日,SEC 和泛欧交易所的有关监管机构签署了谅解备忘录,旨在加强在市场监管方面的合作。双方都表明了合作的意愿,尤其是在投资者利益保护、维护市场诚信和稳定性、增强投资者信心等领域,以更好地履行各自的监管责任。同时,该备忘录重视有关纽约泛欧交易所监管方面的磋商、合作和信息共享,但强调本国监管机构对本国市场监管的重要性。备忘录对签约各方无法律约束义务,其内容主要侧重于持续的、非正式的、口头的磋商和定期会议。③由于欧美在证券市场监管方面存在较大的不同,故短时间内难以有实质性进展。第一,美国资本市场以市场为导向,而欧洲市场则建立在银行导向的基础上。美国公司直接从公众吸收资金,股权高度分散,某个股东很难单独

---

① Sara M.Saylor,"Are Securities Regulators Prepared for a Truly Transnational Exchange?", *Brooklyn J.Int'l L.*, Vol.33,(2008),p.697.

② Pierre Schammo,"Regulating Transatlantic Stock Exchanges",*International & Comparative Law Quarterly*,Vol.57,(2008),p.858.

③ Memorandum of Understanding Concerning Consultation,Cooperation and the Exchange of Information Related to Market Oversight [EB/OL].[2013-07-25].http://www.sec.gov/about/office/oia/oia_bilateral/euronext-mou-eng.pdf.

控制公司的管理。欧洲的公司则大都被银行所控制,银行往往是公司的最大股东。因此,在美国上市公司治理标准倾向于对个人投资者的保护,而泛欧交易所的上市公司监管则非常宽松,因为那些老练的机构投资者能够较好地保护自己。第二,美国证券法支持私人诉讼和政府刑事指控并举,但在欧洲,更多的是强调政府的作用,个人对违反证券法的行为提起诉讼没有得到欧盟法律支持。第三,美国实行联邦和州立法双层管制模式,市场参与者既要服从联邦法律也要服从各州的法律。同时,经《证券交易法》授权,SEC针对证券市场享有直接的监管权力。但在欧盟,证券法只是确立了证券市场监管的目标和指导性规则,而执行法律则留给各个国家决定。这就容易造成各个国家在理解和执行法律时的不一致,从而对在整体上实现欧盟监管目标产生负面影响。第四,美国证券法律尤其是《萨班斯—奥克斯利法案》通过后,对上市公司施加了远比欧盟更高的信息披露标准。① 因此,如果不能有效地进行合作寻求解决这些差异的方案,交易所的全球化战略必将受到影响。交易所的并购也不过是股权的重组,交易所股东、大的证券商将从中直接受益,普通投资者并不能从中得到直接的便利和利益。

在欧盟的压力下,2007 年年底,SEC 决定外国上市公司可以采用国际财务报告准则(IFRS)而不必须采用美国认定的公认会计原则(GAAP),在会计标准采用的趋同上迈出了重要的一步,从而大大降低了原来采用 IFRS 的外国公司在制作财务报告上的费用。欧盟一直希望其境内的交易所和证券商能够获准在美国营业,且不用按美国证券交易法履行登记程序,其交易所的上市公司也不需履行登记程序,也不用向 SEC 提交报告。但 SEC 一直反对这种做法,主要基于两点理由:其一,这些国外的交易所如何与已有的全美市场系统(NMS)链接;其二,这么做可能导致成千上万的不能满足 SEC 登记要求的外国上市公司股票将成为交易对象。基于此,SEC 提出以下解决方案:其一,外国交易所按照美国法律登记,且只能交易在 SEC 登记的证券;其二,通过国内证券商提供的准入链接,吸引美国投资者;其三,外

---

① Sara M.Saylor, "Are Securities Regulators Prepared for a Truly Transnational Exchange?", *Brooklyn J.Int'l L.*, Vol.33,(2008),pp.703-709.

国交易所股票交易仅限于国内有投资经验的成熟的投资者。现在,SEC 表示在互惠的基础上可以考虑允许外国的证券交易所和证券交易商在美国营业,前提是该国的监管制度类似于美国。欧盟也认为,与 SEC 的互认程序可建立在以下原则上:以欧盟监管部门和 SEC 政治互信为基础,循序渐进;多边进程;市场和公司进入标准的公平性;没有治外法权。①

2008 年 8 月,SEC 和澳大利亚监管当局就双边互认签署了指引性的框架协议。根据该协议,如果一个适格的市场主体在其母国得到了适当的监管,该主体就可以被允许在另一国从事与该国投资者有关的业务,并且豁免其他监管要求。应当承认,该协议的签署,表明美国和澳大利亚监管当局在监管理念、监管体系、利益共享方面达成许多共识。但是,该协议在具体实施条件和环节上仍赋予两国监管机构非常大的自由裁量权。有一点确定的是,美国的反欺诈条款和澳大利亚的不当行为条款(misconduct provisions)仍将对享有豁免权的公司适用。②

有关国际组织也在推动合作监管方面进行着努力。③ 由机构投资者发起成立的国际公司治理网络(the International Corporate Governance Network,简称"ICGN")制订了公司治理原则,许多机构投资者,包括退休基金(pension funds),都按照该原则运作。但目前该治理原则仅限于会员机构投资者应用。另外一种探索是在经合组织(OECD)框架下进行。经合组织在 1999 年和 2004 年两次制订了公司治理原则,目的在于促进会员国公司治理水平的提升,但对会员国没有强制约束力。该组织力图寻求一种能够适用于各种市场经济的公司治理的核心原则。此外,不能不提的是国际证监会组织(the International Organization of Securities Commissions and Similar Organizations,简称"IOSCO")。IOSCO 是证券监管领域最重要的国际组织,

---

① Roberta S.Karmel,"The EU Challenge to the SEC", *Fordham Int'l L. J.*, Vol.31, (June 2008), pp.1706-1709.

② Pierre Schammo,"Regulating Transatlantic Stock Exchanges", *International & Comparative Law Quarterly*, Vol.57, (2008), pp.856-858.

③ Sara M.Saylor,"Are Securities Regulators Prepared for a Truly Transnational Exchange?", *Brooklyn J.Int'l L.*, Vol.33, (2008), pp.710-713.

成立于 1983 年,其前身为成立于 1974 年的证监会美洲协会。IOSCO 总部设在西班牙的马德里,现有 193 个会员机构,其中包括 110 个正式会员(Ordinary Member),11 个联系会员(Associate Member)和 72 个附属会员(Affiliate Member)。根据 IOSCO 章程,同一辖区(Juris-diction)下只能有一个监管机构成为正式会员,其他监管机构可成为联系会员(无选举权和被选举权),而交易所、金融机构等可成为附属会员。其宗旨之一共同努力以建立对国际证券交易进行有效监管的准则,提供相互协助。[①] 2003 年 5 月该组织通过了《证券监管的目标和原则》文件,提出了三大目标和 30 项原则。三大目标是保护投资者;确保市场公平、有效和透明;减少系统风险。[②] 同样,由于该组织对会员没有强制力,因此会员国很难就监管达成协议,即使达成协议,也很难得到有力执行,从而事实上我们缺乏一个真正的国际证券监管。

理论上说,目前存在三种代表性的跨境监管的解决方案。统一(harmonization)、竞争和趋同(convergence)。统一是指应该存在一个统一的国际监管标准。该标准的适用有助于减少交易和行政费用,从而提高市场效率和流动性。统一说的极端观点是主张应在全球范围内创建一个"超级"监管者,负责对全球证券市场的监管。该观点认为,这样一种监管体制有助于防止"奔向低端",并避免其他"集体行动"带来的"搭便车"等问题。[③]

该理论也存在不足。其一,统一监管标准尽管有助于提高效率,但并不能保证该标准就是最优标准(很可能是次优标准);其二,可能抑制监管制度创新。因为在统一的监管标准下,发行人、投资者别无选择,而不同监管体制的并存可能有助于促进监管改革;其三,统一的体制在实际操作上面临着困境。因为统一很可能意味着各国政府将监管的权力让渡给一个国际组织,基于民族主义和保护主义的考虑,这对于保持对证券市场的控制有着强

---

① 尚福林:《证券市场监管体制比较研究》,中国金融出版社 2006 年版,第 708 页。

② International Organization of Securities Commissions, Objectives and Principles of Securities Regulation [EB/OL]. [2013 - 06 - 27]. http://www.iosco.org/library/pubdocs/pdf/IOSCOPD154.pdf.

③ Eric C. Chaffee, "Contemplating the Endgame: An Evolutionary Model for the Harmonization and Centralization of International Securities Regulation", *U. Cin. L. Rev.*, Vol. 79, (Winter 2010), p.589.

烈的主权意义的各国政府来说显然是很难接受的。

竞争是指允许不同的监管制度的存在,也就是说由发行人选择适用何种监管制度。该派观点认为,赋予市场主体选择的自由,将会使监管者受到市场的制约,从而奔向高端(race to the top)。竞争将会给发行人和投资者提供更好的保护,发行人将会选择监管严格的市场上市,美国的监管就是一个例证。该观点的不足之处在于竞争的体制可能导致监管的冲突和重叠,给市场主体带来额外的成本。同时,竞争究竟是奔向高端还是低端尚存疑问。有学者就主张"奔向低端"(race to the bottom)①,认为许多国家将通过降低监管标准的方式以吸引更多的金融服务商和股票发行人,这种冲动往往超过制定严格监管标准维护金融体制安全的需要。还有学者认为,应该是"奔向中端"(race to the middle)②。该观点认为,"奔向低端"说夸大了监管者为了发展市场而无视监管责任的风险,事实上,监管者同样有强大的动力实施监管,只有这样才能保持其监管下的市场对机构投资者、零售商及普通投资者的吸引力。因此,更准确地应称为"奔向中端"。而且如果投资者没有掌握充分信息的话,他也很难判断不同管制者间的区别。而且,竞争的结果很可能是产生一定程度的趋同,因为那些效果不好的监管者自然有动力去向好的学习。同上述"统一"说一样,竞争说也存在权力让渡的操作困难。

关于趋同,是介于二者之间的一种方案。趋同既不意味着监管的统一,也不意味着不同监管者之间没有任何合作。趋同意味着监管标准比较接近甚至可以替代。"统一"说和"竞争"说存在着主权和公共政策让渡的困难,实践中不易操作,"趋同"说可以克服这种不足,以维护各国在证券监管中的国家利益。③

笔者认为,证券市场作为各国资本市场的重要部分,其在国民经济中的

---

① Eric C.Chaffee,"Finishing the Race to the Bottom:An Argument for the Harmonization and Centralization of International Securities Law",*Seton Hall L.Rev.*,Vol.40,(2010),p.1583.

② Eric J.Pan,"Structural Reform of Financial Regulation",*Transnat'l L.& Contemp.Probs.*,Vol.19,(Winter 2011),p.812.

③ Bo Harvey,"Exchange Consolidation and Models of International Securities Regulation",*Duke J.Comp.& Int'l L.*,Vol.18,(Fall 2007),pp.160-165.

地位令各国政府格外予以关注。尤其是金融危机爆发后,金融监管更是引起了各国的重视。但由于事关主权,基于经济、政治、文化以及各国历史形成的监管理念和监管体制不同的考量,对于跨国证券交易的监管恐怕短时间难以形成一致。我们不能急于求成,应当采取一种缓慢的演进模式,因为证券市场的发展也是采取了演进的模式,从一国逐步发展到跨国区域性市场,最后形成全球性市场。一些国家市场相对成熟,更倾向于以投资者保护为第一要务,因而实施严格的监管,而部分国家出于融资和经济发展的考虑,可能在监管上"刻意放松"。各国监管体制的不同加剧了统一监管的难度,即使在欧盟政治经济高度一体化的今天,在泛欧交易所上市的公司,也要根据其上市地,分别受荷兰、法国、比利时、葡萄牙和英国监管当局的监管,主要原因就是考虑到各国政府不同的监管要求及尊重各国的商业和交易环境。另外,各国税收、资本管制等方面的差异也使得跨境交易的统一化存在障碍。可见,要在全球范围内实现监管的统一,绝非一日之功。因此,目前来看,从政府监管角度分析,只能是通过双边或多边协商的方式解决。如2007年12月,荷兰、法国、比利时和葡萄牙的监管机构商定,首次允许在这些国家发行证券的企业无需另行提供招股说明书。纽约泛欧交易所全球上市主管凯瑟琳·肯尼(Catherine Kinney)表示,根据新的发行方案,由于荷兰和法国的监管机构愿意接受美国证交会(SEC)批准的招股说明书,因此企业在美国和欧洲两地上市只需要准备一套文件。[1] 2008年7月21日,全球第二大多种金属和矿业公司巴西淡水河谷公司成功在泛欧交易所巴黎市场实现交叉上市。本次在泛欧交易所挂牌成功,标志着该公司成为第三家纽交所上市公司通过便捷、低成本的快速通道机制,利用现有的美国上市登记文件,成功实现在泛欧交易所欧洲市场交叉上市。[2] 上面提到的国际组织也可以为此提供有效的平台,如提供范本,但期望由某一国际组织担此重任是不现实的。总之,我们相信,真正推动市场和监管发生变化的不是监

---

① 纽约泛欧交易所启动上市"快速通道"2013年7月27日,见 http://tech.163.com/08/0414/09/49FT9R0S000915BF.html。

② 纽交所上市公司巴西淡水河谷公司在纽约泛欧交易所集团欧洲市场交叉上市 2013年8月1日,见 http://www.nyse.com/pdfs/Vale072108CN.pdf。

管者,而是投资者和金融中介。各国监管的合作程度取决于市场发展的程度,市场一体化的进程必然将迫使各国监管机构在跨境交易方面进行制度创新。在目前政府监管存在障碍的情况下,跨境交易是否应置于法律的规制下值得认真思考。笔者认为,应当重新发挥自律机制的作用,以弥补政府监管的不足,推动证券市场健康发展。

交易所在规则趋同方面可以扮演重要的角色。外国公司选择到他国证券交易所上市,必须签订上市协议。通过该协议,该公司必须接受东道国的监管标准,并不受所在国监管部门制约。这种存在于交易所和发行人之间的有约束力的协议在推动监管标准趋同方面将发挥重要的作用。① 而且,非互助化后的交易所追求利润最大化的动机,使得他们在推动规则趋同方面具有很大的兴趣。作为利益团体和规则制定者,交易所将极大地影响国际监管的发展,尽管可能是渐进的和间接的。② 交易所与证券交易商之间的权利义务也是建立在协议之上的,证券商成为交易所的会员,接受交易所管理,本质上仍基于民事协议,而不是行政管理。"交易所执行规则依赖于两种权力:与上市公司间的上市协议,适用于会员间的会员规则,两种权力都是基于合同产生。"③交易所自律管理中的契约——会员章程、上市协议及其通过该等契约让渡于交易所的自律管理权力,不仅仅是逻辑的推演,更有历史根据的支撑,是实然的,可证明的。④

自律的契约属性特别适合于全球化的交易所监管。"由行业制定并通过契约机制执行的自律规则正对全球活跃的金融机构产生日益重要的影响。与政府监管相比,它们不受各国主权管辖领域的限制。"⑤目前大的证

① John C. Coffee, Jr, "The Future as History: The Prospects for Global Convergence in Corporate Governance and Its Implications", *Northwestern University Law Review*, Vol.93, (Spring 1999), pp.652-653.

② Bo Harvey, "Exchange Consolidation and Models of International Securities Regulation", *Duke J.Comp.& Int'l L.*, Vol.18, (Fall 2007), p.178.

③ Adam C.Pritchard, "Self-regulation and Securities Markets", *Regulation*, (Spring 2003), p.38.

④ 卢文道:《证券交易所自律管理理论》,北京大学出版社 2008 年版,第 55 页。

⑤ Eva Hupkes, "Regulation, Self-regulation or Co-Regulation?", *Journal of Business Law*, Vol.5, (2009), p.429.

券交易商都在进行全球性经营,国际上主要的证券交易商几乎是所有主要交易所的中介机构。自律可以解决目前证券市场全球化而相关法律制度仍然非一体化、存在巨大差异的事实。因为,通过交易所的跨国延伸,交易所规则自然也进行了跨国延伸。交易所的合并意味着交易所规则的合并,交易、清算与交割程序和规则的合并。① 正如 IOSCO 指出的,"自律组织与受其监管的组织和个人间存在的契约关系是强有力的。它可以穿越国界,覆盖全球,到达法定监管权力可能无法作用的领域。"②

公司制交易所对证券商监管的契约关系尤为强烈。这一点可以从非互助化后的交易所的业务规则性质看出。例如,新加坡《证券和期货法》规定,证券交易所或者期货交易所的业务规则应当作为证券交易所或者期货交易所和会员之间,以及会员之间有约束力的合同而运行。澳大利亚《金融服务改革法》规定,获准经营市场的业务规则在获准市场经营者和市场的每一参与者以及参与者之间具有依照签章合同产生的效力。这种契约关系的强化,使得交易所和监管对象更为独立,法律关系更为清晰,交易所监管的法理基础更为明确。③ 诚然,无论是外国公司在本国上市,还是外国证券商在本国营业,首先需要获得本国证券监管部门批准或履行相应登记程序,绝非证券交易所一纸协议就可以解决。但是监管部门的批准或登记要求往往是原则性的,其更多考虑的是如何保证上市公司质量、本国经济安全和保护本国投资者利益等根本问题。至于交易规则、会员监管规则等"技术"层面问题则交易所有更大的发言权。从这个角度说,交易所自律还是有着很大的作用空间。而且,如果"技术"层面问题处理得好又会直接影响到监管层的监管理念的调整,对待跨境交易的态度可能由被动防御转为积极扶持,从而更容易达成双边或多边监管协议,最终推动交易所全球无障碍交易的实现。

---

① 于绪刚:《交易所非互助化及其对自律的影响》,北京大学出版社 2001 年版,第187 页。

② "Model for Effective Regulation", Report of the SRO Consultative Committee of the International Organization of Securities Commissions, (May 2000).

③ 谢增益:《公司制证券交易所的利益冲突》,社会科学文献出版社 2007 年版,第149—150 页。

第五章　证券市场自律监管权力的制约

自律组织享有广泛的自律权力,从自律规则的制定到对违规会员行为的调查、处分,关乎每个会员的切身利益,许多还直接或间接的涉及投资者的利益,甚至影响证券市场的发展。如纽约证券交易所关于"禁止会员场外交易规则"、"固定佣金规则"等就对投资者和证券市场的发展产生了重要影响。自律组织对会员的处分如营业禁止、开除会员资格等其实质相当于剥夺了会员的工作机会和营业能力,其后果不容忽视。如孟德斯鸠所言,"一切有权力的人都容易滥用权力,这是万古不易的一条经验。"自律组织的权力概莫能外,如此重要的权力如果不能得到有效的制约,很可能导致权力的滥用,损及投资者利益和证券市场的良性发展。因此,必须对自律监管权力予以制约。

第一节　正当程序与禁止自证其罪原则的适用

美国宪法第五修正案规定,不得在任何刑事案件中被迫自证其罪;不经正当的法律程序,不得被剥夺生命、自由和财产。这就是著名的正当程序条款。其中关于禁止自证其罪的规定,原来只适用于刑事案件,后来根据美国联邦最高法院的解释可以适用于全部的行政活动。① 由于《权利法案》只是针对联邦政府的权力限制,对各州政府并无约束力,各州政府可以任意侵犯个人权利而不受正当程序条款的制约。这种现象引发了社会广泛关注,在这种背景下,第十四修正案出台,它规定正当程序条款适用于各州,要求各

① 王名扬:《美国行政法》,中国法制出版社 2005 年版,第 475 页。

州非经正当的法律程序,不得剥夺公民的生命、自由和财产。正当程序条款目的在于对政府权力施加约束,对任何可能危及人之生命、自由、财产的行政行为,都必须适用正当程序原则,否则就是违宪行为,不受宪法和法律保护。

一、美国宪法"正当程序"条款的解读

（一）"正当程序"条款的立法演变

一般认为,正当程序条款起源于两部英国法律。其一就是著名的《大宪章》,其第29章规定:任何自由民,除非经与其有同等身份的人依法审判或者依据本国的法律,不得被逮捕、监禁、没收财产,剥夺自由或自由习俗,或被褫夺法律保护权、流放,或者被杀害,任何人也无权对他作出裁决或宣判他有罪。其二就是1354年法令。该法令首次出现了"正当程序"一词,规定,未经法律的正当程序进行答辩,对任何财产和身份的拥有者一律不得剥夺其土地和住所,不得逮捕或监禁,不得剥夺继承权和生命。

在美国《权利法案》颁布之前,许多州在其宪法中也采用了《大宪章》的内容。其中较为典型的是1778年美国南卡罗来纳州宪法,该法规定:本州的任何自由公民,除非经与其有同等身份的人依法审判或者依据本国的法律,不得被逮捕、监禁、侵占其不动产,自由或特权,或被褫夺法律保护权、流放,或者以任何方式被伤害,剥夺生命、自由和财产。

1791年,美国《权利法案》通过,在第五条确认了正当程序条款。1868年,颁布了宪法第十四修正案,进一步确认了正当程序条款在各州的适用。

正当程序条款对美国经济、社会、政治领域产生了广泛的影响,各个时期,尤其是美国内战之后的重大政治争议都聚集于联邦法院,以正当程序权利请求作为主要诉因。例如移民、各州的经济管制、堕胎、福利权利、对反社会行为和刑事犯罪的处理等。[1]

（二）什么是"正当程序"

尽管立法中规定了正当程序条款,但对于何为正当程序,却未进行界

---

[1] 杰瑞·L.马肖:《行政国的正当程序》,沈岿译,高等教育出版社2005年版,第8页。

定。尽管许多法官和学者都进行了阐释,但其中尤以 Frankfurter 法官的解释为经典。他认为,正当程序不同于其他法律规则,并不是一个与时间、空间和环境内容无关的技术性概念。正当程序蕴含着一种公平对待的理念,这种理念是从几个世纪以来的英美宪法史和文明中演化而来。正当程序不应受到任何变化莫测的公式限制。正当程序是由历史、理性、以往的裁决、对我们信奉的民主信念坚定的信心混合而成,代表着人与人之间尤其是个人与政府之间的深远的公正态度。正当程序不是机械设备,也不是一个码尺,它是一个精致的由宪法授权的人操作的调节程序。[1]

从司法实践看,正当程序条款的适用从最初的程序性正当逐步演变为程序+实体的正当性。[2] 程序性正当要求行政机关在采取某一行为前必须提供必要的程序保障;实体性正当要求行政机关必须给出充分的理由以证明其所采取的行为的必要性。实体性正当过程的要求在于表达这样一种理念:即行政机关的行为必须基于合理的、符合公共价值的动机;在行政机关所采取的行动和这一行动所要达到的目的之间,必须存在某种合理的和必要的联系。[3] 正如美国学者解释的,程序正当是指当政府作出剥夺一个人的生命、自由、财产的决定时,必须遵循的程序要求;实体正当是指在某些情形下,即使政府采取了最公平的程序剥夺了一个人的生命、自由和财产,该行为仍应受到禁止。[4] 也有学者认为程序正当要求政府能公平地适用法律,实体正当要求法律自身是公平合理的。[5] 虽然上述表述内容略有差异,但就其本质而言基本相同。当然,学术界一直就正当程序条款是否应包含

[1] Joint Anti-Fascist Comm.v.McGrath,341 U.S.123,162-63(1951).

[2] 还有观点认为正当程序划分为三类:程序性正当、实体性正当、结构性正当(Structural due process)三种,see Russell A.Eisenberg & Frances Gecker,"Due Process and Bankruptcy:A Contradiction in Terms?",*Bankr.Dev.J.*,Vol.10,(1993/1994),p.52.

[3] 王锡锌:《行政程序法理念与制度研究》,中国民主法制出版社 2007 年版,第 210—211 页。

[4] Ryan C.Williams,"The One and Only Substantive Due Process Clause",*Yale L.J.*,Vol.120,(December 2010),p.419.

[5] Mark K.Funke,"Does the Ghost of Lochner Haunt Mission Springs? Ruminations on §1983 Due Process Claims in Light of Mission Springs,Inc.v.City of spokane",*Wash.L.Rev.*,Vol.77,(January 2002),p.208.

实体正当程序(substantive due process)存在质疑声音。他们认为,从立法本意来看,正当程序仅包含程序性正当程序。通过梳理最高法院历史上的典型案例,这些学者采取历史分析方法得出结论说,实体性正当程序仅仅是一个司法创新,并不符合立法本意。甚至最高法院一度也承认,其广泛的应用实体性正当程序的判决既不是通过立法语言推出,也不是从立宪史中得出,而仅仅是对第五修正案和第十四修正案的司法解释的累积而已。① John Hart Ely 教授总结道,宪法第五修正案仅仅指程序性正当,尽管一些法院在其判决中扩张解释了程序的内涵,使之包含了实体性正当过程。我并没有认为由于这些判决改变了法律的方向,相反,这些判决脱离了正确的轨道,既没有先例可循,也注定无法成为先例。② 但法院似乎对实体正当程序的存在及价值毫不怀疑。法院认为,正当程序条款的目的就是为了保护个人免受政府权力的肆意侵犯,禁止某些政府行为,尽管这些行为程序上符合法律规定,防止政府权力用于压迫的目的。③实体性正当程序也经由法院的解释得以广泛应用,对美国经济、政治和社会生活产生了深远的影响。

那么,如何界定正当程序条款的程序正当性? 目前存在四种主流的观点:其一,实证法学派的观点。该派学说认为,程序正当条款就是要求法官和行政执法人员严格按照既定法律(实在法)行事。实证法学派认为政府官员既要遵守既定法中的实体性内容也要遵守程序性规定。但是这与前述的实体正当程序不同,因为按照该派学者的观点,只要政府依照法定程序剥夺他人的生命、自由和财产,就不应当禁止该政府行为。其二,"司法干预"说。该学说认为,正当程序条款是要求任何剥夺让人生命、自由和财产都必须先经由法院或类似裁决机关审判或裁决后才能执行的条款。基于该种理解,正当程序条款赋予每个人要求通过司法程序进行最终司法审判的权利,该条款保护的仅仅是个人在司法程序中的利益。其三,公平程序说。该说

---

① Regents of the Univ.of Mich.v.Ewing,474 U.S.214,225-226(1985).

② John Hart Ely, *Democracy and Distrust: A Theory of Judicial Review*, Harvard University Press,1980,p.18.

③ Rosalie Berger Levinson, "Reining in Abuses of Executive Power Through Substantive Ddue Process", *Fla.L.Rev.*, Vol.60, (July 2008), p.522.

认为正当程序条款不仅要遵循既定法和采取裁决的形式,而且还进一步要求程序的公正性。在 Mathews v. Eldrige[①] 案中,法院提出了三个考量因素:第一,受到行政行为影响的私人利益;第二,所采取的程序不当地剥夺这类利益的风险以及附加或替代程序所能带来的可能价值;第三,政府利益,包括其涉及的职能以及如果执行附加或替代程序所将导致的财政和行政成本。[②] 其四,普通法程序说。该观点认为应当从普通法的历史中寻求正当程序的解释。

实体正当程序也存在四种学说。第一,应有权利说。应有权利概念起源于自然法,认为,一旦某些特定的权利成为个人的应有权利,立法者就没有权力去取消它们。正当程序的应有权利概念禁止两类对私人财产的立法干预:(1)为公共利益使用个人财产而未给予任何补偿;(2)未给予任何补偿就将财产从一个人转移给另一个人。应有权利说的主要思想是认为剥夺一个人权利只应当由法院作出,而不能由立法者通过改变权利范围的方式进行干预。第二,"一般规则"(general law)说。该说认为立法者不能通过追溯的方式或者采取特定(例如准司法)的方式执行权力,他们只能通过一般法来执行。一般法的概念由本国法律(the law of the land)[③]的概念衍生而来。一般法意味着当某人受惩罚前,他能有听证和质询的权利;判决只有经过审理后才能作出。在一般规则的保护之下,每个人都享有生命权、自由权、财产权和豁免权。并不是任何经由立法程序通过的法律都可以称为本国法律。一般法的概念解释了正当程序要求一般和公正的法律而不是针对特定个人或特定群体的特别立法和集体立法。第三,警察权力的正当程序

---

① 424 U.S.319(1976).

② Mathews 标准提出后,引发了广泛的质疑。质疑者的主要理由是该标准无法操作,私人利益、政府利益无法衡量和计算,因此只有依赖于法官的个人价值观进行判断,这显然是极其危险和不可接受的。See Christopher J.Schmidt,"Ending the Mathews v.Eldrige Balancing Test: Time For a New Due Process Test",*Sw.L.Rev.*,Vol.38,(2008),p.287.

③ 关于"the law of the land",沈岿先生认为,该词是一个有着丰富意义的词。它意味着,每个公民在统治社会的一般性规则的保护之下,享有生命权、自由权、财产权和豁免权。但对于哪些规则是"本国的法律",依然还存在解释方面的争议。见杰瑞·L.马肖:《行政国的正当程序》,沈岿译,高等教育出版社 2005 年版,第 65 页注①。

说。该说主要在洛克纳(Lochner)①时代是主流观点,在这个时代,法院的关注焦点在于立法的合理性以及该项立法是否位于立法者权限范围之内。这个时代法院应用正当程序条款既对立法目的进行审查也对实现该立法目的的方式、方法进行审查。如果法院认为立法目的或方式超越了立法机关的合法权限,该法律将会因违反正当程序条款而被宣布无效。按照该派观点,即使立法侵害了既定的权利或者影响了特定群体的利益,只要政府能够说明立法的正当性,该法律仍将有效。相反,如果立法超出了传统的政府警察权力,它将被宣布无效,即使该法律没有剥夺一个人的既存财产权。第四,基本权利正当程序说。随着最高法院于二十世纪三十年代末从洛克纳时代的转向,一个新的实体正当程序范式逐步形成。该范式特别关注自由利益,禁止政府侵犯,除非能够令人信服的证明该侵害是为了维护国家利益。② 相比较程序正当性,实体正当过程更具争议性,其内涵到底为何一直众说纷纭,正如有学者指出的,在美国法律中,没有什么概念比实体正当程序更令人难以捉摸和更具争议性的了。③ 理论上的争议导致实践中实体正当程序应用的困惑,不同时期、不同法院判决的迥异是对此最好的说明。

(三)正当程序的基本要求

在 1970 年的 Goldberg v.Kelly 案中,在平衡个人福利和政府利益后,法院要求政府机关采取全部行政程序:及时通知、口头陈述与辩论、相互盘问和反驳不利证据的机会、获得辩护律师和公正决策者以及陈明理由的书面决定。④ 从实践中看,程序正当的基本要求或最低标准应当包括三方面:一是告知相对方有关的事实和权利;二是为相对方提供有效的听证机会;三是主持程序活动的决定者必须是独立的。在这三项要求中,相对方的听证权

---

① Lochner v.New York,198 U.S.45.

② Ryan C.Williams,"The One and Only Substantive Due Process Clause",*Yale L.J.*,Vol. 120,(December 2010),pp.420~427.

③ Erwin Chemerinsky,"Substantive Due Process",*Touro L.Rev.*,Vol.15,(Summer 1999),p. 1501.

④ 张千帆:《西方宪政体系(上册·美国宪法)》,中国政法大学出版社 2004 年版,第 264 页。

被认为是最重要的,甚至被认为是正当程序的最低要求。[1] 程序性公正的基石是通知和听证。通知包含时间和内容两个要素。正确的通知获得听证机会的逻辑前提,通知必须给受影响的个人足够的时间和信息准备听证。在 Mullane v.Central Hanover Bank & Trust Co.[2]案中,最高法院详细分析了正当程序条款的通知"参数"。法院认为,发送通知的方法应当是在所有环境下考虑都是合理的,通知未决行为的利益相关方,给他们提供提出反对意见的机会。通知可以通过行政司法长官、执行官等法律授权的人进行,对于跨州的、跨国的以及无法确定人员住所的,可以通过邮寄、报纸上公告等替代性方式作出。但是最高法院明确,对于姓名和地址都确定的人员的通知,必须通过邮寄或其他能够确保能够到达的方式作出,这是最低程度的宪法要求。[3] 通知的内容虽然没有统一的要求,但是至少要告知可能面临的损失,而且一个外行人应能够看懂通知的内容。听证机会对于受到影响的人维护自己的权利至关重要,应保证听证程序的中立性。听证活动的内容或基本要求有:(1)听证公开进行;(2)及时而有效的通知;(3)听证应及时举行;(4)当事人有权自己或通过律师反驳对自己不利的主张,并发表意见;(5)听证应制作记录;(6)通过听证而制作的决定必须以听证记录为依据;(7)当事人对听证决定不服有权申诉。[4]

国内外学者关于程序正当的标准有不同的观点,其中尤以戈丁标准较为典型。他认为程序正当应当具备以下原则:第一,中立性。包括与自身有关的人不应是法官;结果中不应含有纠纷解决者的个人利益;纠纷解决者不应有支持或反对某一方的偏见。第二,劝导性。包括对各方当事人的诉讼都应给予公平的注意;纠纷解决者应听取双方的论据和论证;纠纷解决者应在另一方在场的情况下听取一方的意见;各方当事人都应得到公平机会来

---

① 王锡锌:《行政程序法理念与制度研究》,中国民主法制出版社 2007 年版,第 218—219 页。

② 339 U.S.306(1950).

③ Russell A.Eisenberg & Frances Gecker,"Due Process and Bankruptcy:A Contradiction in Terms?",*Bankr.Dev.J.*,Vol.10,(1993/1994),p.54.

④ 王锡锌:《行政程序法理念与制度研究》,中国民主法制出版社 2007 年版,第 176 页。

对另一方提出论据和证据作出反驳。第三,解决性。包括解决的诸项要件应以理性推演为根据。推理应论及所提出的论据和证据。① 国内学者对于程序正当也提出了不同看法,但基本观点较为一致,主要有以下内容:(1)任何人在未经法庭判决前均应假定其无罪;(2)不得强迫被告人作不利于他自己的证言或强迫其承认犯罪;(3)非经法定程序,任何人都不得被任意控告、逮捕或拘禁,其身体、住所、文件和财产不受无理搜查和扣押;等候审判的人受监禁不应作为一般原则,但可以规定其应当在司法程序的任何阶段到庭受审;任何因逮捕或拘禁而被剥夺自由的人,均有权向法庭提起诉讼;(4)被告人有权利接受关于控告事项的性质和理由的通知;(5)任何人在受到刑事控告后,都有受到独立与公正的法庭迅速地、公开地审判的权利;(6)被告人有自行辩护或随时获得律师帮助的权利;(7)有权与对方证人对质;应当使对其有利和不利的证人在相同条件下出庭并接受讯问;(8)任何人依据同一法律及刑事程序被判决有罪或无罪后,不得就同一罪名再予审判或处罚;(9)被判决有罪者,有权申请上级法院依法复审其有罪判决及科处的刑罚;(10)受到非法逮捕或拘禁者,有权要求损害赔偿;因错误定罪而受到刑罚者,除应由其本人负责的情形外,有权依法得到赔偿;(11)自由被剥夺者,应受到合于人道及尊重其天赋人格尊严之处遇。②

对于实体正当要求,美国最高法院态度经历了较大程度的转变。1937年之前,实体正当程序首先用来保护自由经济权利,认为经济权利是受到正当程序条款保护的自由或财产,并借此禁止联邦或各州对经济领域的干预。究其原因,是最高法院的法官们秉承传统的自由放任和契约自由思想,反对政府干预。三十余年间,美最高法院就推翻了两百多项各州的立法。但此后,没有任何一项联邦或州的经济立法因违反实体程序公正被宣布无效。此后,法院在婚姻、堕胎案、同性恋、家庭隐私等问题上广泛应用实体正当的要求,进一步肯定了对个人基本权利的保护。

实体正当主要是法院基于公平和公正的理念,对自由和财产权进行扩

---

① 马丁·戈丁:《法律哲学》,齐海滨译,生活·读书·新知三联书店 1987 年版,第234 页。

② 宋英辉:《刑事诉讼目的论》,中国人民公安大学出版社 1995 年版,第 105 页。

大解释,以限制政府对个人权利的不当侵害。但由于不同时期对自由和财产理解的差异,所以导致判决结果的不同。这当然可以理解,任何时代的价值观肯定要受到当时经济、社会、文化等层面的影响,每个法官也受自身的知识储备、政治倾向、价值理念等的制约,难免在案件认识上存在差异。传统上,法院基于两个标准判断是否违反了实体正当:合理性审查和严格审视。合理性审查是指要求立法不应当是不合理的、随意的或变化无常的,相关立法应符合合法的政府目标。法院需要确认立法意图保护的公共利益是什么,并判断保护的方式是否合理。严格审视主要是指,当立法规定侵害到一个人生命、自由和财产等人的基本权利时,法院必须严格审视政府行为的正当性。政府必须提出令人信服的理由论证此类限制的合理性,并应在最狭小的范围内仅能为实现此目标而采取措施。就法院的司法实践看,权利法案规定的各类权利都是人的基本权利,任何对于这些权利的侵犯都可以违反正当程序条款为由宣布无效。就“自由”而言,其外延远不止权利法案所规定的内容。“自由”不是一系列孤立的点,例如出版自由、言论自由和信仰自由,也不是不合理的占有和攫取;相反,正当程序条款下的自由是一个合理的连续统,包含摆脱政府任意的惩罚和无目的的限制,政府必须对其剥夺自由的行为作出正当的解释等。实体正当程序是对某些权利的宪法保护,这些权利隐含在自由的概念中,如果牺牲这些权利,自由和正义都将不存在。这些权利也深深根植于一个国家的历史、传统和人民的信念中。不得不说,试图明确界定实体正当程序是不恰当的。对自由的恰当的界定来自于对历史的尊重,对支撑我们社会的基本价值的坚定认同。① 也就是说,判断哪些权利是基本权利要受到历史和现实的制约。例如,由于关于个人生育与避孕权、妇女人身自由与堕胎、同性恋、安乐死等问题上存在较大的认识分歧,这些权利是否是人的自由,是否属于基本权利就有过长时间的激烈争论。相应的,不同时期关于这些争议的判决结论大不相同,也不排除今后随着社会发展的变化再次推翻之前判决的可能性。在二十世纪六十年

---

① James W.Hilliard,“To Accomplish Fairness and Justice:Substantive Due Process”,*J.Marshall L.Rev.*,Vol.30,(Fall 1996),pp.107–108.

代,法院曾认为法律强制要求摩托车驾驶员戴头盔和机动车驾驶员系安全带违反了实体正当程序要求,其理由就是这些法律限制了个人自由。但后来这些判决最终被推翻。类似的例子不胜枚举。这也再次说明了"自由"的概念,"基本权利"的概念本身就是一个动态的、发展的范畴。立法程序尤其是修宪程序的繁琐注定了其滞后性和脱节性,由法院对此进行解释和判断也许是最及时和有效的,最能实现真正意义上的实体公正。

在财产权利的保护上,法院以违反实体正当程序条款为由推翻了有关支付巨额惩罚性损害赔偿的裁决。其理由是判决被告承担超乎寻常的巨额赔偿金实质上剥夺了其财产权,因而违反了正当程序条款。①

需要注意的是,近期法院在实体正当的适用上逐步放弃了严格的"基本权利"的思路,许多判决中法院不再关注案涉权利是否是一项基本权利。相反,法院倾向于在被侵害的权利的重要性和政府行为的正当性之间寻求平衡,以决定是否宣布政府行为无效。② 在 Rochin v.California③ 案中,警察听闻被告贩售毒品,未持搜索票进入被告家中,被告见状立即将二胶囊吞入腹中,警察认为嫌疑犯所吞食者为毒品,强制被告到医院,不顾被告反对,迫使被告将胃中胶囊吐出,被告吐出胶囊果然含有毒品。联邦最高法院认为,本案自嫌疑犯胃中取得毒品的方法与手段,冲击了人类基本良知(shocks the conscience),违反正当程序。在 County of Sacramento v.Lewis ④案中,法院进一步阐释了 Rochin 案的(shocks the conscience)标准。本案中,因两个骑摩托车的男孩拒不执行停车检查的命令,一个治安副警长高速驾驶车辆进行追捕,结果导致一路人受伤死亡。法院认为,实体正当程序的目的是为了对抗政府的肆意和专断行为,只有最恶名昭彰的行为才能构成宪法意义上的肆意和专断,才能符合 shocks the conscience 标准,但本案中,没有证据

---

① BMW of North America,Inc.v.Gore,517 U.S.559,574-75(1996).State Farm Mutual Automobile Insurance Co.v.Campbell,538 U.S.408,412,418(2003).

② Rosalie Berger Levinson,"Reining in Abuses of Executive Power Through Substantive Due Process",*Fla.L.Rev.*,Vol.60,(July 2008),p.528.

③ 342 U.S.165(1952).

④ 523 U.S.833(1998).

证明警察存在蓄意的冷漠(deliberate indifference)和意图伤害他人的行为,shocks the conscience 标准并不能当然适用于需要作出快速反应的警察身上。因此,本案不适用正当程序条款,由该案又进一步衍生出 deliberate indifference 标准。从近期的判决来看,法院对政府是否滥用权力,是否违反实体正当程序,逐步采取从严掌握的态度。如果存在以下情形,法院不会以违反实体正当程序为由判定政府的不当行为违宪:其一,被指控的行为不能满足 shocks the conscience 标准;其二,原告寻求政府对未能制止私人暴力的行为负责,但不能证明政府与受害人之间存在监护关系或者是政府官员制造或扩大了该风险;其三,诉求有更明确的宪法保障,如第四和第八修正案。①

当然,正当程序条款的程序性过程和实体性过程有时又是不易划分的,二者往往是紧密联系在一起并相互产生影响,任何试图做精确的划分既无必要也不可能。

二、证券自律组织的性质界定与正当程序的适用

自律组织是否应受正当程序条款约束,关键在于厘清自律组织的身份:是政府机构还是私人组织? 只有在自律组织自律监管被视为政府行为时,才可能引发正当程序的关切。按照美国《证券交易法》设计的监管框架,自律组织作为准政府组织履行执行联邦法律和自律规则的职责,政府部门承担刑事指控和监管自律组织的职责。依据传统理论,正当程序要求只针对政府行为,不适用于自律组织。正如法院判决中指出的,政府行为是主张宪法权利的基本前提,也就是说,宪法规定的绝大部分权利只有在受到政府侵害的情况下才会得到保护。②

由此引发的问题是如果政府部门利用了自律组织的调查结果随后对违规者提起了刑事指控,是否规避了法律对政府正当程序的约束? 是否意味着该违规者被剥夺了正当程序的保护? 因此,关于自律组织应否受正当程

---

① Rosalie Berger Levinson,"Reining in Abuses of Executive Power Through Substantive Due Process", *Fla.L.Rev.*, Vol.60,(July 2008),p.535.

② Flagg Bros.,Inc.v.Brooks,436 U.S.149,156(1978).

序约束的争论一直不断。法院主要基于政府行为理论作出判决,但由于政府行为理论的模糊性,导致不同法院解释上的差异,加上证券市场实践的不断变化,关于自律组织是否适用正当程序可能还要经历长时间的认识和争论过程。

(一)政府行为理论

美国宪法第五修正案和第十四修正案正当程序原则针对的是政府行为,前者适用于联邦政府,后者适用于各州政府。法院一度认为,无论多么不公正的私人行为,都不受正当程序约束。[①] 最早对政府行为理论进行阐释的是1883年联邦最高法院对民权诉案(Civil Rights Cases)的判决,大法官 Bradley 写道:私人对私人权利的侵犯并不是第十四修正案的主题。它有着更为深远的内涵。所有的政府立法和政府行为,如果其侵犯了美国公民的特权和豁免权,或者未经正当程序侵害了人民的生命、自由、财产,或拒绝给予法律的平等保护,都将被宣布无效。[②] 随着政府领域的民营化,许多原系行政机关实施的行为逐渐由私人主体来掌握与运营,由此引发了私人主体承担公共任务时是否应受正当程序约束的疑问。美国联邦最高法院最初严格限制正当程序条款适用于私人主体,后来随着政府行为理论的兴起,法院的做法有了明显的改变。

政府行为原理要求对联邦法律和司法权力的范围进行限定,以保障私人自由的空间。对私主体而言,他们只受制定法或判例法的限制。该原理同样也避免对不应受到指责的行为施加政府责任。在几乎所有主张被剥夺宪法权利的案件中,政府行为毫无疑问隐含在诉求中。因此,法院在处理这些宪法诉求时,必须首先判断是否存在侵害宪法权利的政府行为。在许多案件中,法院并不进行详尽分析,是因为很明显存在政府行为。例如当联邦政府机构作为当事人一方,或者当事人提起联邦或州法律的合宪性审查,政府行为的存在不言自明。但是,试图准确地划分政府与私人活动的边界,已被证明是相当困难的。尽管承认政府行为原理的重要性,但美联邦最高法

---

① Jackson v.Metro Edison Co.,419 U.S.345,349(1974).

② 109 U.S.11(1883).

院并未确立政府行为的判断标准。事实上,许多评论者认为最高法院的政府行为法理陷入了"概念灾区",至少部分法官也对此评论表示赞同。法院认为,只有通过对事实的筛选和对具体条件的权衡,私人行为中政府的属性才能被发掘。以下两个条件对于构成政府行为必不可少:其一,被剥夺宪法权利必须是行使政府规定的特权的结果,或者是依据政府制定的行为规则做出的决定,或者是被应由政府负责的人执行的。其二,被指控剥夺权利的人必须能够公平地认为是政府行为者。①关于政府行为最新的案例是 2001年的 Brentwood Academy v. Tennessee Secondary School Athletic Ass'n 案。②该案中,法院确立了以下判断政府行为的标准:(1)政府将其公共职能授予私人;(2)被指控的行为起源于政府强制权力的实施或者政府对私人提供了重大的支持;(3)私人有意地与政府或其代理人一起联合行动。

所谓政府行为理论,是指在私域中发现政府行为的方法。③根据美国法院的实践,主要依据如下三类标准判断某项特定行为是否符合政府行为要求。④

1. 紧密关联理论

该标准由原告承担举证责任。也就是说,如果原告想要获得宪法的保护,必须证明政府和被指控的私人主体行为存在相当紧密的联系。以至于私人行为可以被公平地视为政府行为。但是,仅仅依据政府与私团体行为

---

① Richard L. Stone & Michael A. Perino, "Not Just a Private Club: Self Regulatory Organizations as State Actors When Enforcing Federal Law", *Colum. Bus. L. Rev.*, Vol. 1995, (1995), pp. 463-466.

② Brentwood Acad. v. Tenn, Secondary Sch. Athletic Ass'n, 531 U.S. 288 (2001).

③ 高秦伟:《美国行政法中正当程序的"民营化"及其启示》,《法商研究》2009 年第1 期。

④ 以下内容综合参考、借鉴了下列文章:Alan Lawhead, "Useful Limits to the Fifth Amendment: Examining the Benefits that Flow From a Private Regulator's Ability to Demand Answers to its Questions During an Investigation", *Colum. Bus. L. Rev.*, Vol. 2009, (2009), pp. 223-265. William I. Friedman, "The Fourteenth Amendment's Public/Private Distinction Among Securities Regulators in the U.S. Marketplace—Revisited", *Ann. Rev. Banking & Fin. L.*, Vol. 23, (2004), pp. 735-737. Richard L. Stone & Michael A. Perino, "Not Just a Private Club: Self Regulatory Organizations as State Actors When Enforcing Federal Law", *Colum. Bus. L. Rev.*, Vol. 1995, (1995), pp. 467-485. Steven J. Cleveland, "the NYSE as State Actor?: Rational Actors, Behavioral Insights & Joint Investigations", *Am. U. L. Rev.*, Vol. 55, (October 2005), pp. 12-22.

有某种联系,并不意味着这些行为可以被视为政府行为,对一个私人的广泛监管,也不能将被监管者的行为转变为政府行为。因此,对自律组织的成立及自律规则的批准,并不构成创建政府行为的充分理由。只有证明政府应对指控的特定行为特别负责时,政府行为原则才能适用。法院认为,如果政府对私人行为施加了强制,或者提供了重大的支持,无论是公开的还是隐秘的,该政府都应对私人行为负责。这种强制表现在私行为者按照法律或监管框架的要求去执行指控的行为,因此,依据公平的原则,政府必须对其命令的或重大支持的私人行为负责。在 Jackson v.Metropolitan Edison Co.①一案中,原告主张被告没有提前通知,也没有听证,亦未给予逾期支付费用的机会,就停止对其供电,违反了正当程序。被告居于垄断地位,且其收费费率取得了政府的许可,因此,被告应视为政府行为。法院认为,一个受到严格监管尤其是具有某种程度的受政府保护的垄断地位的实体更具有政府行为特征,但仅仅据此还不足以认定政府行为的存在,还需确认是否在政府与受指控的行为之间存在非常紧密的联系。但遗憾的是法院并未发现这种联系的存在。尽管政府赋予了被告切断电力供应的权力,但政府并未认可被告中断原告供电的具体行为,因此,在政府与被告之间并不存在紧密的联系。基于上述理由,法院驳回了原告的诉讼请求。在 Flagg Bros., Inc. v. Brooks.②一案中,法院认为,在货物所有人不能按期支付仓储费用时,私人仓库管理人依据纽约州统一商法典对其保管的货物出卖,以折抵仓储费用的行为并不能构成政府行为。因为州政府对于被告自力救济的行为采取了漠视的态度,只有政府依据法律强迫私人主体采取特定行为时,政府才应对此负责。在 Moose Lodge No.107 v.Irvis③ 案中,被告是宾夕法尼亚州的一家私人俱乐部,该俱乐部根据其章程拒绝为原告提供服务。原告认为,宾夕法尼亚州酒业管理委员会向该俱乐部颁发酒类销售许可证,因此,被告拒绝提供服务的行为构成政府行为。法院认为,政府颁发执照的批准行为并不足以认定该俱乐部的歧视行为转化为政府行为。但是,由于政府监管法规要

---

① 419 U.S.345(1974).

② 436 U.S.149,164-166(1978).

③ 407 U.S.163(1972).

求私人俱乐部必须遵守其章程,而被告章程里含有种族歧视内容。法院由此判断,尽管政府的监管要求在措辞上是中立的,但该要求适用的结果就是政府强制各俱乐部执行歧视性的私人规则,由此私人歧视行为转化为了政府行为。在 Skinner v. Railway Executives' Ass'n① 案中,被告依据联邦铁路局的法规对在铁路事故中的雇员强制进行血液和尿检,原告认为被告的行为违反了第四修正案。法院认为,私人是否应当被视为政府的代理人或工具,取决于政府介入私人行为的程度,本案中,监管法规禁止铁路公司通过合同放弃检测的权力,并允许联邦铁路局接收抽测样品和测试结果。因此,铁路局面对私人行为不是采取了消极态度,它不仅清晰地表达了测试的强烈意愿,还共享铁路公司的侵害结果。政府对私人行为的鼓励、支持和参与已经创设了政府行为。

2.公共行为理论

依据公共行为理论,如果私人组织从事的行为传统上属于政府专有,则该行为应被视为政府行为。如果某个私人组织被政府授权从事了传统上属于政府的职能,则该组织应被视为政府的代理人。公共行为理论的基本原理在于:政府将其部分权力授予私人的事实不能改变权力的政府属性。如果没有公共行为原理,政府就可以通过授权给私人的方式规避宪法的要求。当然,公共行为并不等同于公共利益,法院认为那些影响公共利益的事务并不当然包含于政府的专有权力中。例如,医生、律师、验光师、卖牛奶的杂货商,他们的行为都事关公共利益,但显然他们的行为并不能转变成政府行为。虽然许多职能传统上曾经由政府行使,但只有非常少的部分属于政府专有。因此,问题的核心在于确认哪些权力属于传统上政府专有。在这个问题上,法院并未给出明确的范围,且前后判决存在矛盾之处,这使得判断哪些权力属于公共行为极为困难。梳理法院多个典型的判决,可以发现,法院对公共行为理论逐步采取了限缩解释的思路,体现了保守主义的倾向。

在早期,法院认为,如果私人执行属于政府的全部权力,那么毫无疑问

---

① 489 U.S.602(1989).

它必须被视为政府行为。在 Marsh v. Alabama① 案中,最高法院运用公共行为原则禁止一公司城镇的所有者阻止宗教组织在城镇商业区散发传单。法院认为,当私人财产具备所有城镇的属性,并且私人正在执行所有必要的市政功能时,该私人就披上了政府的外衣并应受到宪法条款的制约。20世纪70年代,伦奎斯特大法官时代极大地限制了公共行为概念的范围。在前述 Jackson v. Metropolitan Edison Co. 案中,原告认为,被告终止其用电的行为构成政府行为,鉴于电力服务的重要性,被告的行为相当于剥夺其财产,违反了正当程序保护条款。法院认为,没有充分的证据表明被告提供了基本的公共服务或者说其行为影响着公共利益。法院没有采纳之前的传统的政府职责标准,而是认为公共行为必须是仅限于政府的专属性权力。因为政府从未被强制为市民提供电力服务,因此,被告的行为不能视为执行公共职能。法院认为,只有私人执行传统上属于政府的专有权力时,政府行为才有适用余地。此后,法院一直强调政府权力的专有属性。在前述 Flagg Bros., Inc. v. Brooks. 案中,原告认为,州政府授予被告解决私人纠纷的权力,该项权力是一项传统上隶属于政府的专有权,因而,被告的行为是政府行为,应受正当程序的约束。法院没有支持该观点。法院认为,尽管许多职责传统上属于政府,但只有非常少的是政府专有的。在商业时代,传统的私人安排发挥着重要的作用,债权人和债务人之间的纠纷解决并非属于传统的、专属的政府职责。伦奎斯特大法官指出,教育、救火、警察保护、税收都是传统的政府专属职权,但无论如何,我们都未表达过政府可以自由地将这些职责授予私人行使,并藉此避免宪法的约束。② 可以说,自上述案件后,几乎很少的公共行为能被视为政府行为。在 San Francisco Arts & Athletics v. United States Olympic Committee 案中,原告认为,由于美国奥林匹克委员会是经由法律授权的可以在奥运会上代表美国的唯一社团,美国奥林匹克委员会拒绝请求者要求将"奥林匹克"一词适用于他们组织的所谓"同性恋奥林匹克运动"的请求护,请求者主张此种拒绝构成了歧视性的政府行为,因为行为

① 326 U.S.501(1946).
② 436 U.S.149,163-164(1978).

者是获得法律承认的履行公共职能的社团。然而鲍维尔法官适用了"传统的排他特权"规则,撰写了多数意见并拒绝了这一请求。他陈述道:无论是业余运动的行为还是协调,都并非传统的政府职能。在不同意见中,布伦南法官试图为既存的先例给出不同的解释。在他看来,尽管在过去法院暗示了当私人当事人履行了传统上是政府排他性特权的职能时,即可认定为政府行为。但法院从未明确地将政府职能的范围局限于此。随即他认为既然美国奥林匹克委员会"面向全球共同体,而代表美利坚合众国",因此承认了政府行为的存在。然而这并非主流观点。①

3.共同参与理论

如果政府相当程度地卷入了私人组织的运营,形成了相互依赖的关系,那么政府与私人组织就是共同参与者,私人组织的行为应被视为政府行为的一部分。包含联合参与(joint participation)、相互交错(entwinement)等形式。

在 Burton v.Wilmington Parking Authority ②案中,最高法院认定政府共同参与了私人旅馆的种族歧视的服务中。因为这个旅馆位于由政府拥有和管理的公共停车场中,而该停车场由政府利用通过税收积累的公共基金获得土地使用权并建造而成。由于停车收入不足以折抵相关费用,政府将该停车场的部分场所出租以弥补损失。因此,旅店的歧视性服务获得的利润成为政府成功进行商业投机活动不可或缺的部分。同时,旅店也从政府这里享受到税收减免的优惠,获得停车以及设施维护的便利。停车场上空飘扬的国旗表明,政府已经将自己置身于旅店的实际运行中。因此,政府应被视为共同参与者,与旅店形成了利益共同体。

但是自1961年以来,许多法院开始从严认定联合参与的事实。前述Flagg Bros.,Inc.v.Brooks.案中,最高法院认为政府和仓库管理人之间并不存在联合参与。尽管城市管理人员安排原告将货物存于被告处,但被告依据政府法律的授权出卖仓储货物,以抵销原告所欠的运输和仓储费用,没有充

---

① Daphne Barak-Erez:《民营化时代的政府行为》,胡敏洁译,《行政法论丛》2010年第13期。

② 365 U.S.715(1961).

分证据表明政府参与了私人行为。

相互交错理论起源于 Lebron v.National Railroad Passenger Corporation①。法院认为,尽管国会法律宣布美国国家铁路客运公司不是美国政府的部门或者代理人,但事实上其已经具备了政府属性。因为该公司是依据特别法为了促进政府目标的实现成立的,政府有权任命其董事会的大部分成员,因此应被视为政府的一部分。尽管客运公司采取了公司的组织形式,但法院认为该公司不能由此规避宪法的约束。在 National Collegiate Athletic Association v.Tarkanian ②案中,法院否认美国大学体育总会(NCAA)的行为构成政府行为。本案的基本案情是:内华达大学拉斯维加斯分校(简称 UNLV)是美国大学体育联合会成员。美国大学体育联合会调查发现,内华达大学拉斯维加斯分校存在多项违反美国大学体育联合会规则的行为,其中一些是由该大学的篮球首席教练塔卡尼亚作出的。美国大学体育联合会要求内华达大学拉斯维加斯分校解聘塔卡尼亚,或者选择接受更严厉的制裁。塔卡尼亚辩称,通过迫使内华达大学拉斯维加斯分校将其停职处理,美国大学体育联合会和内华达大学拉斯维加斯分校的行为构成联合行动,美国大学体育联合会的行为属于政府行为。另外,根据美国宪法第十四修正案,自己享有的正当程序权被剥夺,因此提起诉讼。内华达州初审法院与高等法院均判决美国大学体育联合会的行为属于政府行为。然而,联邦最高法院以5∶4的微弱优势判决认为美国大学体育联合会的行为并不属于政府行为,美国大学体育联合会的处罚并没有侵犯其所享有的宪法权利。法院认为,从形式上来看,美国大学体育联合会并未行使政府权力,内华达大学拉斯维加斯分校的决策过程受美国大学体育联合会的影响微不足道,并不足以使美国大学体育联合会披上政府行为的外衣。另外,由于内华达大学拉斯维加斯分校拒绝美国大学体育联合会要求的调查行动,并且内华达大学拉斯维加斯分校可以选择留用该教练而接受更大的制裁,或者干脆退出美国大学体育联合会。所以,并没有足够的"联合行动"来证明美国大学体育联合

---

① 513 U.S.374(1995).
② 488 U.S.179(1988).

会的行为是政府行为。①

　　新近的关于交错理论的案例就是前述 Brentwood Academy v. Tennessee Secondary School Athletic Ass'n 案。本案中,联邦最高法院以 5∶4 的表决结果认定被告田纳西州第二学校运动协会(以下简称"运动协会")是政府行为者,主要理由是田纳西州的学校官员已经渗透式地交缠于(pervasive entwinement)被告运动协会。被告是非盈利性的公司法人,其创建目的是组织和监管来自田纳西州公共、私人学校之间校级性的体育运动。加入运动协会是自愿的,尽管在该州内没有类似的组织。本案的争议在于原告违反了协会的规则,由此导致协会的处罚,原告认为被告是政府行为者,应受正当程序的约束。法院认为,尽管被告是一会员组织形式的私人实体,但其通过公共学校的会员代表的行为,演变成了政府行为者。法院作出如此判断主要基于以下事由:(1)84%的协会会员是公共学校;(2)协会理事会和管理委员会由公共学校的官员和政府管理人员组成,并定期举行会议;(3)所有的协会雇员都加入了政府退休制度体系;(4)政府教育主管部门的代表确认协会在管理比赛方面的角色并在协会理事会担任不拥有投票权的会员。该案引发了广泛关注,许多评论认为这标志着法院对政府行为理论的扩大解释和适用,未来将有更多的私人行为被纳入到政府行为中。但也有学者持不同观点,认为这只不过是法院从一个方面对政府行为理论的进一步提炼。而且从实践来看,自 Brentwood 案判决以来,地方法院并未认为该案构成关于政府行为理论的重大变革而加以适用,甚至有的法院认为这只不过是关联理论的另一种解释而已。②

　　笔者认为,无论是交错(entwinement)理论还是关联理论、公共行为理论,其概念自身都存在相当程度的模糊性和不确定性,今后这些理论的适用仍然需要依赖法院的具体解释。因此,关于政府行为理论的争议必然还将

---

　　①　黄世席、宋韦韦:《美国业余体育运动中的政府行为研究》,《成都体育学院学报》2009年第7期。

　　②　Alan Lawhead,"Useful Limits to the Fifth Amendment:Examining the Benefits that Flow From a Private Regulator's Ability to Demand Answers to its Questions During an Investigation",*Colum. Bus. L. Rev.*,Vol.2009,(2009),pp.231-236.

持续。未来关于政府行为理论的界定取决于社会实践的发展,政府职能的转变,第三部门的兴起、法院的认识、解释以及理论研究的深化等诸多因素,不同时期,或者呈现严格或者呈现宽松适用的情况是正常现象。重要的是政府行为理论的适用是否会有利于实现公平和保护人权,恐怕这才是确定政府行为理论的基本价值判断标准。

(二)SEC 与自律组织关系的演变

1934 年《证券交易法》是美国政府与华尔街妥协的产物,证券交易所的自律权力在很大程度上得到了保留。道格拉斯指出,政府的介入绝不意味着对传统交易所自律模式的替换。立法的宗旨仍然是让交易所发挥主导作用,政府扮演补充性的角色。证券市场日常事务的管理仍由交易所负责,只有在交易所不能提供充分的投资者保护时,SEC 才被授权介入并强制交易所采取行动。[①] 随着市场丑闻频发,自律监管的有效性不断遭到公众质疑,从而促使了 1975 年修正案的出台。该修正案大大加强了 SEC 的作用,尤其是通过赋予 SEC 对自律组织自律规则的修改权,改变了自律组织主导证券业发展的局面。修正案同时授予了 SEC 对自律组织惩戒行为的监督权,SEC 可以主动或者基于被处罚人的请求,批准、驳回或改变自律组织做出的处罚决定。该审查权还扩展到自律组织做出的其他决定,如拒绝会员资格申请、禁止成为会员关联人、禁止或限制接入服务等。如果自律组织没有遵守《证券交易法》,SEC 有权采取如下措施:(1)撤销或者暂停自律组织的登记;(2)启动针对自律组织的行政程序,限制自律组织及其会员、关联人的行为;(3)如果发现自律组织的高管人员有故意违反法律或滥用权力的行为,对其进行谴责或责令其离职;(4)对自律组织违反法律及相应规则的行为发出禁令。[②] 总之,1975 年法案使得 SEC 对自律组织的规则制定、纪律约束、治理结构等加大了监管力度,同时也使 SEC 和自律组织的关系更加紧密。1990 年《市场改革法》进一步加大了 SEC 对自律组织的监管力度。根据该法案,SEC 可以在紧急情况下关闭交易所最长达 90 天,可以暂停、改

① Silver v.NYSE,373 U.S.341,352(1963).

② 15 U.S.C. § 78S(g)-(h).

变自律规则或强制要求自律组织实施某项规则最长达 10 个工作日,还可以中止任何股票的交易最长达 10 个工作日。当然,上述命令需要取得总统的批准。毫无疑问,上述立法的发展令 SEC 和自律组织形成了更为紧密的合作关系,由此也引发了自律组织的行为应否视为政府行为的关切。

(三)典型判例

1.Intercontinental Industries,Inc.v.American Stock Exchange and SEC①

本案中,美国证券交易所因为原告(Intercontinental Industries,Inc.,以下简称"INI")散布了关于公司发展的误导性和不完整信息,而做出责令其退市的决定。原告认为,被告在做出退市决定时,没有按照宪法第五修正案的规定提供充分的程序保护,因而该决定无效。审理案件的法院面临的首要问题就是判断交易所是否属于政府行为者(state actor)。

本案的基本事实是:1969 年 6 月 19 日,由于 INI 之前连续发布了关于并购其他公司的系列信息,导致其股票交易异常,交易所暂停 INI 股票的交易。一周后,SEC 作出暂停该股票所有交易的决定,等待 INI 发布澄清公告,以对之前并购 Prebuilt Homes 的相关事实和条件,以及购买 Capital Foundry Co.公司股票及合并事宜作出说明。7 月 11 日,SEC 向纽约州南区地区法院提起了诉讼,指控 INI 在并购 Prebuilt 过程中发布了错误或误导的信息,违反了反欺诈条款。7 月 18 日,INI 就交易所和 SEC 关注的问题发布了说明信,承认了之前发布的信息存在虚假陈述。7 月 25 日,SEC 允许 INI 股票在场外交易,但交易所仍然禁止该股票在交易所上市交易。同日,交易所通知 INI 正在考虑其股票退市事宜,告知 INI 有听证的机会。8 月 6 日,听证会举行,持续了四个多小时。最后交易所理事会根据听证委员会的建议作出了退市的决定,并就此向 SEC 提出申请。尽管 INI 向 SEC 申请听证,但遭到 SEC 的拒绝,理由是 INI 并未提出任何新的证据。最终,SEC 通过了交易所关于 INI 退市的申请。

交易所和 SEC 是否违反了正当程序条款,是本案的争论焦点之一。法院认为,关于交易所不是政府机构因而不适用正当程序要求的主张明显违

① 452 F.2d 935(5th Cir.1971).

背了之前的许多判例。法院认为,成立交易所必须到 SEC 进行登记、自律规则须经 SEC 批准并接受 SEC 对规则的调整,交易所的会员受到 SEC 的严密监管,退市决定必须向 SEC 提出申请,交易所可能面临 SEC 中止和撤销登记的处罚等种种情形,使二者之间形成了紧密的联系。这种联系使得交易所应处于正当程序条款的约束之下。法院认为,本案必须解决的最重要问题就是交易所给予原告听证的权利是否满足了正当程序的要求。原告在以下几方面对被告的程序正当性提出疑问:(1)缺乏充分的通知;(2)缺少对证人的交叉讯问;(3)交易所证券委员会的职能被不当混淆;(4)交易所理事会没有给当面陈述的机会;(5)SEC 未赋予听证机会。法院对此逐一驳回。其一,法院认为只要通知中并未有误导性信息并且告知了争议的事项,该通知就满足了法律的规定。交易所给 INI 发出的通知符合上述规定。其二,关于第二点,原告要求对交易所官员和相关雇员进行交叉询问。法院认为,INI 于 7 月 18 日发出的信件中,已经承认了所有不当行为,并至今未有争议。既然没有争议,就没有必要对交易所的官员和雇员进行交叉询问。其三,关于职能混淆。原告认为,交易所证券委员会成员既出现在听证会上,又出现在理事会上,既充当指控者,又扮演审判者和陪审员,显然违反了正当程序。法院认为,当一个行政机构既享有调查权又享有司法权时,其这么做就不违反正当程序。其四,关于交易所理事会和 SEC 未给予听证机会问题。法院认为,既然原告承认交易所证券委员会已经给予了充分的听证机会,就没有必要再给予第二次听证的机会。同时证券交易法并未强制要求 SEC 在决定退市时给相关公司听证的机会。

基于上述理由,法院最终确认了 SEC 的退市决定。

2.Crimmins v.American Stock Exchange,Inc.①

原告是美国证券交易所的会员公司的高管,他提出按照交易所理事会规则第 345 条,理事会有权利对会员公司的雇员进行纪律惩罚,如果该雇员违反了公平交易的原则并给交易所的利益带来了损害。理事会对其提出的具体指控包括:通过获取内幕信息扰乱市场交易;未经交易所允许进行场外

---

① 346 F.Supp.1256(S.D.N.Y.,1972).

交易;延长信用期限以非常优惠的价格从四季(Four Seasons)公司高管处购得股票。原告否认上述指控,于是交易所计划召开听证会。原告主张其有权聘请律师出席听证会,但遭到被告的拒绝,理由是依据交易所章程第5条,任何人、公司在任何调查和听证中都没有权利聘请职业律师作为代理人。于是,原告提起诉讼,要求法院颁布临时禁令,禁止被告美国证券交易所召开指控其违反了交易所规则和证券法律的纪律处分听证会议。理由是被告拒绝其聘请律师违反了宪法正当程序条款,违反了证券交易法和反垄断法,同时也构成违约行为。

法院认为,临时禁令属于异乎寻常的救济,只有证明颁发临时禁令能够最大程度地实现申请人的最终价值目标以及不予颁发可能导致无可挽回的损失后,法院才会准予申请。原告认为聘请律师作为代理人出席听证会符合正当程序的要求,交易所则认为它是私人组织,并不是政府的手臂,因此,纪律处分程序不受正当程序约束。交易所进一步辩称,即使将其视为政府的手臂,正当程序条款也不要求其必须采取有律师代理的审判式听证会形式。法院认为,当交易所对其会员或其雇员启动纪律处分程序时,其作为私人俱乐部的时代一去不复返了。交易所依据证券交易法赋予的自律监管权力实施这些程序时,其就具有了联邦政府的特征,转变成政府行为,其必须遵循公正行为的基本标准。但是,纪律处分程序应受正当程序约束并不必然意味着原告享有聘请律师出席听证会的权利。第五修正案没有要求在政府损害私人利益的每个案件中都采取法院审判模式的听证。正当程序的要求因案件而异,其最低程度要求是通知相对人和举行听证。可以确信的是,由律师出席听证并不是正当程序的内在要求。在许多情形中,例如立法听证、被学校开除的听证、甚至某些可能会导致刑事责任指控的调查听证会,律师出席并不是必然要求。就本案而言,必须平衡原告因没有律师帮助可能受到影响的利益与交易所遵循"无律师"规则的利益。如果原告被确认有罪,其将面临最高25000美元的罚款并可能被交易所开除。毫无疑问,这些结果尽管是推测的,但仍可能对原告的利益产生重要影响。但是,只要程序是公平的,允许交易所控制纪律处分程序,使之能够最大程度地有效清除会员的违规行为,则其所蕴含的公共利益就能超过原告可能受到影响的利益。证券业高度敏感,如果允许那些不道德的行为持续哪怕一小段时间,也会对投资者产生严重影响。交易所必须具备迅速应对这些行为的能力,但律师所具有的刚性和好辩性可能不利于交易所目标的实现。听证程序的目的是允许交易所的管理者们在不需遵循司法程序的前提下能够发现任何违反规则和道德的行为。当然,这不是说交易所的程序不需要公平,但律师出席听证是否构成公平的必备因素必须综合考虑各种情况。本案中,原告认为指控事实和法律的复杂性使其必须聘请律师出席听证会。法院不认同原告的主张。因为原告被指控违反的交易所规则、程序和道德标准是要求原告应当知悉,且原告宣誓遵循的内容,这也是批准其担任会员公司高管的基本条件。另外,原告已在证券业工作超过 15 年,属于业内资深人士,其拥有足够的知识和能力对与案件有关的证据进行质证。综合考虑上述事实,法院认为,交易所目前的程序能够充分保障原告的正当程序权利。最终,法院驳回了原告的诉请。

虽然,该案最终没有确认会员在纪律处分程序中聘请律师的权利,但针对此的质疑却并没有平息。在 Villani v.New York Stock Exchange 案审理过程中,纽约证券交易所主动修改了"非律师"规则,从而解决了听证会中律师代理的问题。

3.Villani v.New York Stock Exchange①

该案遵循了 Intercontinental 案的判决,认为纽约交易所在实施纪律处罚时应被认定为政府行为者。原告是 NYSE 会员公司的两名合伙人,请求法院发布限制 NYSE 针对原告举行纪律处分听证的禁令,理由是:(1)交易所规则不允许在听证程序中聘请律师作为代理人;(2)交易所已经基于与纪律处分指控同样的理由对原告提起了独立的民事诉讼,交易所不可能做出公正的裁决。另一原告 Sloan 认为由于交易所拒绝允许他查阅其掌握的与案件有关的所有文件,因此程序是不公平的。原告进一步要求法院签发禁令,禁止交易所不批准他们在其他会员公司担任相应管理职务的申请,禁止交易所不允许利用 Orvis 公司资产为前合伙人支付律师费用。

---

① 348 F.Supp.1185(S.D.N.Y.1972).

　　法院认为,关于正当程序的要求适用于交易所的听证程序已无争议,因为听证是自律权力行使的表现形式,而自律权力是由联邦政府机构——SEC 授予的。

　　本案的基本事实是:直到 1970 年,Villani,Eucker and Sloan 都是交易所会员公司 Orvis 的合伙人。自 1969 年开始,Orvis 出现严重亏损,于是交易所于 1970 年 6 月依据《证券交易法》的授权命令其进入破产清算程序。随后,交易所对 Orvis 的倒闭进行调查,并最终对 Orvis 的合伙人提出指控。原告对指控进行了答辩,拒绝承认任何不当行为,并要求举行正式的听证,允许由律师作为代理人参与听证,并且要求查阅与案件有关的交易所掌握的所有资料。交易所通知原告他们可以聘请律师,但依据其章程的规定,不允许律师向听证小组发表意见或者询问证人。交易所拒绝向原告公开所有的文件,但同意原告可以获得特定的文件。一名交易所的代表还告诉 Sloan 的律师,交易所只会使用那些已经向 Sloan 送达了复制件的文件来作为指控证据。1971 年 10 月 5 日,在对原告提出指控后一周,交易所还向法院提起民事诉讼,请求法院判决 Orvis 的合伙人、审计公司归还交易所从特别信托基金支付的 500 万美元。民事诉讼的请求与纪律处分中的指控基本相同。包括本案原告 Sloan 在内众多合伙人提出了反诉,认为是交易所而不是合伙人,造成了本案诉请的损失。自从离开 Orvis 公司后,原告曾被其他会员公司聘用为注册代表,交易所决定在纪律指控结案之前有条件地批准其资格申请。其中一家公司自行决定解聘了 Sloan,目前,Sloan 和 Eucker 没有受聘于任何一家会员公司。后来,交易所律师通知法院,交易所理事会、会员和 SEC 已经批准了纪律处分程序中听证程序的若干修改建议。较为重要的体现在以下两方面:其一,废除了所谓的"非代理人规则",允许在任何听证和调查程序中,都允许聘请律师或者其他法律顾问作为代理人。其二,修改听证小组组成形式,听证小组由三人组成,其中两名为非理事会员,另一名为听证小组主席。主席由交易所雇员担任,该雇员不得参与指控事项的调查和前期准备工作。听证小组通过多数决的方式对案件作出裁决,并确定罚款数额(如有)。提出指控的部门或者被指控者均可向理事会提出申诉。理事会可授权其会员委员会对申诉进行听证,并提出建议。该项修改改变了之前听证小组由三名交易所工作人员组成的方式以及不服听证裁决的申诉方式。Sloan 的代理律师认为这些修改并未解决 Sloan 诉请中提出的宪法问题。首先,听证小组由交易所雇员担任主席的事实将会使原告第五修正案下的权利得不到保护。其次,向理事会上诉的权利并未改变原告同时处在民事诉讼中的不公正境遇。

　　法院对上述争议事项进行了讨论,主要涉及聘请律师代理、听证程序、申诉程序、证据开示程序、原告担任管理职务的批准、律师费的支付等问题。鉴于交易所已经修改了律师代理规则,该争议已无讨论必要。关于听证程序,法院认为,交易所关于听证小组构成的规则修改,足以推翻对初始听证程序的质疑。听证小组主席由交易所理事会批准任命的事实,并不足以表明其在发出临时禁令的特别救济的正当性方面存在可能的偏见或不公。可以推定听证小组在处理交易所内部事务时将是公正的,同样可以推断该小组不会因为交易所已经提起民事诉讼而存在偏见。原告关于交易所不能在提起民事诉讼的同时再行使纪律处分权力的主张不能成立,因为没有法律对此作出限制性规定。我们不能要求交易所以放弃诉权为代价去履行约束会员以保护公众的义务和责任。关于申诉程序是否公平,法院认为现在作出判断为时尚早。同时,法院认为,原告在申请成为交易所会员时,已承诺遵守交易所章程和其他规则,并有理由认为承诺是在知情和理智的情形下作出的。关于证据开示程序,交易所支持原告的主张,认为其有权查阅交易所拥有的与案件有关的所有文件。关于原告担任管理职务申请的问题,法院拒绝了原告要求交易所批准其担任特定管理职务的申请。法院认为,是否给予临时禁令,需要平衡因拒绝或给予救济可能导致的伤害或便利。鉴于交易所已经有条件批准原告作为注册代表,考虑到指控的严重性和公共责任的重要性,我们不能要求交易所做的更多。最后对于律师费用,由于与 Orvis 公司的清算协议相冲突,因此不予支持。

　　综上,法院支持了原告要求查阅与案件有关的文件的请求,并驳回了其他请求。①

----

　　① 后来被告提出再次辩论申请,纽约地区法院修改了之前的判决,确认原告没有权利获得所有的文件。See 367 F.Supp.1124(D.C.N.Y.,1973).

（四）联合调查中自律组织性质的认定

如果说自律组织在单独实施违规行为调查及处罚中,其行为不应归因于政府行为的话,那么在由政府和自律组织联合开展的调查中,自律组织行为的性质应否发生改变呢？随着市场监管力度的加大,可能有更多的违法违规案件浮出水面,但由于受制于人力及其他资源的限制,政府机关难以保证做到对每一起行为都进行调查和指控。[1]　其中相当部分案件可能要依赖于自律组织的调查,尤其是涉及会员的案件。自律组织的专业性能为政府部门的调查提供如下支持:(1)能正确理解充斥着技术性证券术语的会话;(2)作为事实证人在刑事审判中出庭,向陪审团解释庭审出示的证据或者交易数据的潜在的事实基础;(3)向陪审团解释证券市场的监管和运行。由此,自律组织成为政府指控证券违法行为的宝贵资产。同时,自律组织也不具备政府部门特有的调查手段,例如监听、搜查令、签发传票的权力等。而且,它们只能对违反证券法律的行为提起民事诉讼,无权提起刑事指控。上述限制迫使自律组织不得不将许多案件或者移交执法机构,这些机构拥有不受限制的管辖权、刑事指控能力和调查手段;或者移交证监会,其对境内所有违法者都可行使民事管辖权,并具有必要的调查工具以保证执法工作的顺利进行。[2]　政府机关和自律组织的合作将会进一步提升。合作虽有利于减少重复调查,从而降低监管成本,但同样也会引发是否会因政府卷入过多而导致自律组织行为演变为政府行为的担忧,因此值得重点关注。

自律组织和政府合作计划最明显的例证是1998年成立的纳斯达克监管公司刑事指控协助组织(NASDR's Criminal Prosecution Assistance Group,简称"CPAG")。该组织专门协助政府和联邦法律执行机构从事刑事调查和指控,为其提供技术和专业知识支持,以保障政府向投资者提供一个公正的监管良好的证券交易环境,使证券市场远离有组织犯罪的侵蚀。该组织

---

[1]　Steven J. Cleveland,"the NYSE as State Actor？: Rational Actors, Behavioral Insights & Joint Investigations",*Am. U. L. Rev.*, Vol. 55, (October 2005), p. 75.

[2]　William I. Friedman,"The Fourteenth Amendment's Public/Private Distinction Among Securities Regulators in the U. S. Marketplace—Revisited", *Ann. Rev. Banking & Fin. L.*, Vol. 23, (2004), pp. 750~751.

成立后,引发了市场对 NASDR 行为是否是政府行为的关注,U.S.v.Gangi 案就是基于这种合作引发的案例。该案中,据说 NASDR 职员参与了政府会见被告的过程并在法庭审判中担任专家证人。CPAG 同样协助政府部门分析交易数据,审查录音记录,对有关记录进行证实和辨别等。总之,NASDR 和 CPAG 共向政府检察机构提供了上百小时的协助。针对其行为是政府行为的质疑,NASDR 宣称他们在公司调查和政府调查之间建立了"中国长城"(Chinese Wall),从而使双方的业务有效分离。为了说明"中国长城"理论,NASDR 确信 CPAG 的职员只在 CPAG 范围内工作,且只受政府规则的指导。例如,CPAG 职员不享有 NASD 规则赋予的强制会员作证的权力。但 D. L. Cromwell Investments, Inc. v. NASDR, Inc.①案却揭示了 NASDR 与 CPAG 不同的关系,与 NASDR 声称的有出入。证据显示:CPAG 职员与 NASDR 执行部在办公室、电话、传真机、电脑系统和秘书等方面是共享的。而且,CPAG 的执行律师被要求向执行部汇报该组织的调查结果。CPAG 的文件柜是不上锁的,不排除故意提供机会默许执行部人员盗取信息的可能。这些事实表明了在政府、CPAG 和执行部之间存在着特定的关联。尽管法院认为 NASDR 的做法没有违反第五修正案,最终没有支持原告要求向 NASDR 发出禁令的主张,但法院同时也警告 NASDR 要特别关注 CPAG 与其执行部的关联,认为目前的外部环境并不能保证二者之间机密信息不会引起对方的注意。②

在一些情况下,合作不会引发担忧,例如交叉培训。政府和自律组织会认识到,彼此都欠缺对方的专业能力,如果进行交叉培训,互相学习,将弥补相互的不足。这种合作并没有政府支持、强制的因素,纯粹是为了追求自己的利益,因此,不会引发对行为性质的疑虑。同时,由于自律组织没有签发传票权,不能提起刑事指控,其权力管辖限于会员及相关人员等限制,因此,与 SEC 和联邦检察机关相比,其执行法律的能力是有限的。在自律组织展

---

① 　32 F.Supp.2d 248(S.D.N.Y.2001),aff'd,279 F.3d.155(2d Cir.2002).

② 　William I.Friedman, "The Fourteenth Amendment's Public/Private Distinction Among Securities Regulators in the U. S. Marketplace—Revisited", *Ann. Rev. Banking & Fin. L.*, Vol. 23, (2004),p.753.

开调查后,如果发现如下障碍:欠缺管辖权;案件性质严重,超出自己的职责范围;缺乏必要的调查手段时,其只能将案件提交政府部门处理。如果这也称得上合作的话,并不会引发对该行为性质的争议。

对于信息共享行为,即政府部门和自律组织将各自独立进行调查获得的信息与对方分享,一般认为也不会引发争议。即使事先签署了信息共享协议,只要协议内容仅限于信息共享,并且政府和自律组织各自沿着不同的路径独立进行调查,就不会存在问题。但是,如果政府支持或强制自律部门采取某项特定行动,或者介入自律组织调查或执行决策中,则自律组织行为的性质很可能发生改变。

对于合作调查,可能引发争议。如果合作发生在决策层面,意味着政府相当程度的支持或卷入,自律组织的行为将被视为政府行为。Brentwood Academy[①]一案表明:如果政府代表主导了自律组织的决策过程,其行为应当被视为政府行为。在 Cromwell 案中,NASDR 被指控实施了政府行为,原因是一名执行高管的身份可能是政府部门的代理人。法院认为,自始至终,该高管都与 NASDR 其他执行人员是"隔离"的,因此,其他执行人员的行为不应归因于政府行为。对于合作调查,法院必须找出那些做出战略决策的人的身份,如果决策是由政府官员做出,则将整个合作调查归因于政府行为是不会产生异议的。当然,由于信息的不透明,第三人往往难以知晓在合作调查中决策的具体步骤和方式,因此会影响对行为性质的认定。[②] 这需要加大政府行为的透明度,政府在公布调查结果的同时,也应将合作调查的具体方案、实施过程等予以公示。这样有利于利益相关人作出判断,明确起诉对象,维护自己的权利。

如果政府的介入导致私人采取了行动,而如果没有政府卷入这些行动就不会发生的话,那么,就有理由将这些私人行为归因于政府行为。在联合调查中,由于证据规则的不同,政府与自律组织的关切点(寻求的信息)也

---

① Brentwood Acad. v. Tennessee Secondary School Athletic Ass'n, 180 F. 3d 758 (6th Cir. 1999).

② Steven J. Cleveland, "the NYSE as State Actor?: Rational Actors, Behavioral Insights & Joint Investigations", *Am. U. L. Rev.*, Vol. 55, (October 2005), pp. 76-80.

会不同。例如,交易所更倾向于执行自己的规则,这些规则对证据的要求往往没有联邦法律那么苛刻。但如果政府改变了交易所的调查方式、路径,那么是否会导致政府行为的认定呢? Steven J.Cleveland 教授认为,联合调查具有迅速、清晰和持续性的反馈削弱了其负面的批评声音,并转移了风险。自律组织的执行官员们可能更倾向于采取联合调查的方式,并努力赢得政府官员的支持。此时,他们的行为具备了政府行为的属性。①

三、禁止自证其罪原则的适用

（一）禁止自证其罪的基本理论

美国联邦宪法第五修正案规定,任何人不得被迫在刑事案件中作为反对自己的证人。这一特权通常被称为禁止/反对自证其罪特权。关于该权利的起源存在不同的观点。传统上认为该特权起源于英国 12 世纪王室与教会的权力之争,也是 16、17 世纪英格兰盛行的关于政治、宪政及人权争论的产物。在科克时代就已经成为普通法上的一个显著特征,在普通法上,任何人都不负有指控自己的义务,个人的责任不应当通过折磨其本人来加以证明,而应当通过其他人、其他手段来发现。英国人对于强迫自证其罪的反感被早期的殖民者输入到美国。随着时间的发展,一些殖民地通过制定成文法,严禁通过刑讯获取嫌疑人的自白。后来联邦宪法权利法案第五修正案确认了该原则。② 也有历史解释的不同观点。他们认为,该权利在普通法上的真正起源不是基于英国革命的高层政治活动,而是来自于十八世纪末期兴起的刑事对抗程序,反对自证其罪特权是辩护律师努力的产物。从十六世纪中叶到十八世纪末期,普通法上刑事程序对被告的基本保障不是保持沉默的权利,而是说话的机会。刑事审判的基本目的就是给被告人提供一个能够亲自反驳指控的机会。为了实现这一目的,刑事审判的基本特征之一就是禁止律师的参与。从 1696 年到 1836 年,关于辩护律师的禁令

---

① Steven J.Cleveland, "the NYSE as State Actor?: Rational Actors, Behavioral Insights & Joint Investigations",*Am.U.L.Rev.*, Vol.55, (October 2005), pp.83-84.

② ［美］约书亚·德雷斯勒、艾伦·C.迈克尔斯:《美国刑事诉讼法精解》,魏晓娜译,北京大学出版社 2009 年版,第 240 页。

有所松动,最初是叛国罪,后来适用于其他刑事重罪。尽管在十八世纪三十年代,在普通犯罪案件中也允许律师出现,但并没有形成规模,直到十八世纪八十年代,局面才改观。在十八世纪末期尤其是十九世纪,关于刑事审判目的的不同观点获得普遍认可。在辩护律师的影响下,刑事审判被视为给被告律师提供了检验指控的机会。自此,禁止自证其罪权利进入普通法程序。因此,正是刑事案件中律师的作用才使得被告有权利拒绝作为指控自己的证人成为可能。① 律师对传统的刑事审判方式施加压力,寻求排除掉其客户在调查和拘押程序中所做的自我归罪的言论。最初这些努力并不是依赖于宪法的规定,而宪法的规定正是反映了应受到历史永远铭记的律师们争辩的成果。是律师再造了刑事程序,而不是宪法。②

禁止自证其罪特权的基本含义是指任何人对可能使自己受到刑事追究的事项有权不向当局陈述,不得以强制程序迫使任何人供认自己的罪行或者接受刑事审判时充当不利于自己的证人。其主要目的在于防止政府以强制手段获得个人陈述,然后又以此作为证据追究刑事责任。该特权的内容包含以下几点:(1)它是任何人都享有的权利,不限于犯罪嫌疑人和被告人,也不限于证人;(2)它所针对的是程序强制,即在司法程序中,以处以"藐视法庭罪"或其他程序性制裁为后盾,迫使当事人自己证明自己有罪;(3)权利人可以主张的内容限于言辞证据,对于官方依法提取体液、指纹等行为,不得拒绝;(4)自证其罪可能指正在被侦查、审判的犯罪,也可以是将来可能受到追究的犯罪;(5)侵犯该项特权所获得陈述,不得在随后的刑事诉讼中用作对陈述人不利的证据。③ 尽管第五修正案的文本内容限于刑事诉讼,但最高法院的解释却是适用于任何程序,无论是民事程序还是刑事程序,正式程序还是非正式程序,立法听证还是行政听证,只要所作回答在未来的刑事程序中可能被用作对其定罪的证据。当然,尽管在非刑事追诉的

① John H.Langbein,"The historical origins of the privilege against selfincrimination at common law",*Mich.L.Rev.*,Vol.92,(1994),pp.1047-1048.

② Eben Moglen,"Taking the Fifth:Reconsidering the Origins of the Constitutional Privilege Against Self-Incrimination",*Mich.L.Rev.*,Vol.92,(1994),p.1130.

③ 孙长永:《沉默权制度研究》,法律出版社 2001 年版,第 9 页。

情形下个人亦可以主张这一特权,但是,只有当强迫获得的归罪性陈述在刑事案件中用以反对陈述人时,才会产生是否违反宪法第五修正案权利的问题。①

　　禁止自证其罪有利于防止刑讯逼供,避免或减少冤假错案。对于刑讯逼供的后果,著名法学家贝卡里亚的论述最为经典:"难道还有什么样的讯问能比施加痛苦的刑讯更富有提示性吗? 痛苦将提示强壮者坚持沉默,以便使较重的刑罚换为较轻的刑罚,并提示软弱者做出交待,以便从比未来痛苦更具有效力的现时的折磨中解脱出来。""这种方法能保证使强壮的罪犯获得释放,并使软弱的无辜者被定罪处罚⋯⋯刑讯必然造成这样一种奇怪的后果:无辜者处于比罪犯更坏的境地。尽管二者都受到折磨,前者却是进退维谷:或者承认犯罪,接受惩罚;或者在屈受刑讯后,被宣布无罪。但罪犯的情况则对自己有利,当他强忍痛苦而最终被无罪释放时,他就把较重的刑罚改变成较轻的刑罚。所以无辜者只有倒霉,罪犯则能占便宜。"②刑讯逼供的目的在于获得言词证据,如果权利人可以依据反对自证其罪条款行使沉默的权利,那么,就会在相当程度上遏制讯问机关实施刑讯逼供的冲动,推动刑事诉讼法保护人权目标的实现。

　　为了能够在特定情形下换取证人的重要证言,英美法发展形成了一种"克服"证言自证其罪效果的特殊制度,即证人豁免制度。尽管证人的证言具有自证其罪的性质,但由于受到豁免制度的保护,证人并不会因此承担法律责任。据此,该证人可以被法庭要求强制其出庭作证。在此意义上,证人豁免制度事实上是一种立法的折衷方案:在特定情形下,为了获取重要的证言同时又不违反禁止强迫自证其罪原则,不得不以放弃追诉证人特定犯罪的方式达成一种制度上的利益兼顾与平衡。③美国法律提供的豁免主要有两种形式:"交易性豁免"和"使用及派生使用豁免"。根据交易性豁免,证人被批准免于被强迫的证言涉及的任何犯罪。根据"使用及派生使用豁

---

　　① 〔美〕约书亚·德雷斯勒、艾伦·C.迈克尔斯:《美国刑事诉讼法精解》,魏晓娜译,北京大学出版社 2009 年版,第 251 页。

　　② 〔意〕贝卡里亚:《论犯罪与刑罚》,中国大百科全书出版社 1993 年版,第 27、33 页。

　　③ 吴宏耀:《反对强迫自证其罪特权原则的引入与制度构建》,《法学》2008 年第 6 期。

免",强制性证言以及产生该证言的证据都不能用来反对被告人。自 1970 年起,使用及派生使用豁免是美联邦承认的唯一豁免形式。①

禁止自证其罪原则自适用以来一直存在较大的争议。对该原则的批判主要是因为它可能导致一部分言辞证据的丧失,妨碍对刑事案件的侦查和起诉,可能导致部分罪犯逃避惩罚。② 但是由于其在基本人权保护方面无可替代的优势,废除该原则显然是不可取的。当然,根据各国经济、社会、法治等发展的变化,适时对该原则的适用范围、适用条件、法律后果等方面进行一定的调整也是必要的。例如,米兰达规则 1966 年确立后,实践中通过最高法院的判决对其适用条件、范围作了一定的调整。在 New York v.Quarles 案中,美国联邦最高法院就认为,在对公共安全造成威胁的场合里嫌疑人回答问题的需要,超过了保护宪法第五修正案反对自我归罪特权的预防规则的需要,因此,为了公共安全而违反米兰达规则取得的证据是可以采信的。③

我国新修订的《刑事诉讼法》第 50 条明确规定"不得强迫任何人证实自己有罪",首次从立法上确认了禁止自证其罪原则。但由于与第 118 条"犯罪嫌疑人对侦查人员的提问,应当如实回答"的规定存在一定的冲突,导致其适用前景存在不同的争论。④尽管如此,我国学者大都肯定禁止自证其罪原则的价值。樊崇义先生指出,该原则的确立,意味着对真相的追求不能以侵犯犯罪嫌疑人、被告人的基本人权为代价;在追求案件的客观真实时,不能以牺牲法律的正当程序为代价;在运用证据的价值选择上,要从过去客观真实、实质合理的证据观,转变为法律真实、形式真实的证据观。⑤

（二）自律组织会员的两难选择

禁止自证其罪的立法目的在于限制政府权力,是对被告人（犯罪嫌疑人,下同）基本人权的保障。禁止自证其罪将被告人是否有罪的证明责任

---

① ［美］约书亚·德雷斯勒、艾伦·C.迈克尔斯:《美国刑事诉讼法精解》,魏晓娜译,北京大学出版社 2009 年版,第 257—258 页。

② 孙长永:《沉默权制度研究》,法律出版社 2001 年版,第 197 页。

③ 李学军:《美国刑事诉讼规则》,中国检察出版社 2003 年版,第 216—217 页。

④ 万毅:《论"不强迫自证其罪"条款的解释与适用》,《法学论坛》2012 年第 3 期。

⑤ 樊崇义:《从"应当如实回答"到"不得强迫自证其罪"》,《法学研究》2008 年第 2 期。

赋予了政府,如果政府不能有充分的证据证明被告人有罪,那么对被告应做出无罪推定。禁止自证其罪可以在一定程度上减少刑讯逼供现象的发生,维护被告人的人权。随着禁止自证其罪原则在行政法领域的适用,接受自律组织调查的人能否主张该权利引起了广泛关注。

依据美国法院的判例,证人可以拒绝回答问题,除非他得到保证,他被迫提供的证据不会用于此后的刑事案件中对其提出指控。按照这样的逻辑,在自律组织针对会员的调查程序中,如果会员的作证可能用于随后的刑事指控,会员也应享有禁止自证其罪的权利。然而,美国法院却从未向接受自律组织调查的人员授予禁止自证其罪的权利。[①] 这就使得会员陷入了两难境地。如果他选择放弃禁止自证其罪的权利,那么它可能面临大量的法律困扰,包括刑事指控和失去人身自由;如果他选择行使该权利,那么他可能被自律组织处以市场禁入的处罚。虽然在自律组织的身份问题上存在较大的争议,但在涉及禁止自证其罪的案件中,法院却坚定地认为自律组织是私人组织,因此不适用该原则。

自律组织通常要求其会员"自愿"与调查者合作并提供需要的证据和文件,如果拒绝合作将招致从谴责到市场禁入等不同程度的处罚。从历史上看,NYSE 曾经给予一个拒不合作的证人禁止营业的处罚直至他最后同意合作,NASD 曾对一个拒绝作证的证人作出永久市场禁入的处罚。在一起案件中,SEC 指出赋予 NASD 强制作证的权力对于其履行监管职责是必要的,但撤销了永久市场禁入的处罚,建议 NASD 重新考虑处罚的适当性。[②] 相似的是,在 PAZ Securities, Inc. v. SEC[③] 一案中,联邦上诉法院华盛顿特区巡回法院将一个案件发回重审。该案中,NASD 对于一个拒绝回答信息的关系人给予了永久禁入的处罚,SEC 并没有注意到潜在的责任减轻因素,确认了 NASD 的处罚结果。法院认为永久市场禁入相当于财产惩罚,因此要求 SEC 说明如此严厉的处罚为什么是补救性的而不是惩罚性的。

---

① Robert S. Karmel, "Should Securities Industry Self-Regulatory Organizations Be Considered Government Agencies?", *Stan. J. L. Bus. & Fin.*, Vol. 14, (Fall 2008), p.177.

② 2004 SEC LEXIS 3048 (Dec. 22, 2004).

③ 2007 U.S. App. LEXIS 17412 (D.C. Cir. July 20, 2007).

迄今为止,自律组织只在一个案例中承认了被调查人员享有禁止自证其罪权。该案中,NYSE 和 SEC 同时围绕某支上市证券进行调查,被调查人员单方面取得 SEC 同意,他将被禁止从业 3 年。同时,NYSE 也要求其或者提供证据,或者接受自律惩罚。NYSE 听证小组认为,从各方面分析,NYSE和 SEC 的调查存在非常紧密的联系,以至于不得不把 NYSE 的证据解释为政府的证据。听证小组据此认定该会员享有禁止自证其罪权利,理由是:NYSE 和 SEC 的调查行动基本融合,例如本来会员是按 NYSE 的要求出面,却受到 SEC 的询问。证据显示,NYSE 和 SEC 每周都交流调查所得,交易所甚至为了检查一些基本问题拜访过 SEC。因此,听证小组多数成员认为,本质上这是一个单独的政府调查,尽管形式上接受 NYSE 调查,被调查人员仍应享有禁止自证其罪的权利。[1]

自律组织不适用禁止自证其罪原则无疑创设了美国司法制度一个漏洞。政府可以通过自由地将其监管权力外包给自律组织的方式规避宪法关于禁止自证其罪的要求,并利用自律组织调查得到的信息对有关行为人提起类似的刑事犯罪指控。[2]

(三)自律组织豁免适用的理由

一般认为,自律组织之所以不适用禁止自证其罪原则,原因在于自律组织不拥有调查工具,例如窃听、搜查令和签发传票的权力[3]。正是因为自律组织没有签发传票的权力,如果他们对那些拒绝作证或提供文件的人员没有禁止从业的权力,那么自律组织就无法有效地行使监管权力。在一部分

[1] NYSE Hearing Panel Dec.87-21,1987 WL 225766(Apr.15,1987).

[2] William I.Friedman, "The Fourteenth Amendment's Public/Private Distinction Among Securities Regulators in the U. S. Marketplace—Revisited", *Ann. Rev. Banking & Fin. L.*, Vol. 23, (2004),p.758.

[3] 签发传票权(subpoena power),是指 SEC 官员所享有的权力。根据该权力,他可以传召与该调查有关的任何人及任何证物。若任何人不服从传票传召,则可诉请联邦地方法院强制执行。而美国证监会的传票对反抗者可以有着法定执行力。可以这样说,美国证监会对违反证交法的调查权力是无限制的,而且法院对于美国证监会官员基于办案需要而随意传召证人或证物行为不会有所怀疑。美国证监会的调查是受美国宪法保障的,任何人对其传票的挑战均将被法庭拒绝。郎咸平:《"举证责任"是证券交易法成败关键》2009 年 4 月 15 日,见 http://www.p5w.net/docs/fortune/200103/20.html。

案件里,那些接受调查并且随后因同一行为被指控的人员主张,对于不合作的行为施以市场禁入的处罚是对宪法第五修正案权利的剥夺。因为最高法院曾在判例中认定,对于在刑事案件中拒绝提供证据的证人,如果该证据的提供不利于该证人,则不能剥夺该证人的工作。例如在 United States v.Solomon① 案中,被告 Solomon 是 NYSE 会员公司 Weis 公司的高管,在认识到如果拒绝作证将导致市场禁入的处罚后②,他向交易所会员部提供了会员公司部分违规证据,并承认是他产生伪造公司财务状况的想法并予以实施。NYSE 尚未作出纪律处罚之前,SEC 就签发传票要求 NYSE 提交所有与 Solomon 有关的调查材料。这些材料随后又被转移到政府的刑事检察官办公室,以帮助他们进行刑事调查。这样相关信息就在 NYSE、SEC 和政府法律部门间共享,并导致了如下结果:联邦检察官据此对被告会员公司提出指控,会员公司被纽约南部地区法院宣告进入破产程序,同时,该法院还受理了针对 Solomon 及其会员公司的 18 起诉讼案件。最后,一审法院基于这些信息判处 Solomon 有罪。被告不服提出上诉,被告认为,联邦检察官使用了其在 NYSE 供述的证据违反了禁止自证其罪原则,并且,NYSE 的讯问等同于 SEC 的讯问,因为 SEC 能够对 NYSE 施加足够的影响,NYSE 已经成为了政府机构的"手臂"。法院驳回了 Solomon 的主张,认为,证券交易法并未用其他程序取代自律程序,而且,SEC 被赋予了权力以确保自律组织能够谨慎和有效地使用其自律权力,自律组织仍然保留了保护投资者的权力和动力。NYSE 是私人组织不是政府部门,政府部门需要依赖私人组织实现证券法的目标,法院进一步确认,NYSE 的调查并未成为政府行为者的调查,因此第五权利修正案不能适用。同样,在 Jones v.SEC③ 案中,原告提出,SEC 违反了宪法第五修正案的禁止一罪两罚条款(Double Jeopardy Clause),联邦

① 509 F.2d 863(2d Cir.1975).

② 当时的《纽约证券交易所章程》第 14 条规定,如果理事会、任何委员会、高管、经授权的工作人员依据本条作出裁定,要求会员、联合会员或者取得许可的人员或者要求其雇员提供信息,出席作证,而这些人拒不遵循这些要求,那么这些会员或联合会员的资格将被中止或取消,取得许可的人员的许可将被撤销。

③ 115 F.3d 1173,1182-83(4th cir.1997).

第四巡回法院以 NASD 并不是政府机构为由予以驳回。上述先例被地区法院遵循。在一起案件中,当事人提出 NASD 是准政府机构,法院未予支持。相反,法院认为,NASD 并不是政府机构,它是依据特拉华州法律成立的私人非营利性公司,该公司从未从任何联邦或地方政府机构获得财政支持。[①]

在一起涉及互助基金时机选择(market timing)和尾市交易(late trading)调查的违规行为案件里,作为 NASD 会员公司的前关联人(associated person),Justin F.Ficken 拒绝提供证据。听证委员会做出了禁止其以任何方式与任何会员公司发生关联的处罚决定。NASD 裁决委员会(National Adjudicatory Council,简称"NAC")维持了该处罚决定,认为 Ficken 声称的 NASD 职员向 SEC 和司法部提交文件的行为并不能说明 NASD 的行为是政府行为。SEC 撤销了该决定并要求 NAC 重新裁决。SEC 要求给予 Ficken 证明在 SEC 和 NASD 之间存在联合行动的机会,但强调会员与 NASD 之间的合作很难使 NASD 的角色发生转变,原告声称的事实是不充分的、孤立的,不足以证明政府行为的存在。

最近几年,因为自律组织与 SEC 和司法部在指控某些违法违规行为时存在密切合作关系,关于接受自律组织调查的人员是否应受宪法权利保护再次引发争论。SEC 也开始承认在特定条件下,自律组织可以被视为以政府代理人的身份从事了某项调查。在 Frank P.Quattrone[②] 一案中,Frank P. Quattrone 认为,他之所以拒绝向 NASD 提供信息,是因为他面对的是由 SEC 参与的联合调查,NASD 的调查变成了政府行为,因此,他应当享有宪法第五修正案的保护。在听证环节,Frank P.Quattrone 拒绝对未决刑事指控提供证据。NAC 对 Frank P.Quattrone 实施了全面市场禁入的处罚,因为委员会认为他拒绝提供证据是异乎寻常的错误行为。SEC 撤销了该处罚决定,理由是 NASD 在联合调查中要求提供证据的行为性质上变成了政府行为,因此,Frank P.Quattrone 受宪法第五修正案保护。

PCAOB 具有与上述自律组织相似的权力,它也可以暂停或终止某个拒

①　Robert S.Karmel,"Should Securities Industry Self-Regulatory Organizations Be Considered Government Agencies?",*Stan. J. L. Bus. & Fin.*,Vol.14,(Fall 2008),pp.177–179.

②　Exchange Act Release No.53547(Mar.24,2006).

绝作证的公众审计公司及其人员的资格。如果证人拒绝合作,PCAOB 还可以寻求 SEC 签发传票。而且,PCAOB 还被要求在调查潜在的违反证券法律的行为时与 SEC 保持合作。或许基于上述原因,PCAOB 明确允许证人可以主张宪法第五修正案的保护,但如果证人提出这样要求,PCAOB 可保留基于此做出逆向推定的权力。随着 SEC 对联合调查的认可以及华盛顿特区巡回法院对永久市场禁入惩罚之严厉性的关注,自律组织赋予被调查人员宪法第五修正案权利似乎提上了日程。如果这么做确实过分地阻碍了自律组织调查的开展,以下两个方案或许是可行的。其一,对于拒绝提供证据的证人给予暂时的市场禁入处罚,直至其决定作证。其二,申请 SEC 签发传票支持。总之,考虑到本领域法律发展的实践,对拒绝作证的人给予永久市场禁入的处罚似乎是不恰当的。①

（四）典型案例

1. D. L. Cromwell Investments, Inc. v. NASD Regulation, Inc.②

原告 D. L. Cromwell Investments, Inc 和其个人雇员（以下简称"Cromwell"）都是 NASD 的会员。他们起诉要求法院颁布禁令,禁止被告 NASDR 以 NASD 章程第 8210 条规定③的惩罚为威胁,强迫他们服从于记录在案的约谈。原告认为,NASDR 已自愿成为检察官的工具,强制约谈违反了宪法规定的禁止自证其罪原则。美国纽约南区地区法院一审作出判决,驳回了原告的请求。理由是 NASDR 并不是政府行为者,因此不受宪法约束。原告不服,向联邦第二巡回上诉法院提起上诉。

本案的基本事实是:NASDR 作为 NASD 下设的监管机构,负责对违规行为进行调查并实施纪律处分程序。NASDR 的具体执行部门（DOE）具体负责调查和纪律处分听证会和实施处罚,具有某种程度的行政和司法权力。

---

① Robert S. Karmel, "Should Securities Industry Self-Regulatory Organizations Be Considered Government Agencies?", *Stan. J. L. Bus. & Fin.*, Vol. 14, (Fall 2008), pp. 179–181.

② 132 F. Supp. 2d 248 (S. D. N. Y., 2001.), 279 F. 3d 155. C. A. 2 (N. Y.), 2002.

③ 第 8210 条大致内容是:DOE 有权利要求会员就与 NASD 调查有关的所有事项,以书面的、口头的、电子的形式提供信息,有权要求其到 DOE 工作人员指定地点作证,如果会员不配合,将会遭致纪律处分,最严重的可能被处以证券市场终身禁入的处罚。

在 DOE 内部还成立了刑事指控协助组织(the Criminal Prosecution Assistance Group,以下简称"CPAG"),该组织协助联邦和州政府对证券事务进行调查。CPAG 的行动是独立的,也不执行其他职责。但是,其律师向 DOE 的主任负责,该律师与 DOE 的律师共用一个秘书,DOE 的雇员遍布 CPAG 的工作场所周围,其电话、传真、计算机系统等都与 DOE 共享。1998 年 11 月,CPAG 按照 FBI 的要求提供了与 Cromwell 有关的文件,1999 年 3 月,DOE 律师和工作人员去弗罗里达州调查 Cromwell 的书面材料证据。随后,DOE 律师将收集到的信息向 FBI 进行了概要描述,并在 FBI 发出正式请求后,允许 FBI 阅看这些文件。2000 年夏天,纽约东区检察官办公室与 DOE 分享了其各自调查的进展情况。稍后,CPAG 协助检察官获得搜查令,对 Cromwell 纽约办公室进行了搜查,并获得了部分资料。2000 年 11 月,DOE 要求 Cromwell 提交相关文件。Cromwell 答复说部分文件已被联邦政府机构取走,因此,DOE 要求其编制文件目录。由于其编制的文件难以辨认,最后,DOE 从 CPAG 办公室得到了相关材料。随后,DOE 要求原告接受记录在案的约谈,原告不服,提起诉讼。

本案的关键在于认定被告的行为是否构成政府行为。法院认为,私人行为只有在可公平地归结于政府时,第五修正案才有适用余地。法院采纳了 Jackson v. Metropolitan Edison Co. 案的紧密关联理论,认为只有在政府与被指控的监管实体之间存在足够充分的紧密联系,后者才能被认定为政府行为。本案中,NASD 并不是政府机构,它只是个私人实体,没有获得任何联邦或州财政的支持,政府也没有指定其会员或者在其理事会中担任角色。虽然 NASD 调查程序中的证据可能引发刑事责任的指控,但这不足以确认必要的政府联系的存在,原告必须另行提供其他充足证据,证明存在政府行为。Cromwell 庭审中提出以下证据证明二者的联系:(1)CPAG 和 DOE 之间存在管理上的重叠;(2)一名未确认身份的 FBI 雇员曾对上诉人说,我们一直和 NASD 工作在一起,他们能准确知道现在发生了什么;(3)DOE 曾就两份书面文件对 Cromwell 雇员进行质询,但 Cromwell 相信这些文件之前就已被 FBI 获得,而 Cromwell 从未向 DOE 提供过这两份文件;(4)大陪审团传票允许证人将相应的文件直接交给 CPAG,由后者再转交陪审团;(5)

DOE 拒绝在刑事调查结束前中止约谈。一审法院认为 DOE 和政府部门之所以搜集了相同的证据,是因为他们沿着相同的方向独立进行了调查。法院对上述检察官与 NASD 合作的言论并不感到吃惊,也不对 CPAG 传送相关文件给 FBI 的行为有所怀疑。因为,CPAG 事实上服务于政府,它的行为应被视为政府行为。尽管 CPAG 是 NASDR 的分支,但其扮演的政府行为者的角色却并不能公平合理地由 DOE 的其他部门承担。有证据显示,上诉人被要求作证是 DOE 独立提出的,并不存在政府的劝诱行为或与政府进行过合谋。Cromwell 也承认 NASDR 享有对证券交易进行调查的监管责任,NASDR 独立履行职责不受政府的影响。因此,尽管在政府、CPAG 和 DOE之间存在某种联系,但法院并不认为 NASD 的行为构成政府行为。最终,上诉法院维持了一审判决。

2.United States v.Solomon①

本案中,Solomon 辩称,正当程序条款已延伸适用于与政府有某种形式联系的私人,NYSE 与政府有着密切的联系,禁止自证其罪条款应当适用于本案。Solomon 认为,NYSE 的讯问行为必须被视为政府行为,因为事实上交易所在执行《证券交易法》方面,部分已经成为政府的"手臂"。法院没有采纳原告的观点,认为交易所是依据自身的利益和责任对 Weis 公司展开调查,并不是 SEC 的代理人。Solomon 的行为既违反了 NYSE 规则,由此导致其受到交易所的纪律处罚,同时也违反了联邦法律,由此遭到政府部门的民事和刑事责任指控,但这并不足以创设一种代理关系。NYSE 并不是政府行为者,因此正当程序不应适用。尽管对于该案判决理由存在质疑声音②,但该案还是对后续案件判决产生了重要影响,至此以后,尚未有判例将证券自律组织的行为归结为政府行为。③

---

① 509 F.2d 863(C.A.N.Y.1975).

② 有学者认为这是法院不了解交易所处罚程序的体现。在交易所处罚程序中,被处罚个人往往被交易所威胁如果不配合将失去生计或名誉受损,因而不得不提供证据。See Richard L.Stone & Michael A.Perino,"Not Just a Private Club:Self Regulatory Organizations as State Actors When Enforcing Federal Law",*Colum.Bus.L.Rev.*,Vol.1995,(1995),p.491.

③ Steven J.Cleveland,"The NYSE as State Actor?:Rational Actors,Behavioral Insights & Joint Investigations",*Am.U.L.Rev.*,Vol.55,(October 2005),p.22.

四、自律权力行使的公正程序要求

虽然,司法判例认为自律组织是私人组织,因此不必遵循只适用于政府行为的正当程序要求,但并不意味着自律组织可以任意行使权力。宪法规定的正当程序条款既是原则性的,也有着极其复杂的内涵。可以说,宪法意义上的正当程序强调的是程序的正当性价值理念,这种理念不是一成不变的,而是一个动态的变动过程。随着时代的发展正当性会被赋予不同内涵,从而富有极大的弹缩性,以更好地约束政府行为,实现保护人民权利免受政府不当侵害的立法宗旨。司法判例只是豁免了宪法意义上的正当程序要求,但并不是自律组织行使自律监管权力时无需遵守任何程序。实践中,自律组织仍需遵循一定的公正的程序要求,否则其行为效力也是值得怀疑的。依据美国《证券交易法》第六章的规定,自律组织对会员及其关联人进行调查和处罚,必须提供公正的程序。处罚的措施包括开除、暂停资格、对营业能力进行限制、罚款和谴责。除了对会员及其关联人员进行惩戒外,下述事项也适用:拒绝会员资格申请,禁止某人成为任何会员公司的关联人,对任何人使用交易所和其会员提供服务的禁止或限制等。

交易所必须向被调查的人员告知被指控违规行为,允许被指控的人进行辩护。交易所必须制作程序记录。每一个处罚决定都必须附有被指控的行为内容;涉嫌违反的证券法条款、SEC 规则和交易所规则;实施处罚的理由。惩戒程序应当举行听证,听证小组由会员、关联人和会员的雇员等三人组成,成员须经交易所任命。听证小组成员不应参与前期的调查。

在听证程序正式开始前设置了预听证程序,听证小组人员被授权处理所有的程序性和证据性事务。在听证阶段,并不要求遵循严格的证据规则。通常,由听证人员决定有关证据是否采用。最后听证小组按照多数原则做出决定。在做出最终决定后,交易所应按要求告知 SEC,并附上关于案件事实背景的详细资料和处理过程记录,以备 SEC 决定是否主动提起审查并判断交易所是否全面履行了法律义务。被处罚的人如果对惩戒决定不服,可以向自律组织理事会提出申诉,对理事会的决定还不服,可以向 SEC 申请复议。如果对 SEC 复议决定不服,可以向法院提起诉讼。期间,利害关系人还可以向法院申请发布禁令,阻止自律组织开展某项调查或实施处罚。

尽管在自律组织身份问题上法院看法不一,但在自律组织行使监管权力时却无一例外地要求其保证程序的公正性。在 Villani v.NYSE 案中,纽约南部地区法院认为,自律组织只有在程序公正的情况下才能采取处罚措施。在 Crimmins v.American Stock Exchange① 案中,尽管法院驳回了原告聘请律师的请求,但法院仍然非常强调公正程序的价值,并且恰恰是基于交易所程序公正有保障的认识下作出的判决。现在几乎所有的自律组织规则都允许聘请律师参与纪律处罚程序。②

第二节　自律规则制定权力的行政制约

一、SEC 对自律规则的审批程序

(一)业务规则制定过程中的审批程序

美国 1975 年《证券交易法》修正案规定,自律组织制定新规则或对原规则做出修改,除非符合"颁布即生效"的类型,否则必须提交 SEC 批准。SEC 有权力废除自律规则或增加、删除某些规则,但事实上,SEC 几乎没有用过这些权力。③ 所以本部分重点研究自律规则的批准程序。

根据《证券交易法》第 19 章(b)节相关规定,只有获得 SEC 的批准,自律组织的规则才能生效。自律组织必须提交拟修改规则建议的副本,并附上关于该建议的目的和基础的说明。SEC 收到申请后,必须将该规则建议发布以便公众进行评论。评论周期通常为 35 天并且集中在竞争性议题上。如果 SEC 发现该规则建议与《证券交易法》的要求一致,它就必须批准。SEC 通常考虑该规则建议是否将对竞争产生不必要的或不恰当的负担。SEC 必须顾及投资者的保护,并且判断规则建议是否有助于提高效率、竞争

---

① 346 F.Supp.1256(S.D.N.Y.1972).

② William I.Friedman,"The Fourteenth Amendment's Public/Private Distinction Among Securities Regulators in the U.S. Marketplace—Revisited", *Ann. Rev. Banking & Fin. L.*, Vol.23, (2004),pp.761-762.

③ Robert S.Karmel,"Should Securities Industry Self-Regulatory Organizations Be Considered Government Agencies?", *Stan. J.L.Bus.& Fin.*, Vol.14,(Fall 2008),p.182.

和资本形成。

在分析自律组织规则建议对竞争的影响时,SEC认为并不是要求以最小的反竞争方式去实现目标,而是要求任何反竞争的影响对于实现目标来说是必要的或适当的。在评价规则建议的反竞争效果时,SEC需要在维护公平竞争的目标与证券交易法的其他目标,例如投资者保护之间做出平衡。尽管《证券交易法》在许多条款里要求SEC评估市场行为对竞争的影响,但在如何认定、分析竞争问题上几乎没有规定。因此,实践中通常由SEC及其雇员根据个案决定哪种竞争方式或措施是最有效的。在规则制定程序,SEC一般要对规则的竞争效果进行详细解释并附上实证数据支持。但是,大量的关于规则建议的负面评论将会促使SEC采取与其竞争分析结果不同的措施。结果是,规则批准程序几乎难以涵盖竞争效果的分析。

如果SEC不能确定某项自律规则可能产生的效果,它经常对批准规则附加试用期。在这种情况下,SEC会经常要求自律组织提交关于该规则实施效果的数据以便能够评价该规则是否符合法律标准以及是否应当批准该规则正式生效。由于自律规则是经SEC批准后生效,受该规则影响的主体可以诉请联邦上诉法院对规则进行司法审查。[1]

对于那些"颁布即生效"的自律规则,虽然不需SEC批准即可生效,但SEC拥有废除的权力。如果SEC认为这样做对于投资者保护是必要的或者有助于实现证券交易法的目的,SEC可以要求自律组织按照通常方式重新制定,并且同样经历公示和公众评论过程。实践中,SEC这么做往往是考虑到这些规则可能引起重大的政策关注,因此在永久生效前(permanently effective)应当接受利益相关者的评论。[2]

如果SEC决定对规则建议不予批准,它必须启动相应程序,将自己的意见进行公示并举行听证。无论如何,180天之内,SEC必须做出最后决定。在SEC行使对自律规则的废除、删除、增加等权力时,不仅应当通知受影响的自律组织,而且还应将修改建议在联邦登记簿上予以公示。公示内

---

① Exchange Act § 25(a).

② Lanny A.Schwartz, "Suggestions for Procedural Reform in Securities Market Regulation", *Brook.J.Corp.Fin.& Com.L.*, Vol.1, (Spring 2007), pp.418-421.

容包括修改建议和修改理由。利益相关人有机会通过书面或口头的方式表达意见。当修改决定通过后，SEC 必须发布公告对新规则的基础和目的进行说明。整个规则修改程序必须按照《行政程序法》关于制定规则的要求进行。尽管如此，按照上述程序制定的规则仍然构成自律规则的一部分，不应作为 SEC 的规则看待。①

当然，自律规则的批准程序也存在不透明的问题，需要加以完善。

按照《证券交易法》第 19 章(b)1 的规定，如果 SEC 在规则建议公示 35 日内没有启动不批准程序，该规则建议就生效。但 SEC 收到规则建议后在什么时间公示却没有强制性规定。实践中，许多情况下 SEC 并不会立即公布该规则建议的内容，而是在公示前要开展非正式的审查程序，对草案内容进行内部评论。自律组织并没有有效的办法推动 SEC 启动规则建议的公示和公开评论程序。也就是说，自律规则的生效通常要经历不止 35 天的时间，甚至可能长达数年时间，这取决于 SEC 官员的态度。SEC 市场监管委员会还通常附加非正式的标准作为规则建议公示以及日后批准的条件，而该标准并不包含在法律或证监会规则中。结果是，尽管自律规则经历了公示和公众评论的程序，但并不必然揭示了 SEC 官员强加给自律组织的意见。而且，尽管经 SEC 批准的规则要接受司法审查，但附加给自律组织的非正式条件却难以审查，当事人很难主张他们的权利受到了这些非正式规则的侵害。

自律组织规则制定程序的另一个缺陷是 SEC 通常不能清晰地阐明其关于自律规则对竞争影响的决定的理由。相反，它的观点往往是结论性的并缺乏分析过程。即使规则建议不能满足 SEC 官员关于竞争的标准，该官员也很少启动不批准程序。在这种情况下，该官员或者拒绝对该建议进行公示或者要求自律组织"自愿"撤回建议。这就使得市场参与人员很难获悉 SEC 官员关于竞争效果的分析方法，因此也就很难做出相应规划。②

---

① Richard L.Stone & Michael A.Perino, "Not Just a Private Club: Self Regulatory Organizations as State Actors When Enforcing Federal Law", *Colum. Bus. L. Rev.*, Vol. 1995, (1995), pp. 462-463.

② Lanny A.Schwartz, "Suggestions for Procedural Reform in Securities Market Regulation", *Brook. J. Corp. Fin. & Com. L.*, Vol.1, (Spring 2007), pp.434-435.

所以,今后 SEC 应加大决策程序的透明性。主要途径有增加"颁布即生效"的规则类型;充分利用证券法赋予的修改自律规则的权力加强事后监管;对规则的竞争效果和合法性进行更详细的解释说明等。①

（二）业务规则颁布后的审查修正程序

在业务规则颁布后,如果发现规则存在不适当情形,法律赋予主管机关对业务规则进行修正的权力,即主管机关可以撤销、变更业务规则的内容。如美国证券交易法第19(c)条规定,若 SEC 认为对确保公平管理自律组织、使自律组织规则符合本法要求及本法项下使用与该组织的规则和条例或以其他方式对促进本法目的之时限等确属必要或适当,则可通过规则以下列方式废除、增添和删除自律组织的规则。具体规定如下:

（1）SEC 应通过自律组织并在《联邦公报》上公布与拟议制定规则有关的公告。通知应包括拟议对自律组织现有规则的修订全文及 SEC 就修订的理由（包括相关事实）提供的说明。

（2）SEC 除向有关人提供提交有关书面材料的机会外,还应向其提供口头陈述其资料、观点和论点的机会,口头陈述应留有笔录。

（3）依据本款通过的规则应并入自律组织规则的修订文本和 SEC 对该规则进行如此修订的基础和目的之说明。该等说明应包括 SEC 据以考虑决定如此修订自律组织规则的事实认定,包括 SEC 就制定规则中有争论的事实问题得出结论的理由。

（4）（A）除本款第（1）至（3）项之规定外,本款项下的规则制定应符合《美国法典》第 5 编第 553 节中就不留记录之规则制定所规定的程序。

（B）本款任何规定不应视为减损或限制 SEC 制定、修改、改变依据本法项下的任何其他权力在规则和条例制定过程中要遵循的程序的权力。

（C）SEC 依据本款对自律组织规则所作的任何修订,应视为本法所指的该自律组织之规则的一部分,而不应视为 SEC 的规则。

（5）对于（b）款第（5）项所述的规则,在废除、增加或删除前,SEC 应与

财政部长协商并考虑其意见,除非 SEC 认定在需要采取迅速、简易程序的紧急情况,但要公布采取该程序的理由。[①]

二、我国香港地区自律规则的审批程序

我国香港《证券及期货条例》第 24 条(批准认可交易所规章或对该等规章的修订)规定:

(1)除第(7)款另有规定外,认可交易所的规章(不论是否根据第 23 条订立)或对该等规章的修订须获证监会书面批准,否则不具效力。

(2)认可交易所须—

(a)将或安排将任何根据第(1)款须取得批准的规章及修订,呈交证监会批准;呈交的规章及修订须附有就该等规章及修订的目的及相当可能会有的影响(包括对投资大众的影响)而作出的解释,该等解释的详细程度,须足以使该会能够决定是否批准该等规章及修订;及

(b)在属根据第(7)款宣布的类别的规章订立后,及在对该等规章的修订作出后,在合理地切实可行的范围内尽快向证监会呈交或安排向该会呈交该等规章及修订,让该会知悉。

(3)证监会须在收到认可交易所根据第(2)(a)款呈交的规章或修订后的 6 个星期内,藉送达书面通知予该交易所,批准或拒绝批准该等规章或修订(视属何情况而定),或批准或拒绝批准其中任何部分;如该会拒绝批准,须在有关通知中说明拒绝批准的理由。

(4)证监会根据第(3)款给予的批准,可受某些在该等规章或修订或其中任何部分生效前须符合的要求所规限。

(5)证监会可在有关的认可交易所的同意下,在任何个别个案中延展第(3)款订明的期限。

(6)财政司司长可在咨询证监会及有关的认可交易所后,延展第(3)款订明的期限。

[①] 吴伟央:《证券交易所自律管理的正当程序研究》,中国法制出版社 2012 年版,第72 页。

(7)证监会可藉宪报公告宣布认可交易所的某类别的规章无需根据第(1)款获批准,而任何属于该类别的该交易所规章(包括对该等规章的修订)即使没有根据第(1)款获批准,仍属有效。

第三节 自律监管权力的司法制约

证券业自律组织在履行自律监管职责时,能否因监管不当而被诉诸法院要求承担民事责任?例如,因上市公司虚假陈述、信息披露失实而使投资者遭受损失,投资者能否以交易所疏于监管为由要求其承担民事赔偿责任?当证券公司违规从事交易,进行市场操纵或内幕交易,因交易所未能及时发现并制止而给投资者带来损失,投资者能否要求交易所承担相应的民事赔偿责任?当自律组织未能有效监控证券公司或上市公司风险,甚至不当地予以推荐,一旦这些公司巨额亏损甚至破产时,投资者主张自律组织赔偿损失是否正当?当投资者认为交易所对某只股票采取的暂停交易、终止交易等措施不当对其带来损失时,能否要求交易所赔偿?当会员或其他主体认为自律组织对其的处罚措施不当,而给自己带来财产上的损失时,能否要求自律组织承担民事责任?诸如此类的问题说到底就是自律组织是否具有可诉性。

自律组织是否应因自律监管承担民事责任,是一项重大的制度安排,关乎自律组织的自律监管权力如何行使,关乎证券市场相关主体的切身利益,甚至决定着一国证券市场的发展前景。这是因为,如果要求自律组织承担民事责任,虽然能有效地约束自律组织权力的行使,但也可能因某项监管不到位引发大规模的集团诉讼,如美国安然、世通公司财务欺诈案,投资者损失惨重,如果都诉诸交易所承担民事责任,交易所恐怕不堪重负,最终可能走上破产的边缘。交易所如果关门,将直接危害国民经济的安全,其后果不堪设想。如果赋予自律组织民事责任豁免权,虽然能够避免上述危机的发生,但如何约束自律组织谨慎行使自律监管权力不无疑问,如果自律组织疏于监管或滥用监管权力,市场主体的利益如何保障也是必须正视的问题。尤其是随着交易所非互助化进程的推进,自律组织的民事责任豁免问题进一步引发争论。近期发生在美国的几个案件就是很好的说明。本节,笔者将以美国证券市场自律组织民事责任绝对豁免权(absolute immunity,以下简称"绝对豁免权")制度的演变为脉络,分析自律组织绝对豁免权制度的得失,并对自律组织绝对豁免权的立法发展趋势进行探讨,提出本书的看法。

一、绝对豁免理论梳理

绝对豁免是指无条件地使责任主体豁免承担任何民事责任,即使其行为出于恶意,因而被称为最彻底的责任豁免形式。绝对豁免最初授予法官,后来扩展到检察官等其他承担司法或准司法职能的主体。

(一)绝对豁免理论的历史演进

法官是最早享有绝对豁免特权的主体,在十七世纪普通法就确认了该规则。该规则来源于如下理念:国王授权法官依法向臣民输送正义,因此法官只对国王而无需对其他任何人负责。1608 年,英国法院发现如果令法官对其司法行为负责,将导致对所有公平正义的颠覆和不满,那些最正直的法官将陷入持续的恶意中伤漩涡中。到 19 世纪,英国法院系统阐述了法官绝对豁免理论。在 Fray v Blackburn 案中,法官认为,我们法律的基本原则是:没有人可以挑战法官的司法行为,即便该行为存在恶意或者受贿的事实。公众将从该原则中获得极大的利益,因为该原则有助于司法独立并防止法官受到令人讨厌的行为的侵扰。

美国联邦最高法院首次明确确认该原则是在 Bradley v Fisher[1] 一案。法院认为,授予法官绝对豁免权可以追溯到几个世纪前的英国普通法。由于司法程序要解决的不仅仅是金钱方面的利益,还涉及当事人的自由和人格方面的争议,由此必然导致败诉的一方对判决结果的不满。授予法院绝对豁免权是保证他们能够独立判案的唯一方式。正如汉德(Hand)法官指出的,该原则的合理性在于:在案件审理前,我们不可能知道原告诉讼请求能否成立。如果令法官承担审判的压力以及由判决结果导致的不可避免的

---

[1]　80 U.S.335(1871).

风险,将极大抑制除了最果敢的和最不负责任的法官外的其他法官履行其职责的热情。后来,绝对豁免扩展适用到检察官。第二巡回法院认为,无论检察官的起诉行为导致被告获罪还是释放,都应该享有绝对豁免权,只有这样才能维护检察官的独立性。①最高法院在 Imbler v.Pachtman 案中指出,赋予检察官绝对豁免权是出于与法官绝对豁免权同样的考虑,不确定的诉讼将会导致检察官分散其履行公共职责的精力,他们可能因此不能按照公众信托的要求保持其判断的独立性并可能不敢作出明确决定。②在 Barr v.Matteo③ 案中,最高法院强调了赋予绝对豁免权的重要性。法院指出,政府官员应该自由地履行其职责,不应为此受到民事索赔案件的困扰,这些案件将花费官员大量时间和精力,而这些原本应投入到公共服务中。诉讼的威胁也将妨碍政府职员以无畏的、精力充沛的状态高效率地贯彻和实施政府政策。

此后,法院将绝对豁免适用于行使准司法权的联邦行政人员。在 Butz v Economou④ 案中,法院需要判断是否联邦农业部的官员享有绝对豁免权。法院首先考察了以往案件授予绝对豁免权的背后逻辑,得出结论认为:法官之所以享有绝对豁免,不是因为他们在政府中的特殊位置,而是因为他们职责的特殊性。由此,法院断定,本案中,农业部官员的裁决行为与检察官、陪审团的准司法行为具有功能上的相似性,因此他们也应获得绝对豁免。在授予绝对豁免的同时,法院还分析了防止权力滥用的因素。法官任期不受政治压力影响,审理案件应遵循先例,并受到对抗性程序的拘束,同时还受当事人选择上诉的制约。同样,检察官要受到职业责任与公开庭审对抗程序的制约。在分析了行政机构程序中的对行政人员的制约因素后,法院认为行政法对于维护行政司法官员独立性的制约可以阻止其犯错误的几率。在行政程序中,那些执行检察官职责的律师也应基于同样的理由

---

①　Rohit A.Nafday,"From Sense to Nonsense and Back Again:SRO Immunity,Doctrinal Bait-and Switch,And a Call for Coherence",*U.Chi.L.Rev.*,Vol.77,(Spring 2010),pp.855-856.

②　424 U.S.423-424,96 S.Ct.984(1976).

③　360 U.S.564,79 S.Ct.1339(1959).

④　438 U.S.478,98 S.Ct.2894(1978).

赋予绝对豁免。① 法院将绝对豁免适用于行使准司法职能的行政官员,进一步扩大了享有绝对豁免主体的范围,虽然有利于保障行政法官权利,但同时也面临着如何平衡受到影响的利害关系人的利益问题。

当然,就绝对豁免的适用主体来说,还包括总统、议员,由于其与本书主旨无多大关联,故于此不展开论述。

(二)绝对豁免的适用

上文主要从适用绝对豁免的主体的角度进行了分析,但实践中,并不是这类主体的所有行为都受绝对豁免特权的保护。根据司法实践和相关法律的要求,绝对豁免的适用要遵循以下原则:

1.绝对豁免根据行为的功能性,而不是根据主体的身份而定。例如法官只对司法行为享有绝对豁免,对于行政行为则不享有该权利。为了判断司法行为,必须考虑以下四个因素:其一,被诉的行为是否具有正常的司法功能;其二,该行为是否发生在法庭或类似场所,例如法官办公室;其三,案件的争议在提交法院前是否未决的;其四,被诉行为是否直接源于法官在其职责范围内与当事人的接触。② 在 Forrester v. White 案中,最高法院就拒绝适用绝对豁免,理由是法官解聘缓刑官的行为是行政行为。对于检察官来说,只有其行为构成司法程序的内在必要组成部分时,才能享有绝对豁免,其从事调查性和行政性的行为,以及就某一案件对外发表看法,都不能适用绝对豁免。对于承担准司法职能的人员来说,他们也享受绝对豁免,无论其担任何种职务。目前,还有一种趋势就是扩大证人的豁免权,不限于传统的警察作证情形,甚至扩展到那些提供宣誓书的证人。

2.作为一般原则,绝对豁免仅适用于金钱赔偿,而不适用于禁令救济。例如,根据 1996 年联邦法律,法官对任何民事案件和禁令都有绝对豁免权。议员也对禁令享有绝对豁免权。除此之外,绝对豁免不适用于禁令救济。③

---

① Rohit A.Nafday,"From Sense to Nonsense and Back Again:SRO Immunity,Doctrinal Bait-and Switch,And a Call for Coherence",*U.Chi.L.Rev.*,Vol.77,(Spring 2010),pp.857-858.

② 70 F.3d 367,373(5th Cir.1995).

③ Erwin Chemerinsky,"Absolute Immunity:General Principles and Recent Developments",*Touro L.Rev.*,Vol.24,(2008),p.476.

3.由于绝对豁免适用于履行"准司法"职责的主体,如何确认"准司法"属性成为适用绝对豁免的前提条件。在前述 Butz v Economou 案中,最高法院列出六项标准以判断行政机构及其职员是否履行着准司法职能:(1)是否能确保行政职员在无烦扰和不受恐吓的情形下履行职责;(2)现有的防卫措施是否能够减少职员因违宪行为带来的损害;(3)是否与外在政治压力绝缘;(4)先例的重要程度;(5)程序的对抗性;(6)是否能够通过上诉纠正错误裁决。① 按照王名扬先生的概括,以下情形可以认定为"准司法"职责:(1)作出决定的程序采取对抗式,双方当事人都有攻击和防卫的权利;(2)进行裁决的人员具有一定的独立性,不受外界的压力;(3)进行裁决的人具有法院基本的权力,例如签发传票、裁决证据、支配听证程序、作出决定等;(4)各方面利害关系人必须得到通知,禁止主持听证和作出决定的人和任何一方当事人单独的接触;(5)必须保存全部证据并作为记录的一部分;(6)决定必须根据记录,决定书必须包括事实的裁定和法律结论;(7)当事人不服裁决有向法院上诉的权利。②

二、有限豁免理论梳理

有限豁免(qualified immunity)相对于绝对豁免而言。同时,由于根据普通法传统,绝对豁免仅适用于法官,尽管经过法院解释扩大适用于行使准司法职能的检察官、行政法官等,但这类群体数量毕竟非常有限。随着政府行政职能的扩大,行政人员的数量急剧扩大,由此导致行政侵权案件迅速增长。对于庞大的并不承担司法职能的政府行政分支人员,如何提供适当的豁免保护,以在调动行政人员执法的积极性和对行政相对人的救济方面进行适度平衡,成为必须要解决的问题。最高法院认为,在某些情况下,授予绝对豁免是不合时宜的。于是,其创造确认了"有限豁免"的类型,以避免绝对豁免的不必要延伸适用。有限豁免是对那些不能得到绝对豁免保护的政府官员提供的另一种豁免形式,除了那些不能胜任的和明知违反法律仍

---

① 438 U.S.512,98 S.Ct.2894(1978).

② 王名扬:《美国行政法》,中国法制出版社 2005 年版,第 806 页。

然实施行为的人,有限豁免对政府职员提供了充分的保护。"有限豁免是
为了在补偿那些受到政府行为损害的主体和保护政府履行传统的政府职责
的能力之间寻求平衡。"①即使享有绝对豁免的法官、检察官,如果其从事的
与司法程序无关的行为,只可能享受有限豁免。例如,当检察官从事调查事
务时,他只能享有有限豁免。绝对豁免属于无条件的豁免,只要是从事职责
范围内的相关行为,就会享有该权利,不论是否存在恶意。相对豁免则不
同,只有具备一定的条件,才可能享受到豁免。从程序上分析,绝对豁免从
入口上设置障碍,只要个人的作为或不作为是在其职责范围内,法律就禁止
对其提出民事诉讼。无论其行为多么恶劣或者其结果多么有害,绝对豁免
都会得以应用。而有限豁免取决于被告行为的动机和背景,这些有赖于法
庭审判时对证据的审查。② 那么,什么是有限豁免呢? 有限豁免是指当政
府职员基于诚信,善意地实施某项行为,而该行为并没有明显违反一个合理
的人应该知道的法定权利或宪法权利时,应当赋予其有限豁免权。也就是
说,如果该职员的行为出于恶意地剥夺他人的宪法权利,他就不会获得豁
免。按照最高法院的观点,有限豁免适用于那些享有自由裁量权的政府职
员。最早的有限豁免授予了警察,只要其合理的诚信的相信其逮捕行为是
合宪的,他将豁免因其违宪逮捕引发的民事赔偿,采取的主观标准。后来,
法院采取主、客观标准相结合的方式判断被告的行为是否符合。主观标准
即诚信、善意标准(good-faith),需要考察行为人的心理状态。但是,由于主
观上的善意、恶意不易判断,1982 年在 Harlow v Fitzgerald③ 案中,法院明确
废除了恶意标准,确立了客观标准。即(1)被告违反了宪法权利;(2)在被
告实施行为时,该权利明确存在(clearly established)。按照最初法院的实践
做法,如果不能证明被告违反了宪法权利,即授予被告有限豁免权,无须进
行第二步考量。后来法院改变了"两步走"的强制做法,允许就个案进行选

---

① Wyatt v.Cole 112 S.Ct.1827,1833(1992).

② Boyd M.Mayo,"Monetary Libility for Involuntary Servitude? South Carolina Needs to A-
bandon the Negative Incentive Approach and Grant Absolute Immunity to Indigent Criminal Defense
Attorneys Appointed under Rule 608",*Charleston L.Rev.*,Vol.3,(2009),p.715.

③ 457 US 800(1982).

择。由于美国是判例法国家,各法院的判决存在不一致在所难免,但判例又具有法律效力,因而实践中如何判断"明确存在"存在争议。例如一个巡回法院的判决确认的权利是否可以在另一个巡回法院主张是"明确存在"呢?各法院对此态度不一。后来最高法院明确,其他法院判决确认的权利可以作为明确存在的权利主张,即使审理本案的法院从未在之前的判决中明确过该项权利。但该项判决也引发了争议,其对于有限豁免的适用将产生多方面的影响。①

"对于大部分行政人员来说,他们只能寻求有限豁免权的保护。"②传统普通法理论并不认为行政人员享有绝对豁免权,认为其应当与普通人一样承担侵权责任。直到 1896 年,最高法院才在判决中确认高级行政人员具有自由裁量权力,应和高级法官一样享有豁免,不论是否出于恶意。后来又将适用对象扩展到一般行政人员。法院认为,限制一般行政人员的豁免,是忽视当代政府规模的庞大性和复杂性。是否需要豁免,不取决于官员的职称,而取决于官员对所执行的职务是否有控制或监督的权力。一切自由裁量性质的行为,不论出自何人,都应受到相同的保护。但是由于法院对自由裁量权采取扩大解释,行政人员的行为很少不具有自由裁量性质,结果造成行政人员的侵权行为只要在职责范围内,都不负民事责任。这种现象直到 1988 年的韦斯特福尔诉欧文案才得以改变。该案中,最高法院认为应从严解释自由裁量权,认为行政人员所有的行为,几乎都包含少量的自由裁量因素,但不能因此就认定其行使的是自由裁量权。因为该判决对联邦职员的豁免问题产生重大影响,直接导致了美国国会于 1988 年制定了《联邦职员赔偿责任改革和侵权赔偿法》,对联邦政府全部职员,包括立法、司法、行政人员在内,其执行职务范围内的一般法律上的侵权行为,都给予绝对豁免。③ 但

---

① William S.Helfand, "Ryan Cantrell.Individual Governmental Immunities in Federal Court: The Supreme Court Strengthens an Already Potent Defense", *The Advoc.*(*Texas*), Vol.47, (2009), p. 27.

② Jon Evan Waddoups, "Narrowing the Scope of Absolute Judicial Immunity from Section 1983 Suits:The Bar Grievance Committee and the Judicial Function", *B. Y. U. L. Rev.*, Vol. 1990, (1990), p.1253.

③ 王名扬:《美国行政法》,中国法制出版社 2005 年版,第 809—812 页、821—822 页。

由于政府对联邦职员的侵权行为承担替代责任,且政府可以主张其职员所特有的豁免从而免除赔偿责任。例如政府可以依据法官的司法豁免而不负赔偿责任。从这个意义上说,司法豁免仍然具有绝对豁免的性质。但对于行政人员豁免,则需要根据行政人员是否符合有限豁免条件来决定政府替代责任的有无。

三、主权豁免理论梳理

(一)主权豁免理论的发展

主权豁免(sovereign immunity),是指国家作为最高主权者,不负法律责任,因此不能要求国家作为被告承担民事赔偿责任。[1]

根据英国普通法的原则,政府既豁免承担民事责任也豁免刑事指控。美国普通法采纳了该原则,除非明确放弃,否则联邦政府受到主权豁免原则的保护。在美国,主权豁免原则来自于法院的创造,成文法中并没有相应规定。1794年宪法修正案第11条规定,联邦法院不能受理一州公民或外国公民对州提起的诉讼,可以解释为具有主权豁免的意义。但是当时制定这个条文的原因在于维持联邦制度,保持州的权力,不是表现主权豁免原则。尽管没有成文法的规定,但该原则在美国的法律制度中根深蒂固。根据美国法院的判例,主权豁免原则具有下列含义:其一,这是一个司法原则,只有国会立法才能变更,即只有国会有权放弃主权豁免,行政部门没有这种权力;其二,主权豁免原则假定主权者不能被诉,对主权者起诉,只能在法律放弃主权豁免的范围之内;其三,对放弃主权豁免的法律采取严格解释,避免包括法律规定范围以外的诉讼原因。[2] 后来,随着行政职能的扩张,公民遭受政府行为侵害的几率大大增加,顽固的坚持主权豁免越来越背离现代社会文明、法治的要求。于是,各国纷纷在一定程度上放弃主权豁免思想,有条件地承认国家的赔偿责任。美国于1946年制定了《联邦侵权赔偿法》,首次从立法上放弃了绝对豁免原则,承认了国家的赔偿责任,但也设置了诸

---

① 需注意的是:本书所言主权豁免,是限于一国国内侵权法范畴上展开的,不包括国际法意义上的国家豁免。后者是指一国的国家财产和行为免受其他国家的管辖。

② 王名扬:《美国行政法》,中国法制出版社2005年版,第727页。

多例外。其中最典型的包括行使自由裁量权的例外和故意侵权行为的例外。根据《联邦侵权赔偿法》第 2680 节的规定,美国政府职员已经尽了适当的注意义务,在执行法律或法规中的行为或不行为,不负赔偿义务,不问法律是否违宪,法规是否有效成立;美国对行政机关或其职员行使自由裁量权的行为或不行为,不负赔偿责任,不问有关的自由裁量权是否滥用。① 但由于何为自由裁量行为,并不容易确定,因而实践中政府在何种程度上承担民事责任往往取决于法院对自由裁量权的界定。然而,正是由于大量例外的存在,导致政府可以在很多情况下以此主张免责抗辩,因而事实上"仍然在相当大的程度上保存了主权豁免原则"②。相关法院的判决表明,主权豁免仍然被作为政府机构免于承担责任的一般理由。笔者认为,从《联邦侵权赔偿法》的立法目的和精神来看,是对主权豁免原则的放弃,但是由于诸多例外的规定,尤其是自由裁量权例外的规定,使得该种放弃并不彻底,因而事实上政府机构豁免承担民事责任的情形较为普遍。但鉴于主权豁免的观念深入人心,人们(包括法官、学者)习惯上仍然将政府机构不承担民事责任的情形称之为"主权豁免"。

美联邦最高法院直到 1882 年才在 United States v Lee③ 案中明确确认了主权豁免原则,但是少数法官对该原则持保留意见,因为主权豁免来源于"国王不能为非"的普通法理念,但美国并没有国王。同时,法院并不愿意主权豁免延伸适用于政府官员。70 年后,在 Larson v Domestic & Foreign Commerce Corp④ 案中,最高法院改变了看法。法院认为,在联邦政府机构与代表其行为的职员之间并不存在区别,法院应当判断,一个针对职员提起的诉讼是否本质上是针对政府的,对后者,没有其明确同意,法院并无管辖权。也就是说,如果针对职员的诉讼本质上属于针对政府,该职员也享有主权豁免的保护。但是,法院也明确了两点例外:其一,如果该职员的行为超出了法律授权的范围;其二,如果该职员违反了宪法规定。在这两种情形

① 王名扬:《美国行政法》,中国法制出版社 2005 年版,第 772 页。
② 王名扬:《美国行政法》,中国法制出版社 2005 年版,第 770 页。
③ 106 U.S.196(1882).
④ 337 U.S.682(1949).

下,则不受主权豁免的保护。

就像绝对豁免一样,在 20 世纪,主权豁免的适用范围也超出了其最初的狭窄范畴。自罗斯福新政之后,出现大量的公共工程纠纷,法院开始用代理理论扩展主权豁免原则,将那些严格遵循政府指示承包政府工程/项目的承包商也纳入到豁免的范围。联邦最高法院在 1940 年 Yearsley v W. A. Ross Construction Co.①一案中,提出了"政府承包商防御"理论。主要观点是,承包商在执行国会意图时不产生民事责任,只有其超越了授权或者没有获得有效授权的情况下,才存在责任。这样,主权豁免的外延就从政府延伸到非政府实体。此后,法院进一步扩张和提升了承包商防御理论,在 1998 年,联邦最高法院确认了军火承包商对产品的豁免责任,只要满足以下三个条件:(1)美国政府合理的对产品给予了准确的指示和说明;(2)这些产品严格按照上述指示和说明制造;(3)承包商已经对美国政府就使用该类产品可能产生的风险进行了警示。这些标准后来得到进一步应用,尤其是在国防领域。尽管如此,私人实体在适用主权豁免的范围和程度上仍然是有限的。②

（二）主权豁免与绝对豁免的关系

主权豁免从效果上看也是绝对豁免责任,因此广义上也是绝对豁免的一种形式。但是从狭义上看,二者的历史渊源、思想基础及发展演变存在诸多不同之处。二者最主要的区别在于绝对豁免强调的是政府职员的个人责任,主权豁免注重的是政府的责任。正如王名扬先生指出的,"主权豁免原则阻止国家的赔偿责任,官员特免原则决定政府职员赔偿责任的有无和范围。"③但二者似乎又无法割裂。因为政府作为一个实体,终究要由一个个自然人作为代表来实现政府的职能。如果说政府承担责任,说到底是对其职员行为的负责。当今各国大都确立了国家赔偿制度,作为一般原则,由国家而不是公职人员本人对受害人承担侵权责任。即从法律责任后果上看,公职人员对外绝对豁免承担责任,反之,政府不再享有传统意义上的主权豁

---

① 309 U.S.18(1940).

② Rohit A. Nafday, "From Sense to Nonsense and Back Again: SRO Immunity, Doctrinal Bait-and Switch, And a Call for Coherence", *U. Chi. L. Rev.*, Vol.77, (Spring 2010), pp.860−862.

③ 王名扬:《美国行政法》,中国法制出版社 2005 年版,第 786 页。

免。在这种背景下,我们探讨主权豁免和绝对豁免是否还有意义？要理清这个问题,必须了解国家赔偿责任制度的目标和设计方案。沈岿先生认为,政府赔偿责任的设计必须考虑以下四个目标:(1)受害人得到充分或公平的救济;(2)维护公务人员执行公务的积极性;(3)在必要的范围内保持公务人员对侵权行为的应责性,防止其不负责任的恣意妄为;(4)确保国家财政对公务侵权的适当负担,避免为公务人员个人过错而过度"买单"。基于此,许多国家在建构起国家赔偿制度的同时,大致以三种形式保留了公务人员对公务侵权的个人金钱责任:一是由国家先予赔偿,而后对在法定情形下需要负责的公务人员进行追偿或求偿;二是在一些法定情形下由公务人员直接承担公务侵权赔偿责任;三是在一些法定情形下由国家和公务人员向受害人承担连带责任。国家赔偿制度先发的一些国家,采取了至少让其中两种形式并存的制度。[①] 上述不同的制度设计,本质上凸显了国家责任、个人责任以及受害人救济的协调与平衡,也是对传统的主权豁免、绝对豁免原则价值观的调整。

随着国家赔偿责任制度在各国的推行,主权豁免更多的是在国际法范畴上各国作为维护主权的一种手段,但这并不意味着主权豁免理念在国内法上已没有意义。在美国,因为其在放弃主权豁免原则的同时,有很多例外规定,这些规定某种意义上仍然达到了主权豁免的效果。根据美国《联邦职员赔偿责任改革和侵权赔偿法》,职员免责的范围限于职务范围内的一般法律上的侵权行为,不包括侵犯宪法权利的行为。因为宪法所保障的权利是社会生活中最重要和最基本的权利,对于这类权利的侵犯,受害人应追诉职员个人的赔偿责任。政府职员所特有的立法特免或司法特免也是美国政府可以抗辩的理由。联邦侵权赔偿法规定的国家不负责任的例外情况,如职员行使自由裁量权、职员故意侵权等,也会导致联邦政府不承担民事责任。而事实上,由于对自由裁量权理解和解释上存在异常模糊的空间,政府是否承担民事责任存在较大的不确定性。[②] 因此,从美国立法看,无论是绝

[①]　沈岿:《国家赔偿:代位责任还是自己责任》,《中国法学》2008 年第 1 期。

[②]　王名扬:《美国行政法》,中国法制出版社 2005 年版,第 824—825 页。

对豁免还是主权豁免思想仍然深刻地影响着这个国家。从表面上看,主权豁免原则在国内法上影响已日趋式微,但凭借职员个人的绝对豁免以及诸多例外规定的应用,政府在实践中仍然得到一定程度的民事责任豁免。这是我们研究美国证券自律组织民事豁免必须了解的制度背景。

四、美国证券市场自律组织绝对豁免权的历史考察

长期以来,美国联邦法院并未授予自律组织及其雇员绝对豁免权。但是,考虑到许多组织对其会员进行纪律制裁并且采用了类似传统法院和行政机构的裁决程序,部分低级法院开始运用 Butz 案的逻辑处理要求在行使准公共职能的裁决权和指控权的私人实体处工作的高管承担民事赔偿案件。Butz 案判决后七年,联邦第五巡回法院在 Austin Municipal Securities Inc.v.NASD[①] 案中确认了 NASD 高管人员的"司法性行为"应受绝对豁免的保护。后来,法院开始采取并扩展 Butz 案和 Austin 案的推理,将自律组织及其非司法性行为都包括在绝对豁免权范畴内。法院认为,自律组织的特殊地位及其与监管机构之间有着特殊联系,使其应当获得后者享有的主权豁免。但是,无论是国会还是联邦最高法院从未明确自律组织应当获得主权豁免,更令人疑惑的是,法院将主权豁免应用于自律组织混淆了绝对豁免与主权豁免的差异。[②]

(一)典型案例梳理

1.Austin Municipal Securities Inc.v.NASD

本案的基本事实是:Austin 市政证券公司(以下简称"Austin")成立于1975 年,为了获得优先参与场外交易的资格,其申请成为了 NASD 的会员。截至 1978 年,Austin 占据了得克萨斯市政债券的大部分业务,原本这些业务可能流向其他投资公司,包括被告及其雇员。原告指控,由于对其成功进入市政债券不满,被告公司和地区商业委员会(DBCC)共谋迫使原告离开该市场,并对其提起了纪律处分程序。在调查过程中,DBCC 委员违反

---

① 757 F2d 676(5th Cir 1985).

② Rohit A.Nafday, "From Sense to Nonsense and Back Again:SRO Immunity,Doctrinal Bait-and Switch, And a Call for Coherence", *U.Chi.L.Rev.*, Vol.77, (Spring 2010), pp.858-859,862.

NASD 纪律处分程序要求的绝对保密要求,将获知的信息透漏给第三方。而这些人或者正在与原告有业务往来,或者是潜在的合作伙伴。DBCC 委员称呼原告及其雇员是"一伙骗子",并断言原告很快就要停业。这些言论干扰了原告的业务联系;损害了其关联人的职业和个人声誉。基于此,原告向法院提起诉讼,指控被告侵犯了其宪法权利,要求被告赔偿其损害。被告抗辩说,其享有绝对豁免权。

法院确认,迄今为止,没有任何法院赋予自律组织纪律处分官员豁免权。法院通过历史考察的方式,对享有绝对豁免权的法官、检察官、行政法官的相关案件进行梳理,以图得出一般原理,然后应用于本案。法院借鉴了 Butz V.Economou[①] 案中建立的三维测试标准。根据该标准,绝对豁免应符合以下三个条件:(1)行政人员的行为具有司法程序的特征;(2)行政人员的行为极易因被管理人的不满引发诉讼;(3)在监管体系中存在足够的能够制约违宪行为的保障措施。法院认为,本案中 NASD 监管人员的行为完全符合该标准。其一,在对会员行为进行惩戒时,NASD 纪律委员会委员和 NASD 都行使着裁决和指控的职能,这些行为与执行证券法的法定义务相符;其二,NASD 地区商业行为委员会委员及其母公司 NASD 极易因为对违规会员实施了惩戒而受到起诉;其三,目前的监管体制赋予了 SEC、国会以及法院对 NASD 违法行为的监督权,同时,NASD 内部的监管程序也对制止会员的违宪行为提供了充分的保障。由此,法院确认 NASD 及其工作人员、DBCC 纪律处分官员在职责范围内实施的纪律处分行为享有绝对豁免权。

2.Barbara v NYSE[②]

本案的基本事实是:从 1975 年到 1991 年,Barbara 被交易所许多会员聘为大厅职员,因此有机会进入交易所大厅。1990 年 8 月,交易所执行部门开始调查 Barbara 及其雇主 Mabon 的不当行为,11 月,在调查未结束前,Mabon 就解聘了 Barbara。后来,Barbara 接到纪律处分指控的通知,执法部门决定在交易所"接受委员会"(Acceptability Committee)作出听证结论前,

---

①　Butz v.Economou,438 U.S.478,510-513(1978).

②　99 F3d 49(2d Cir 1996).

禁止其进入交易所大厅。"接受委员会"举行听证后,建议将本案移交交易所听证小组决定。Barbara 向交易所理事会提出请求,要求暂停执行执法部门的禁令。理事会推翻了所有针对 Barbara 的指控,理由是其被拒绝了解相关指控材料。尽管理事会做出了裁决,但执法部门仍然继续禁止其进入大厅交易。Barbara 因此放弃了证券业的职业。于是,Barbara 提起了针对纽约证券交易所的诉讼,认为,被告错误地禁止其在大厅交易,损坏了其名誉,导致其失去工作机会,最终不得不离开证券业。因此,要求被告赔偿损失。

法院认为,本案被告的职能与 Austin 案的 NASD 相同,完全具备绝对豁免"三要素"特征,因此应获得绝对豁免权。法院认为,绝对豁免尤其适用于国家证券交易所自律这一独特情形。依据证券交易法,交易所履行着众多监管职责,这些职责原本应由政府机构承担。当然,包括 SEC 在内的政府机构享有主权豁免。作为私人实体,交易所并不能享有主权豁免,但其特殊的地位及其与 SEC 的联系影响了我们的判断,应当承认交易所在履行纪律处分职责时享有民事责任绝对豁免权。而且,允许针对交易所执行纪律处分职责行为提起诉讼将明显妨碍执行和完成国会立法的目的和目标:即鼓励实施强有力的自律。基于此,法院判决驳回原告要求民事赔偿的请求。

3.Sparta Surgical Corp v NASDAQ Stock Market,Inc①

本案的基本事实是:原告 Sparta Surgical Corporation(以下简称"Sparta")是医疗产品制造商和经销商,其股票自从 1991 年就在 NASDAQ 小盘股市场上市和交易。为了实现第二次公开发行的愿望,1995 年 2 月,Sparta 向 NASDAQ 提出申请。3 月 21 日,SEC 公告了 Sparta 发行信息,并提示其和承销商可以开始出卖股票。但是当天上午,NASDAQ 在没有任何解释的情况下,决定将 Sparta 的股票退市并暂停交易,直到第二天交易才恢复。尽管暂停时间很短,但 Sparta 声称由于被告的行为,导致其股票严重滞销,给其带来重大损失。

法院同意授予被告豁免权。法院认为,当自律组织执行准政府权力时,

---

① 159 F3d 1209(9th Cir 1998).

赋予其豁免权是与国会创建证券市场的结构相符。法院考察了国会在二十世纪三十年代立法时面临的选择,是扩大 SEC 职权还是确立 SEC 监管下的行业自律体制,最终,国会选择了后者。NASD 的规则尽管需经过 SEC 批准,但 NASD 就股票上市和退市拥有广泛的自由裁量权。正是由于 NASD 在证券监管体系中的独特地位,自律组织在行使准政府职能时享有豁免权。原告认为,本案中,自律组织是作为市场促进者,而不是裁决者,因此不应适用绝对豁免。但法院没有支持原告的请求,认为没有什么比暂停交易更符合监管性职能的特点了。依据证券交易法合作监管的理念,NASD 被赋予了维护和强化市场质量和公众信心的职责。当 NASD 做出暂停交易的决定时,其正在履行一项被豁免权涵盖的职责。因此,原告基于此主张的所有损失都不会得到支持。

4.D'Alessio v NYSE①

本案源于 SEC 和美国司法部针对独立大厅经纪人的调查。政府怀疑部分经纪人违反了《证券交易法》第 11 章、SEC 规则第 11 章的内容以及 NYSE 的规则,从事了非法交易,该交易包含经纪人共同分享利润、分担损失的内容。作为调查的一部分,政府部门检查了原告 D'Alessio 的交易活动,重点关注了 D'Alessio 与 Oakford 公司的利润分享安排,后者是 NASD 以及美国证券交易所的前会员。该交易方案的运行机制并不复杂:D'Alessio 代表某个客户购买特定股票然后再以较高价格出卖,由此为客户带来净利润。D'Alessio 根据买卖的价差幅度从中获得一定比例佣金,具体数额根据其与客户之间的协议确定。尽管不能保证这种交易肯定获得利润,但 D'Alessio 相比较其他市场参与者具有明显的优势,因为其拥有获取某只特定股票表现及其价格走势的信息。1998 年 2 月,司法部指控 D'Alessio 故意违反禁止经纪人为自己账户以及其有自由投资决策权的账户进行交易的众多法律规定。SEC 和 NYSE 随后提出了类似指控。政府特别指控 D'Alessio 违法分享其代表 Oakford 在纽约证券交易所从事的交易中获得利润的行为,根据双方之间的协议安排,前者可以获取 70% 的利润。虽然刑事指控

_____

① 258 F3d 93(2d Cir 2001).

基于双方之间的暂缓起诉协议被驳回,但 NYSE 的指控最终导致 D'Alessio 被暂停在 NYSE 大厅进行经纪活动,由此带来了损失。

1999 年 12 月,原告提起诉讼,认为被告违反了联邦法律及交易所规则,故意编造对这些条款虚假的解释,并散布给原告和其他经纪人。D'Alessio 认为他正是基于被告的解释从事了后来被认定为非法的交易活动。他指控被告采取秘密的、讨好执法部门的形式,通过提供虚假的、误导性的和不准确的信息,帮助司法部和 SEC 从事对原告的调查和指控。D'Alessio 进一步声称,被告并未向上述政府机构披露其批准和鼓励原告从事的交易的事实。D'Alessio 将纽交所的不作为归因于纽约所及其结算会员由违规交易获得的巨大费用以及处于提高日交易量的愿望。D'Alessio 认为,正是由于被告的错误行为,导致其不能作为大厅经纪人在纽交所工作,于是提出赔偿请求。

针对地区法院依据 Barbara 案原理赋予被告绝对豁免权的判决,原告认为这是对 Barbara 案判决的错误扩张,因为 Barbara 案限于纪律处分程序,而本案却是因为被告不当解释联邦法律法规以及欺骗性地向司法部和 SEC 提供信息的行为。第二巡回法院同意地区法院的判决理由,认为被告上述行为是在履行与纪律处分职责相似的准政府职责,因此应当赋予绝对豁免。法院还进一步解释,尽管 Barbara 案限于纪律处分程序,但该案蕴含一个更广泛的命题假设:那就是像纽交所这样的自律组织,可以在自律监管范围内有权获得豁免权。相应地,我们拒绝原告将绝对豁免仅应用于纪律处分程序,从而把自律组织依据证券交易法授权执行准政府职能的行为排除在外的企图。

5.DL Capital Group LLC v NASDAQ[①]

本案由 NASDAQ 取消 Corinthian 学院集团公司(以下简称"COCO")股票的特定交易行为引发。2003 年 12 月 5 日,大约 10 点 46 到 58 分之间 COCO 的股票价格出人意料的从 57. 45 美元降到 38. 97 美元,而 COCO 并没有发布任何声明对此进行解释。NASDAQ 认定,该异乎寻常的市场行为

---

① 409 F3d 93(2d Cir 2005).

是由于同一客户向众多市场中心和电子交易网络发送众多指令引发的,于是造成众多 COCO 股票卖单的假象,引发市场的震动。10 点 58 分,NASDAQ 终止了 COCO 股票的交易,并声明这次股票跳水行为是由于电子交易系统使用不当或故障引发的。11 点 55 分,NASDAQ 决定恢复该股票的交易。12 点 30 分左右,NASDAQ 宣布取消在 10 点 46 到 58 分之间所有 COCO 股票的交易。

DL Capital Group(以下简称"DL")声称其在 10 点 46 到 58 分之间购买了 COCO 股票。但是,在该股票恢复交易至 NASDAQ 宣布取消交易期间,其卖出了股票并获得了利润。由于 NASDAQ 最终决定取消 10 点 46 到 58 分之间的股票交易,但并未取消 DL 出卖股票的交易,DL 认为 NASDAQ 使其陷入了无担保的卖空之中,DL 不得不以高于卖出股票时的价格购买 COCO 股票,以满足 NASDAQ 对卖空的要求。由此给原告造成了损失。于是,2003 年 12 月,原告提起诉讼,要求 NASDAQ 及其总裁和首席执行官承担赔偿责任。理由是 NASDAQ 进行了误导性声明或遗漏,实施了欺诈行为,没有及时披露其取消上述时间段交易的目的或最终决定。被告以绝对豁免为由拒绝承担责任。

法院认为,本案被告宣布暂停及取消交易的行为构成其监管职责的一部分内容,向公众报告监管行为,与被告享有的准政府权力是相符的,因为维护市场信息的真实是证券监管的首要目的。本案的另一个焦点在于绝对豁免是否适用"欺诈性例外"。法院认为,从先例来看,绝对豁免一直拒绝适用"欺诈性例外",不守信用、恶意、欺诈这些因素可能影响有限豁免,但除非极特殊的情形,不会对适用绝对豁免产生影响。

(二)从准司法到准政府——从绝对豁免到主权豁免的转变

自从 Austin 案以来,法院不再拘泥于绝对豁免原则认定自律组织及其雇员的民事责任,开始将主权豁免原理应用到自律组织及其雇员的所有被认为是监管性的或者政府性的行为。然而,这种转变并未伴随对两种不同豁免形式的认可。相反,法院持续运用 Austin 案的三维标准分析框架,但该分析框架原来只适用于绝对豁免,然而现在却适用于主权豁免,由此导致认识和理解上的混乱。

最高院 Butz 案的判决扩大了享有绝对豁免权的主体范围,确认了以"职能属性"为标准的原则,从而将行使准司法职能的主体涵盖在内。第五巡回法院依据 Butz 案的原理进一步赋予自律组织的高管人员绝对豁免权。从二十世纪九十年代中期一直到本世纪初,部分巡回法院参照第五巡回法院的思路作出类似判决。但是,第二和第九巡回法院开始逐步作出改变,将主权豁免原理应用于自律组织豁免案件中。在 Barbara v NYSE 案中,与第五巡回法院不同的是,本案赋予自律组织绝对豁免,不仅因为自律组织雇员行为的"职能相似性",还依赖于 SEC 的主权豁免权。Barbara 案两年后,第九巡回法院基于与第二巡回法院相同的思路授予自律组织纪律处罚程序以外的自律行为的豁免权。在 Sparta Surgical Corp v NASDAQ Stock Market, Inc 案中,第九巡回法院的判决具有以下特点:第一,之前的判例仅仅是在纪律处分背景下授予自律组织豁免权,但本案却基于监管性职能而不是司法性职能的比较,将自律组织豁免权的基础从绝对豁免转向主权豁免,从而扩展了自律组织豁免范围,不局限于纪律处分程序。第二,该判决确认自律组织在从事证券交易法授予的监管职责而不是私人商行为时,享有豁免权。但对于哪些属于监管职责的范围,并未给出明确判断规则,只能留待(事实上也是)之后的法院确认了。2001 年,在 D'Alessio v NYSE① 一案中,第二巡回法院明确扩展了自律组织豁免的概念,从 Sparta 确认的监管性职责扩展到准政府职责,并将解释法律、协助政府部门调查等功能包含在内。2005 年,在 DL Capital Group LLC v NASDAQ② 案中,第二巡回法院通过扩展准政府行为的概念进一步扩展了绝对豁免的范畴,还将原本仅适用于准司法职能的"无欺诈性例外",扩展适用于准政府职能。由于准政府职能的模糊性,法院的扩大解释很可能导致自律组织从事的任何行为都受到绝对保护。

2007 年,两个地区法院的判决暗示着对第二巡回法院扩大解释的中止。在 Weissman v NASD③ 案中,第十一巡回法院没有采纳准政府权力的

---

① 258 F3d 93(2d Cir 2001).

② 409 F3d 93(2d Cir 2005).

③ 468 F3d 1306(11th Cir 2006),481 F3d 1295(11th Cir 2007),500 F3d 1293(11th Cir 2007).本案具体案情后文详述。

宽泛概念,而是采取了更为严格的解释。法院认为自律组织必须执行监管性的、裁决性的和指控性的行为时,才能被赋予绝对豁免。本案中,被告的行为是商业性行为,因此不应受绝对豁免保护。但法院明确表示,自律组织不适用 SEC 的主权豁免。同年,在 Opulent Fund,LP v NASDAQ Stock Market① 案中,加利福尼亚州北区法院认为,被告过失发布错误指数的行为,不属于履行政府职能,因此不应受绝对豁免保护。本案中,法院明确强调了监管职责与私人商业行为的区别,但几乎没有讨论准政府职能的概念。这两个判决总体上体现了法院严格适用豁免责任的倾向,但其对今后自律组织责任豁免的影响如何,还需要进一步观察。

(三)绝对豁免还是主权豁免?

司法实践中对绝对豁免理论有扩大解释的趋势。绝对豁免最初仅适用于法官,后来延伸到行使准司法职能的检察官、行政法官、仲裁员等,但从未适用于一般行政人员。Austin 案采纳 Butz 案的基本原理,确认了自律组织适用绝对豁免的三维标准,其中首要的标准仍然是准司法职能的考量。然而从 Austin 案的准司法职能到后来诸多案件的准政府职能,却完全背离了绝对豁免适用的基本前提,值得我们反思。

Butz 案和 Austin 案确认的司法性功能比较标准,适用于裁决性行为,无论是审判程序还是纪律处分程序。但在后来的 Sparta Surgical 和 D'Alessio 案却偏离了准司法轨道跳向了准政府标准,由此引发了争议。对比前述 Butz 案和 Austin 案确认的绝对豁免三要素,准政府行为无一符合。其一,准政府行为与司法性行为完全不同,政府行为除了纪律处分行为外,是管理性的,不具对抗性;而司法性程序是对抗式的。其二,在司法性程序中,必然存在败诉的一方,因而极易对程序心存不满;而在行政程序中,除了纪律处分程序外,该逻辑并不必然适用。其三,对于准政府行为是否具备充足的制约措施是不确定的。对于自律组织纪律处分程序,法律赋予了当事人寻求内部救济以及向法院起诉的权利,这些足以控制自律组织人员的违宪行为。但对于其他自律行为,外在的制约是非常脆弱的,诉讼并不是有意

---

① 2007 WL 3010573(ND Cal).

义的选择。对于受到影响的当事人最好的救济方式就是希望说服 SEC 对自律组织采取行动,然而双方实力上的差距往往使当事人缺少足够的资源说服 SEC 采取行动。[1]

那么,是否运用主权豁免理论可以解释自律组织的豁免权呢?主权豁免原则上适用于政府机构,私人实体适用主权豁免具有严格限定的条件。自律组织并不是法定政府机构,这一点毋庸置疑。那么,自律组织能否被视为准政府组织?如果自律组织被视为政府行为者,则其适用主权豁免则顺理成章。目前主导性意见是自律组织并不能被视为政府行为者,因此从这个角度而言,自律组织也不能享有主权豁免。上述诸多法院基于主权豁免原则作出自律组织责任豁免的判决,既与法院在正当程序与禁止自证其罪案例上的认定相矛盾,也与主权豁免的基本原理相悖。那么,自律组织能否被认定是为政府提供监管服务的承包商?按照承包商免责的标准,自律组织的行为并不完全符合。退一步讲,即使符合,那么其也仅能在监管职能范围内享受有权豁免,然而法院的判例似乎将自律组织的所有行为都纳入到豁免范围内,显然是缺乏依据的。

那么,应当如何理解自律组织民事责任豁免的理论基础呢?

法院的判决就其追求的结果来说是一致的,那就是尽可能赋予自律组织民事责任绝对豁免权,但其立论基础及推理过程又存在诸多差异,如果从大陆法系的司法过程分析,显然是难以理解的。大陆法系强调严密的逻辑推理,上述有差异的推理过程同时存在于不同法院的判决是不可想象的。而英美法系则强调实用主义,重视判决可能导致的后果,而对演绎推理的作用则不是那么推崇。著名大法官卡多佐法律思想的最大特点是注重实用,强调法律的社会目的和社会效果,反对过分注重法律的逻辑。[2] 波斯纳认为,大多数美国法官一直是,至少在他们面对棘手案件时是实践的实用主义者。[3] 麦考密克认为,"我们有理由认为,在处理案件时,法官理应对摆在其

---

① Rohit A. Nafday, "From Sense to Nonsense and Back Again: SRO Immunity, Doctrinal Bait-and Switch, And a Call for Coherence", *U. Chi. L. Rev.*, Vol.77, (Spring 2010), pp.862-876.

② 周成泓:《卡多佐:实用主义法律思想》,《理论探索》2006 年第 4 期。

③ [美]波斯纳:《超越法律》,苏力译,中国政法大学出版社 2001 年版,第 459 页。

面前的各种可供选择的裁判规则所可能造成的后果予以审慎考量,以权衡利弊。"①美国司法系统的实用主义理念无疑对案件的判决产生了深刻的影响。当然,这不是说美国法院判决没有推理过程,相反,每个判决的推理都很精彩,只不过其不局限于严格的形式逻辑推理。正如波斯纳指出的,"我并不简单的拒绝形式主义,这不仅因为世界上有诸如逻辑、数学和艺术这样价值巨大的形式系统,而且在法律决定制作上,逻辑也可以扮演一个重要角色。我拒绝的是那种夸大的法律形式主义,它认为法律概念之间的关系才是法律和法律思想的精髓。"②总之,"真的实用主义审判"否定法律形式主义,可又重视法律概念和理论;着眼个案后果,可又关注系统效果。③ 基于这种背景,我们不难理解上述法院判决的原因了。

如果梳理上述法院关于自律组织豁免权的判决,就可以发现法院非常关注赋予自律组织豁免权的目的以及如果自律组织没有豁免权可能导致的后果,然后基于此再评价本案自律组织的行为是否应当豁免。

在 Barbara 案中,法院明确指出,作为私人实体,交易所并不享有 SEC 的主权豁免权,但如果允许对该种行为提起诉讼,将明显妨碍国会立法目的和目标的执行。尤其是,赋予自律组织绝对豁免权有助于鼓励证券业自律的实施,这与普通法上赋予法官绝对豁免权有着相同的政策考虑。④ 本案并没有从主权豁免的角度确认自律组织的豁免权,而是强调如果不赋予豁免权将会导致的后果。也就是说,该案并不是基于严密的形式逻辑推理而做出判决,相反,法官更多地从后果上考虑,体现了美国法官的实用主义思路。

在 Sparta 案中,法院认为,当自律组织执行准政府权力时赋予其豁免权符合国会创设证券市场的架构。当国会确立了场外交易的合作监管模式

---

① ［英］麦考密克:《法律推理与法律理论》,姜峰译,法律出版社 2005 年版,第 125 页。

② ［美］波斯纳:《法理学问题》,苏力译,中国政法大学出版社 2002 年版,第 568 页。

③ 许可:《卡多佐的法律世界——兼论实用主义审判的真与伪》,《人大法律评论》2010 年。

④ 99 F3d 59(2d Cir 1996).

时,必然伴随的结果就是自律组织在行使监管职责时,享有豁免权。① 该案判决隐含的一个前提就是:SEC 在行使监管职责时享有豁免权。那么,事实上是否如此?《联邦侵权赔偿法》放弃了主权豁免原则,也就是说政府机构不能在侵权法上以该原则主张抗辩,但是因为《联邦侵权赔偿法》设置了自由裁量权等诸多例外,导致行政机构事实上总是豁免承担责任。由于主权豁免的概念深入人心,现在法官仍愿意将这种结果意义上的豁免责任称之为"主权豁免"。该案特别强调从立法目的视角确认自律组织的豁免权,当然也是为自律组织享有原本只有 SEC 才可享有的豁免作铺垫。

在 D'Alessio 案中,法院认为,纽约证券交易所执行在 SEC 广泛监管权力监督下的职责时,应当享有与 SEC 同样的绝对豁免权。授予其豁免权,不仅是逻辑使然,而且符合现实需要,因为如果缺乏这种豁免,纽交所的准政府职能将会不当地被令人烦扰的和控诉性的案件所阻碍。② 该案特别强调赋予自律组织豁免权的重要性,显然是从后果意义上论证的。DL Capital 案是由同一法院作出的判决,而其审理思路基本是一致的。

此后,Weissman 案和 Opulent Fund 案尽管在区分监管职能与商业职能上做了努力,将后者排除在绝对豁免之外,并严格限制监管性职能的范围,但总体上仍坚持自律组织履行监管职责时享受豁免的理念,强调赋予豁免权是为了有助于自律组织更好地履行监管职责。

总之,通过上述法院判决思路的整理,可以发现法院扩大解释自律组织豁免权的意图,而这种意图的背后,是法院基于对证券法关于自律组织监管立法目的的解读和捍卫。无论是自律组织对会员的纪律处分、对上市公司股票的停牌还是解释规则的行为,只要是属于自律组织履行自律监管职责范围内的事项,都会豁免承担民事责任。显然,在保障相关市场主体利益诉求与自律组织履行监管职能之间,法院选择了后者。或许,法院认为,只有给予自律组织行使监管职能的充分保障,使其无后顾之忧,才能更好地使其担当自律监管者的角色,维护市场秩序,促进市场发展。如果自律组织陷于

---

① 159 F3d 1213,1215(9th Cir 1998).

② 258 F3d 105(2d Cir 2001).

过多的诉累中,则不免危及自律组织的生存发展,也难以集中精力去完成法律赋予的自律监管目标。为了更好地实现立法目的,促进自律组织更好地发挥一线监管的作用,法院没有严格遵循传统绝对豁免的原理和适用条件,没有严格地局限于绝对豁免、主权豁免的概念推理,而是从结果论上确认了自律组织的绝对豁免权。这或许正是美国司法实践实用主义的深刻反映。所以,在我们梳理这些案件时,似乎也没有必要刻意检视其逻辑推理的过程是否符合形式主义的要求,而应更多地从判决的目的及后果上分析解读,如此,才能全面理解自律组织绝对豁免权的发展脉络,正确认识自律在美国证券监管体制以及证券业的地位和作用。

当然,如果从逻辑上分析,法院对自律组织豁免权的认定确实存在矛盾之处。在 Austin 案中,在没有任何先例可遵循的情形下,法官考察了享有绝对豁免权的主体范围,发现其行为都具有司法性程序的特征、都可能导致诉讼、存在足够的制约措施等三个要件。法院认为,自律组织纪律处分官员完全符合这三个标准,因此应当赋予豁免权。从形式逻辑推理的视角分析,该结论是成立的。至于 NASD 是否应享有豁免权,法院同样基于上述三标准的考量,认为 NASD 应享有绝对豁免权。然而,这一推理已经违背了绝对豁免原理,因为按照绝对豁免的发展史,只有特定个人如法官、检察官等才享有该豁免权,历史上从未出现将该权利赋予政府机构或私人组织的情况,所以本案中赋予 NASD 绝对豁免权从历史分析和逻辑分析的角度看是有问题的。或许是认识到这一点,法院又从另一个角度论证了 NASD 的绝对豁免权,即"当会员和高管的行为成为对其母体组织指控的唯一基础时,仅授予前者绝对豁免权而不授予其母体组织绝对豁免权显然是不合适的"[①]。尽管 NASD 是自律组织,不是政府机构,该种推理似乎更符合逻辑。事实上,即使是政府机构,如果其职员享有特定的豁免抗辩时,该机构也可以援引从而豁免自己的责任。[②] 当然,这种豁免并非主权豁免本来意义上的豁免,而仅仅是一种抗辩措施。但是从效果上看,确实达到了责任豁免的后

---

①　757 F.2d 692(5th Cir.1985).

②　王名扬:《美国行政法》,中国法制出版社 2005 年版,第 825 页。

果,因此广义上又可以视为主权豁免。这或许是许多法院仍然坚持使用主权豁免概念的原因吧。如果纯粹从侵权法上看,政府已经不能再以主权豁免原则主张免除自己的责任了。从上述法院的判决来看,目前的主流观点是将自律组织作为准政府机构看待,其行使的也是准政府权力,即便如此,笔者认为自律组织也不能以"主权豁免"为由来主张免除责任。为避免歧义,笔者建议用"民事责任豁免"一词(immunity from civil liability)来代替,这样既符合"主权豁免"作为一项原则已在国内侵权法上放弃的事实,也不违背"绝对豁免"限于对特定个人权利保护的初衷。当然,如果是针对自律组织工作人员提起诉讼,他们还是可以根据自己履行职责的性质主张绝对豁免或相对豁免。①

五、美国近期发生的典型案例评析

(一)Weissman v. NASD②

原告 Weissman 是弗罗里达州一名律师,2000 年 12 月 29 日至 2002 年 6 月 10 日,他先后购买了 82800 股世通公司股票。随着世通公司 110 亿财务欺诈案的披露及其进入破产程序,原告的股票变得一文不值。原告认为,他之所以受到损失,是因为 NASDAQ 的欺诈性的宣传所致,因此,向弗罗里达州南部地区法院提起诉讼要求 NASDAQ 承担赔偿责任。

Weissman 提供的证据是被告的两次广告,原告声称正是基于这些广告他才购买了世通公司的股票。第一次广告出现在全国性电视广播中,该广告持续地提到部分 NASDAQ 市场最营利的公司,其中包括世通公司,以此说明最成功的公司都选择在 NASDAQ 市场上市。第二幅广告刊登于《华尔街日报》,广告的主要内容是列举了 NASDAQ 部分财务披露标准,特别是强调 NASDAQ 上 市 公 司 应 当 符 合 公 认 会 计 原 则(Generally Accepted Accounting Principles,简称"GAAP")。该广告还用了这样的标题:"让我们

---

① 由于美国法官在相关判决中习惯使用"绝对豁免"称谓,且事实上无论基于绝对豁免还是主权豁免判决,都达到了责任绝对豁免的效果,因此为行文方便,本书下文仍使用"绝对豁免"一词,统指证券自律组织豁免承担责任的情形。

② Weissman,500 F.3d 1293(11th Cir.2007).

共担责任,维护市场的诚实,我们的信念来自于优秀的公司"。在这些标题下,列举了 NASDAQ 100 指数样本股公司的 CEO,其中包括世通公司的CEO——Bernard Ebbers。然而就在该幅广告发布不久,世通公司财务欺诈案曝光,其 CEO 也被迫辞职。

一审中,NASDAQ 基于民事责任绝对豁免原则主张应当驳回原告的起诉,但是法院驳回了被告的请求。法院承认当私人组织承担监管责任,而这些责任通常应由政府行使时,该组织享有绝对豁免权利。但法院认为,被告在本案中从事的是商业行为,超出了传统的政府行为范畴,不符合《证券交易法》的精神,因此,不应享有绝对豁免。

该案随后上诉到联邦第十一巡回法院。由于对 NASDAQ 的广告行为究竟是属于营利性的商业行为还是与执行准政府的职能有关存在分歧,法院决定重新审理。Weissman 提出,NASDAQ 在三个方面违反了弗罗里达州法律:其一,通过错误地说明世通公司是一个质地优良和值得投资的公司的方式,为世通公司宣传、开拓市场、提升市场形象,但却回避了由于其错误宣传导致世通公司交易量增加,因而从中获利的事实;其二,在没有登记为经纪商的情况下试图为世通公司卖股票;其三,在广告中进行了欺诈的或者是过失的误导性表述。基于上述原因,Weissman 认为 NASDAQ 的广告行为超出了《证券交易法》的授权范围。正是基于被告的行为,原告才受到损失,因此,被告不应受绝对豁免原则的保护。在答辩中,NASDAQ 认为,只要是与《证券交易法》授予的权力一致的行为,都应视为是在履行监管职责,因而应当豁免承担责任。退一步讲,就算广告行为没有任何监管目的,但仍然是与 NASDAQ 作为自律组织的目标是一致的,并没有超出《证券交易法》的范围。被告主张 D'Alessio 案所采用的扩大解释豁免范围的原则应当捍卫,因此,其应当被赋予绝对豁免地位。

经过全体决定,法院首先确认了 NASDAQ 必须在《证券交易法》授予的准政府权限范围内行使权力的原则。即 NASDAQ 必须在《证券交易法》授予的裁决、监管、指控的权力范围内行动,包括执行和遵守证券法律、制定和执行约束会员行为的规则、决定股票上市和退市等。法院认为,当一个自律组织为了私人公司利益实施相关行为时,其性质上变得更像是一个营利性公司,因而不应获得绝对豁免。其次,法院对如何确认自律组织的行为是否属于充分的准政府的权力范围之内进行了重新审视,以确保绝对豁免的应用。法院认为,为了对当事人提供救济,必须对授予豁免权做严格解释,应避免超出授权目的范围。判断自律组织的行为是否超越其准政府的身份,应遵循客观的标准,即从行为的客观性质判断,而不应考虑自律组织主观的目的和动机。基于客观性标准,法院认定,NASDAQ 发布电视和报纸广告是为了增加公司利润,而绝不是准政府行为。因此,法院拒绝了 NASDAQ 要求参照 D'Alessio 判例进行判决的意见,其理由是在 D'Alessio 案中,被告的行为仍在自律组织准政府权限范围内,而本案中 NASDAQ 的行为已超出了《证券交易法》的授权范围。两个案件有着本质的不同,先前的判例对本案没有约束,不应适用遵循先例原则。

也有法官提出了不同看法。Pryor 法官批评了将华尔街日报的广告排除适用绝对豁免原则的主流意见,认为广告行为并非是诱导投资者购买股票,而只是客观地向投资者公布财务标准。Pryor 法官还对"一个理性的读者将会从广告中得出世通公司是上市公司并且满足了上述财务要求"的推论表示质疑。他认为,报纸上的广告与 NASDAQ 网站上以及新闻稿中的声明没有什么不同,NASDAQ 只是在客观地执行经授权的政府职能而已。[1]

(二)NYSE Specialists securities litigation[2]

就在 Weissman 案判决宣布的同一天,联邦第二巡回法院维持了 NYSE 绝对豁免地位。[3] 本案为集团诉讼,加利福尼亚公务员养老基金公司指控 NYSE 的专家利用它们在交易委托单信息方面的独特优势,为自己谋取利益,而且 NYSE 未能尽到监管职责,甚至还有纵容之嫌,因此应承担赔偿责任。就像 Weissman 案一样,原告声称他们相信了 NYSE 的误导性陈述并基

---

① Craig J.Springer, "Weissman v.NASD: Piercing the Veil of Absolute Immunity of An SRO under the Securities Exchange Act of 1934", *Del.J.Corp.L.*, Vol.33, (2008), pp.456-463.

② California Public Employee' Retirement System v.New York Stock Exchange, Inc., 503 F. 3d 89(2d.Cir.2007).

③ 关于本案的起因,可参见第三章第二节"纽约证券交易所专家插队交易等违规行为"部分。

于此购买了在 NYSE 上市交易的证券。这些陈述包括公开声明和广告等。在部分广告里特别刊登了股神巴菲特关于 NYSE 给波克夏·哈萨韦公司股东们带来的价值的证明,另一些广告里则描绘了纽约证券交易所高级经理们对 NYSE 市场诚实和可信赖性的赞扬。原告认为这些陈述使人们相信 NYSE 能够按照法律、规则的要求运行和监管好自己的拍卖市场,投资者也相信 NYSE 是一个公平、公正的市场。正是这些误导性陈述诱使他们进行了 NYSE 上市公司股票的交易行为并带来了损失。

纽约南部地区法院审理后驳回了原告的起诉,主要基于两点理由:一是 NYSE 是一个自律组织,其被指控的行为在授权的准政府监管权限范围内,因此享有绝对的民事责任豁免权。二是原告不具有起诉欺诈陈述的资格。联邦第二巡回法院维持了关于 NYSE 绝对豁免地位的判决,但撤销了其中关于原告不具有起诉资格的部分内容。法院没有说明被指控的误导陈述是否与 NYSE 的营利或监管功能有关,但特别提示地区法院考虑原告的损失是否是基于被告的陈述引起的。原告主张自律组织只有在积极行使监管权力时才能获得豁免,在放弃履行监管义务时,不应给予豁免地位。原告认为,SEC 的调查已经显示,NYSE 对专家的违规行为视而不见,没有能够履行其监管职责,因此,应驳回其豁免请求。第二法院驳回这种观点,无论自律组织决定做什么,还是决定不做什么,都应受绝对豁免保护。因为绝对豁免的目的是为了给政府官员或者那些行使政府授权的主体行使权力的自由空间,而不必担心他的自由裁量权将导致无尽的诉讼困扰。

与 Weissman 案不同的是,联邦第二法院对自律组织的自律监管权限采取了更宽泛的解释。即使是深受公众批评、影响十分恶劣的专家滥用权力案件的发生,该法院仍认为是在交易所监管权范围内,免于承担民事责任。联邦第十一法院则对监管行为做了严格解释,甚至连目的在于向公众介绍自律组织标准的公开声明都不包括在内,无论该声明以何种方式提及某个在该交易所上市的公司,都可能要承担民事责任。①

---

① Andrew J. Cavo, "Weissman v. National Association of Securities Dealers: A Dangerously Narrow Interpretation of Absolute Immunity for Self-Regulatory Organizations", *Cornell L. Rev.*, Vol. 94, (January 2009), pp. 428–432.

（三）Opulent Fund V.NASDAQ Stock Market

本案是继 Weissman 案后另一起驳回自律组织绝对豁免要求的判例。原告 Opulent Fund,L.P.和 Opulent Lite,L.P.（简称"Opulent"）是私人投资合伙组织,从事股票指数期权①的交易。NASDAQ 100 指数的变动直接关乎他们所交易的某种期权的盈亏。NASDAQ 100 指数的编制依赖于入选指数的成分股的价值,或者准确地说,取决于每一种入选股票的官方开盘价格。因此,及时准确的报告开盘价格和 NASDAQ 100 指数价格对原告的期权交易来说非常关键。原告声称,2006 年 5 月 19 日,NASDAQ 报告的 NASDAQ 100 指数价格是 1583.45 美元,但是经过计算发现该价格应当为 1589.18 美元并进行了修正。对于原告来说,每份合约 5.73 美元的错误给其带来了巨额损失。依照 Weissman 判例,法院认为被告 NASDAQ 的行为不是在行使监管权力,而是私人的、营利的行为,因而拒绝给予其绝对豁免地位。作为私人公司,NASDAQ 可能从事大量的非政府活动,其目的是为了实现私人商业利益,例如提高交易量。对于 NASDAQ 辩称的其指数计算公式经过 SEC 批准,因此应当享有豁免的说法,法院认为不具说服力。

尽管本案原告没有像 Weissman 案一样通过寻求公众媒体广告的方式进行起诉,但两个案件中还是存在某些相同点,而且本案对绝对豁免原则的适用更加严格。首先,Opulent 的指控针对的是自律组织发表的公开报告,因为 NASDAQ 100 指数就是由 NASDAQ 编制完成并发布的。尽管发布开盘价格是 NASDAQ 日常工作中很平常的一部分,但法院认为发布 NASDAQ 100 指数目的在于促进和支持衍生品交易,如果由政府履行自律组织的自律职责的话,政府不会承担此项工作。因此,编制并发布 NASDAQ 100 指数并不是 NASDAQ 监管工作的一部分。其次,在 Opulent 案中,法院采用了 Weissman 案的推理方式,即对自律组织的营利性行为与行使监管职责的行为进行权衡,以此判断为基础决定是否应给予其绝对豁免权。NASDAQ 通过发布指数从衍生品市场中获得了利益,该行为完全是私人行为,与政府部

---

① 指数期权(index option),以证券市场指数为行权品种进行交易的期权合约。与指数期货的结算办法一样,合约到期时把市场指数按点位换算成现金,交易双方相互结算差价。

门/政府行为无关。因此,在 NASDAQ 从事非准政府的行为时,不应当授予其绝对豁免权。最后,通过援引 Weissman 案严格的、有利于原告的解释方式,Opulent 案进一步削弱了绝对豁免理论的应用范围。法院认为,因为绝对豁免原则剥夺了受损主体的救济权利,因此必须对豁免权的应用进行严格解释。①

（四）Weissman 案引发的争论

Weissman 案及其后 Opulent 案的判决结果表现了法院对自律组织严格适用绝对豁免原则的倾向。虽然 NYSE Specialists 案没有延续这种趋势,但也引发了相当的争论。Weissman 案不仅动摇了自律组织的绝对豁免地位,也将推进自律监管内容和方式的改革,最终可能对整个证券市场监管体系产生影响,因而引发了学术界广泛的关注和深入的探讨。

1.反对观点

以 Andrew J.Cavo 为代表的学者坚决反对 Weissman 的判决结果,认为对绝对豁免进行严格解释是相当危险的做法。其分析结论基于如下三点理由:

（1）Weissman 案削弱了对自律组织适用绝对豁免的立法目的

绝对主权豁免的立法目的是为了保障政府官员履行职责时的自由裁量权,以避免因顾虑过大难以有效开展工作以及受到反责诉讼的困扰。对自律组织提供绝对豁免保障是为了在自律组织执行准政府职能时能达到同样的目的。

Weissman 案中,法院的失败之处在于没有辨别原告的准确诉求（precise claim）。原告声称,NASDAQ 的开拓市场和广告等行为,不恰当地表达了世通公司是一个品质优良的公司因而值得投资的观点,但没有披露世通公司不符合 NASDAQ 的上市要求。从这个主张来看,原告的准确诉求似乎是 NASDAQ 在知道或应当知道世通公司存在的问题后,仍基于营利的目的允许该公司股票上市,因而是不合法的。但是如果仅仅基于这样一个

---

① Andrew J.Cavo, "Weissman v. National Association of Securities Dealers: A Dangerously Narrow Interpretation of Absolute Immunity for Self-Regulatory Organizations", *Cornell L.Rev.*, Vol. 94,(January 2009),pp.432–434.

指控显然不应驳回 NASDAQ 适用绝对豁免的辩解,因为做出上市或退市的决定明显属于 NASDAQ 的监管权限。Weissman 的聪明之处在于他并没有基于被告未能履行证券法赋予的自律职责提起指控,也就是说,他没有指控被告未能依法监管证券市场、上市公司、其他市场主体以及其他任何与履行监管职责相关的行为。相反,他基于两幅广告,认定这是被告的商业行为,既然被告从中获利,那么作为一个私人主体它就应该承担民事责任。因此,问题的关键在于 NASDAQ 广告行为的定性。

在第一幅广告中,列举了构成 NASDAQ 100 指数成分股的 100 家公司,其中包括世通公司。但广告中并没有特别宣传世通公司具有好的投资价值,或者以任何方式将其与其他 99 家公司进行区分。原告声称这是 NASDAQ 的商业行为,正是基于被告的大力推销行为,原告才产生了信赖并购买了世通公司的股票。其实,第二幅广告的暗示更小。广告表明了 NASDAQ 这样的信念,即在该市场上市的公司应当按照 GAAP 的要求报告财务情况。广告共列举了 82 位 NASDAQ 上市公司 CEO 名单,其中恰好包含了前世通公司的 CEO。然而,列入世通公司 CEO 名字的行为是一个非常有效的市场推广策略,因为仅仅凭借此,而不是世通公司其他品质,就促使 Weissman 在第二天增持了世通公司股票,尽管该公司的股票价值一路下滑。

应当说,Weissman 对于一个相当消极的广告的不同寻常的反应改变了法院对于其准确诉求的看法。事实上,发布广告是 NASDAQ 发布监管信息的行为,其唯一的目的在于传递了上市公司应当遵守严格的上市要求,世通公司是交易所的上市公司之一的内容。同样的信息可以很容易在 NASDAQ 网站或新闻稿中找到。通过使法官确信原告仅仅对两幅广告的营利能力产生了信赖,Weissman 有效地推翻了 NASDAQ 的绝对豁免要求。

Weissman 案的判决动摇了绝对豁免原则的立法目的,可以预见将来会有更多的针对自律组织的诉讼发生。按照 Weissman 案的逻辑,只要自律组织在任何时间提及在其市场上市的公司,而该公司事后被证明表现糟糕的话,该组织就有可能被置于承担责任的风险之中。

(2)Weissman 案通过缩小监管职责的范围限制了绝对豁免的应用

一直以来,法院认为只要自律组织实施履行监管职责的行为就应享有绝对豁免权利。但是究竟哪些职责属于监管职责范畴主要取决于个案的解释。在 Weissman 案之前,法院一般采取的是宽泛的解释,自律组织的会员纪律处罚、暂停股票交易、规则解释等相关行为都可以被纳入其中,所以也就很少有自律组织被剥夺绝对豁免权案件的发生。Weissman 案改变了这一传统,使得自律组织免责的机会大大降低。

本案中,华尔街日报的广告应当被视为自律组织履行自律监管职责的行为,因为《证券交易法》赋予自律组织自律监管的目标是:促进市场交易的公正和公平,提升证券业从业者的合作水平,提高证券交易所的效率,去除市场缺陷,完善市场的自由、透明机制和全国市场体系,保障投资者利益和公共利益等。为了实现上述目标,自律组织必须有决定股票上市和退市的权力。因此,向公众传达上市要求信息应当被视为是监管行为。这样的信息有助于上市公司明确如何满足上市要求,有助于投资者知晓上市公司需要符合什么标准。这种行为属于实现"去除市场缺陷,完善市场的自由、透明机制"的目标范围。审理 Weissman 案的法院似乎忽视了广告行为的监管目的。今后,自律组织如果再公开发布上市要求并附上它认为可能符合上市要求的公司的名称,就有可能陷入承担责任的漩涡中。

（3）Weissman 案将使媒体通讯遭遇寒冬

Weissman 案的另一个负面影响是自律组织更加不愿意利用商业媒体向投资者发布监管标准。Weissman 案抓住了仅仅提及世通公司 CEO 名字的微小事实,就判决自律组织承担责任。媒体通讯曾经是非常受认可的大众传播方式,自律组织通过它将信息传播到股东、上市公司和潜在投资者。然而 Weissman 案的判决很可能使自律组织对任何/全部的上市公司的欺诈行为负责。类似于 Weissman 案类型的广告将不再被视为自律组织的监管行为,从而使得公众媒体失去了作为沟通渠道的意义,同时自律组织与公众沟通的能力也将降低。或许有人会说自律组织可以避免潜在的责任,只要他们在公开声明里不要提到那些在交易所上市的公司名称。但 Weissman 案并没有说明在何种程度上自律组织可以以公开声明的方式兜售服务而不会受到责任指控,也就是说还没有一条明确的界限对此进行区分。就目前案件反映出的法官主流意见似乎是,只要提及了公司就代表自律组织对公司专业操守的全面肯定,一旦事后该公司被证明从事了欺诈性行为,该自律组织不能要求豁免。

Weissman 案还带给我们其他思考。如果自律组织在其网站上介绍了某个上市公司,是否意味着绝对豁免权的丧失? 如果自律组织的 CEO 在某次关于"交易所质量"的演讲或采访时提到了某个上市公司,是否要为之承担责任? 如果自律组织通过华尔街日报发布其他形式的监管信息,如暂停或恢复交易,是否涉及责任? 是否自律组织必须寻找到不用提及上市公司而能阐释其价值的方式? 目前来看,上述问题的答案是不明朗的。因此,自律组织将会为使用何种沟通方式以避免责任深感苦恼,最终结果很可能导致商业媒体使用量的降低。①

(4)Weissman 案可能引发经济衰退

Weissman 案将引发诉讼浪潮,那些因自身原因判断失误从而遭受损失的投资者将会从该案中获得启发,他们将努力寻找自律组织留下的蛛丝马迹以便从中得到对自己有利的证据,然后通过诉讼获得赔偿以弥补自己的损失。自律组织将陷入无尽的诉讼中,原告们提出的损失赔偿将达到惊人程度,理论上说,最终可能迫使交易所破产。② 国民经济和股票市场有着紧密的因果联系,股票市场的波动将会对实体经济产生巨大影响。目前的金融危机对实体经济产生的影响已经初步显现,各国经济的迅速衰退就是很好的例证。如果交易所破产,必然引发经济衰退,最终引发整个国家的萧条。

2.肯定观点

以 Craig J.Springer 为代表的学者认为 Weissman 案的判决是正确的。③

---

① Andrew J.Cavo,"Weissman v.National Association of Securities Dealers:A Dangerously Narrow Interpretation of Absolute Immunity for Self-Regulatory Organizations",*Cornell L.Rev.*,Vol. 94,(January 2009),pp.434-439.

② Craig J.Springer,"Weissman v.NASD:Piercing the Veil of Absolute Immunity of An SRO under the Securities Exchange Act of 1934",*Del.J.Corp.L.*,Vol.33,(2008),p.467.

③ Craig J.Springer,"Weissman v.NASD:Piercing the Veil of Absolute Immunity of An SRO under the Securities Exchange Act of 1934",*Del.J.Corp.L.*,Vol.33,(2008),pp.465-468.

Weissman 案根据交易所行为的客观性质和功能作为判断自律组织是否是在履行准政府职能的首要依据,是符合证券交易法规定的。为了正确适用绝对豁免原则,必须区分一个真正的自律组织和一个营利性公司的不同,法院认定发布广告的目的是为了营利而不是上市目的是正确和必要的。现在,NASDAQ 不仅在自己的市场上完成了首次公开发行,而且其重心也从执行监管职责的自律组织变成了为自身经济利益而运作的私人公司。考虑到 NASDAQ 2007 年第三季度 6.5 亿的收入,不难推测 NASDAQ 已经将关注点放在营利性行为上,例如提升某种股票的价值。

　　无论从法律上还是道德层面上分析,对营利性组织和非营利性组织都不能等同视之。例如,根据税收法律规定,那些以从事公益、教育、宗教、艺术和科学研究为目的的组织免于缴纳联邦和州的所得税。尽管有所区别,然而他们却几乎不能免于欺诈的指控,因为社会的底线是不能容忍欺诈的存在。事实上,在许多案件里,法律都向原告提供了针对某个组织或公司的欺诈行为寻求救济的权利。例如,依据美国公司法,如果原告能够举证证明被控公司董事违反了商业判断原则①,他们就可以成功地要求董事为自己的行为负责。在 Malone V. Brincat② 案中,特拉华州最高法院判决认为,如果董事有意发布错误的或误导性信息,那么他就不应受到商业判断规则的保护。公司董事有义务满足股东查看信息披露文件的要求,同样,NASDAQ 的董事也有义务向投资者提供上市股票准确的信息。基于二者的相似性,商业判断规则在决定自律组织是否豁免责任时也应得到应用。同样,"揭穿公司面纱"规则是对传统的股东有限责任的否定。如果股东利用公司的独立人格,从事各种欺诈行为,规避公法义务,为自己谋取非法所得,或者利用公司的独立人格从事隐匿财产,逃避债务清偿的行为,③则应当揭开公司股东有限责任的面纱,否定公司的法人人格,由股东直接承担责任。

---

　　① "商业判断原则"是美国公司法设立的判断董事是否应对其过失行为承担责任的标准。如果董事在做出决议时是基于合理的资料而合理行为,即使该决议的结果对公司十分有害,董事也不承担责任。参见赵旭东:《公司法学》,高等教育出版社 2003 年版,第 362 页。

　　② 722 A.2d 5(Del.1998).

　　③ 蔡立东:《公司自治论》,北京大学出版社 2006 年版,第 192 页。

　　针对有人提出的该案可能对自律组织产生巨大负面影响的质疑,该派学者认为,Weissman案给自律组织造成的实际影响非常有限。一方面,毕竟像世通、安然公司丑闻这样的事件少之又少,不会涉及大面积的公司;另一方面自律组织可能会因此更谨慎地对待广告行为,更严格地审查上市信息的准确性。广告的方式和内容应避免有劝导投资者购买股票的嫌疑,而是看上去更像是在履行监管职责。例如,交易所应尽量避免在电视上或报纸上刊登广告,因为这样的广告与其他营利性广告混杂在一起,容易激起读者购买股票的欲望。同时,广告的内容应当更加中性,这样更能获得法院的支持。如果世通公司CEO不赞助NASDAQ的广告的话,Weissman案的判决结果可能迥然不同。因此,自律组织应当减少广告方面的公司赞助并采取更中立的广告方式,这样就会确保受到证券法的保护,从而免于承担责任。

　　3.本书观点

　　笔者认为,赋予自律组织绝对豁免权的基础仍存在,但应当结合自律组织的发展变化,做出必要的改革。

　　(1)自律的作用不可替代,赋予其豁免权有利于更好地履行自律职责。证券市场的发展离不开自律组织的积极作用,证券市场日新月异的制度创新既推动了市场的快速发展,也带来了巨大的市场风险。这种风险性与市场的发展如影随形,而且具有高度的不可测性和不可控性,风险也是市场发展必须付出的代价之一。即使是身处一线的自律组织,也难以有足够的能力认识和化解这些风险,所以出现部分意外在所难免。赋予自律组织民事责任豁免权有利于其更积极地行使监管权力,更主动地采取必要措施以控制风险的传播和扩大。证券市场的发展已经证明,消极的事后监管方式无助于风险的控制,只有积极地进行事前监管,才可能将风险控制在一定水平。本次金融危机给我们留下的惨痛教训之一就是一定要采取更积极、更严格的监管措施,防患于未然,否则社会将会为此付出高昂的代价。虽然积极主动往往也会伴随着考虑不周、论证不充分等问题,也会造成一定的负面后果,但这些后果从影响范围和程度相较于因监管不力导致的风险都要小得多,且是易控的。证券市场的特点决定了效率是第一位的,在发展的前提下,应当容许自律组织善意的过失行为存在,并赋予自律组织民事责任豁免权。

(2)自律组织的特点决定了不应要求其承担过多的民事责任。自律组织区别于政府的重要一点在于其经费来源不同。政府依靠国家财政投入,而自律组织的经费主要来自于会费和其他监管费用。这些有限的费用除了应付日常监管的支出外,恐怕难有剩余支付民事赔偿。所以即使被判承担民事责任,也难以得到有力执行。即使非互助后的交易所以营利为目的,具备了一定的财产基础,且不论此时交易所是否还适宜承担自律角色,也无法面对证券市场集团诉讼的可怕后果。因为任何一个监管的失误,例如未能及时暂停股票交易或作出退市决定,未能及时发现上市公司的欺诈事实,未能及时制止会员损害客户利益的行为,其面对的索赔者可能成千上万。他们提出的索赔数额可能大得惊人,足以让任何交易所顷刻间破产。

(3)现代社会的发展已经突破了主权豁免的限制,利害关系人可以对政府提起行政诉讼已成为现代法治社会的一项基本原则,是制约政府权力、保障公民和其他社会主体利益的重要举措。即便在美国,随着1946年《联邦侵权赔偿法》的公布,政府的侵权责任得到法律的明确,政府不再享有完全的民事责任豁免权。根据该法有关规定,由于政府职员在执行职务或工作范围内的过失或不法的行为或不行为而引起的财产损坏或丧失,或者人身损害或死亡的金钱赔偿,都可以控告美国政府要求承担民事责任。[1] 然而,《联邦侵权赔偿法》虽然放弃了主权豁免原则,但同时做了一些保留,因而事实上仍相当大程度上保留了主权豁免原则。这些保留条款主要包括政府行使自由裁量权的例外和职员故意侵权行为的例外。行使自由裁量权的例外具体包含两方面:其一,行政机关或其职员行使自由裁量权的行为或不行为,不论该自由裁量权是否滥用,美国政府都不负赔偿责任;其二,对政府职员已尽了适当的注意义务,其执行法律或法规的行为或不行为不承担责任,不论该法律、法规是否违宪,是否有效成立。然而,如何判断自由裁量权缺乏统一的标准。从一般意义上说,自由裁量行为是可以选择的行为,需要

[1]　王名扬:《美国行政法》,中国法制出版社2005年版,第752页。

判断和决定的行为,也就是说,几乎所有的行政行为都是自由裁量行为。但显然这种解释不符合立法意图,立法的笼统性使得具体的判断标准只能依赖于法院判例确定。事实上,在印第安拖船公司诉美国、雷奥尼尔公司诉美国等案例中,美国最高法院就确立了国家免责的范围限于政府职员在计划水平内的自由裁量行为,发生在执行水平的自由裁量过失行为不能免责的原则。① 故意侵权的例外,并不是表明政府对其职员所有的故意侵权行为都免责,免责的范围由法律规定,除此之外,都应负责。既然政府主权豁免原则出现了松动,作为"衍生品"的自律组织绝对豁免原则也应当适时进行改革。笔者认为,可以借鉴主权豁免的思想在两方面进行改革,一是通过立法或判例进一步明确自律组织自律监管权力的范围,以合理规范自律组织自由裁量权的行使,既最大限度地实现立法关于自律监管的目的,同时也要较好地平衡自律组织与利害关系人的利益,防止自律组织权力滥用损害市场主体的利益。二是应当排除自律组织的故意行为受豁免保护。故意也就是欺诈行为,欺诈行为无论是从道德上还是法律上都是应当受到谴责和制裁的行为,是社会所不容许的行为,因而没有保护的必要。如果自律组织故意纵容违法违规行为的存在,甚至串通实施欺诈行为,就应当揭开绝对豁免的面纱,令其承担民事责任。为了将自律组织的责任限制在合理范围内,法律可对故意行为的类型做列举规定,以更好地平衡自律组织与市场主体的利益。自律组织对故意行为负责既符合社会的道德底线要求,也能督促自律组织认真行使权力,真正实现自律监管的立法目的。

---

① 王名扬:《美国行政法》,中国法制出版社 2005 年版,第 771—775 页。

第六章 证券市场自律纠纷解决机制

证券纠纷是指因证券发行、交易产生的关联纠纷,包括客户与经纪商间因委托买卖产生的纠纷、交易所会员之间的纠纷以及证券公司与雇员之间的纠纷等。① 依据各国证券立法,证券纠纷发生后,可以选择以下几种纠纷解决方式:诉讼、仲裁和调解。证券诉讼作为法治国家解决纠纷的基本方式与其他诉讼相比并无明显的特殊性。证券仲裁和调解作为纠纷解决的替代方式(ADR)在证券市场发达的国家日益受到重视,发挥着越来越大的作用。我国的证券仲裁和调解刚刚起步,尚未形成成熟的制度,也未得到市场的普遍认可。因此,系统地对国外证券纠纷仲裁及调解制度进行研究对于完善我国的证券纠纷解决机制具有重要的理论价值和实践意义。本章主要以美国证券纠纷仲裁和调解制度为考察对象,结合我国的相关制度,提出完善的建议。

第一节 美国证券仲裁制度

一、美国证券仲裁制度的历史发展

（一）证券纠纷可仲裁性的司法发展

美国证券仲裁制度起源于 NYSE。1871 年,NYSE 要求会员之间的纠纷应交由交易所进行仲裁。1872 年,NYSE 将证券仲裁的范围扩大到客户和

---

① 除上述列举外,证券纠纷还包括投资者之间的证券争议,投资者和发行人、律师和会计师之间的证券争议,发行人和承销商之间的证券争议等,但实践中这些并不在证券自律仲裁的受理范围之内。

会员公司之间的争议,前提是客户同意提交 *NYSE* 仲裁。① 此后,其他自律组织也纷纷建立了类似的证券仲裁制度。

投资者在经纪商处开立账户时,通常要签订一个关于未来纠纷解决的协议,该协议规定未来发生的与证券买卖有关的纠纷都应提交仲裁。该协议是强制性的,作为开户的前提条件,投资者并无选择权,因此也一度引发了关于该协议是否有效的争论。在 1954 年 Wilko v.Swan② 一案中,联邦最高法院认为,1933 年证券法揭示了国会加强投资者权利保护的意图,纠纷前仲裁协议违背了证券法第 14 条和第 22 条的规定,③投资者无权选择放弃法院管辖,因而是无效的。法院指出,仲裁有着如下缺陷:其一,不同于传统的商业仲裁,证券纠纷更加复杂,要求决策者拥有更丰富的知识背景和智慧,而目前的仲裁员既不是法官也不是律师,因而很难作出准确判断。其二,《联邦仲裁法》(Federal Arbitration Act,简称"FAA")规定了裁决接受司法审查的情形,并要求仲裁员明示做出仲裁裁决的理由,但证券仲裁并不要求仲裁员制作仲裁记录或对仲裁结果进行解释,因而事实上使仲裁裁决的司法审查变得不可能。④ 总之,基于对仲裁的不信任,法院没有支持纠纷前仲裁协议的效力。此后,绝大多数联邦法院也据此推论,将违背 1934 年证券交易法的纠纷前仲裁协议也视为无效,从而事实上否定了纠纷前仲裁协议的可执行性,证券仲裁一度陷入低谷。

直到 1987 年 Shearson/American Express,Inc.v.McMahon⑤ 案,法院才改变了态度,纠纷前仲裁协议具有了执行力。在该案中,法院推翻了 Wilko v.

---

① Jill I.Gross, "Securities Mediation:Dispute Resolution for the Individual Investor", *Ohio St. J.on Disp.Resol.*, Vol.21, (2006), p.336.

② 346 U.S.427(1953).

③ 美国《证券法》14 条规定:"任何条件、规定或条款,如果要求获得任何证券的任何人放弃遵守本法的规定或证券交易委员会的规章和制度,则该条件、规定或条款无效。"美国《证券法》22 条规定,美国联邦地区法院、属地法院拥有对于违反本法及美国证券交易委员会规章制度案件的管辖权。

④ Jennifer J.Johnson, "Wall Street Meets the Wild West:Bring Law and Order to Securities Arbitration", *N.C.L.Rev.*, Vol.84, (December 2005), p.128.

⑤ 482 U.S.220(1987).

Swan 案的观点,认为,《1933 年证券法》和《1934 年证券交易法》中的禁止弃权条款,应当解释为禁止放弃实体性权利(substantive rights),而不是程序性权利(procedural rights)。诉讼或仲裁只是解决实体性权利的程序选择,应由当事人自主决定。针对 McMahon 提出的仲裁程序不能充分保护其实体权利的观点,法院予以了驳斥,认为现在的仲裁员具备了处理复杂法律事务的能力,没有理由认为仲裁员将不遵循法律。一般认为,促使法院改变对仲裁协议态度的主要推动力量来自 SEC。SEC 使法院确信,自 1975 年《证券交易法》修正案颁布以来,SEC 获得了对自律组织广泛的监管权力,因此能够促使自律组织的仲裁充分保障投资者的利益。

McMahon 案后,投资者和经纪/交易商间的纠纷大都依据事先仲裁协议进行仲裁,NASD 还要求会员必须基于顾客的请求进行仲裁,即使双方不存在仲裁协议。当然,绝大多数经纪/交易商都会在与顾客签订的合同中加上仲裁条款。另外,会员公司的员工与公司间的雇佣纠纷也必须提交仲裁,除非是存在种族歧视的情况。1987 年后,仲裁案件数量大幅度提升,表一(见下表)就表明了这种变化。NASD 和 NYSE 作为主要的自律组织,承担了大部分证券纠纷的仲裁工作。据统计,在 2000 年和 2001 年两年间,在各自律组织仲裁的案件中,99% 的案件是由 NASD 和 NYSE 这两个自律组织处理的,而其中,NASD 纠纷解决公司(Dispute Resolution Inc.)承担了 90% 的案件。[1]

(二)SICA 的成立

由于各自律组织存在不同的自律仲裁规则,SEC 还积极推动自律仲裁规则的统一化。1977 年成立了证券仲裁联席会议(the Securities Industry Conference on Arbitration,简称"SICA"),SICA 的成员来自自律组织、证券业协会及公众代表。由于当时采取的是自愿仲裁,且小额案件当事人不愿支付高昂的诉讼费用,因而愿意选择仲裁,SICA 首先着手起草了针对小额申请的仲裁规则。两年后,SICA 制定了可适用于所有仲裁申请的《统一仲裁

---

① Michael Perino, Report to the Securities and Exchange Commission Regarding Arbitrator Conflict Disclosure Requirements in NASD and NYSE Securities Arbitrations [EB/OL]. [2002-11-4]. [2013-06-30]. http://www.sec.gov/pdf/arbconflict.pdf.

规则》(uniform code of arbitration),该规则由各自律组织采纳并经修改后延续至今。

表一　自律组织年度仲裁案件受理量统计表(1980—2005)①

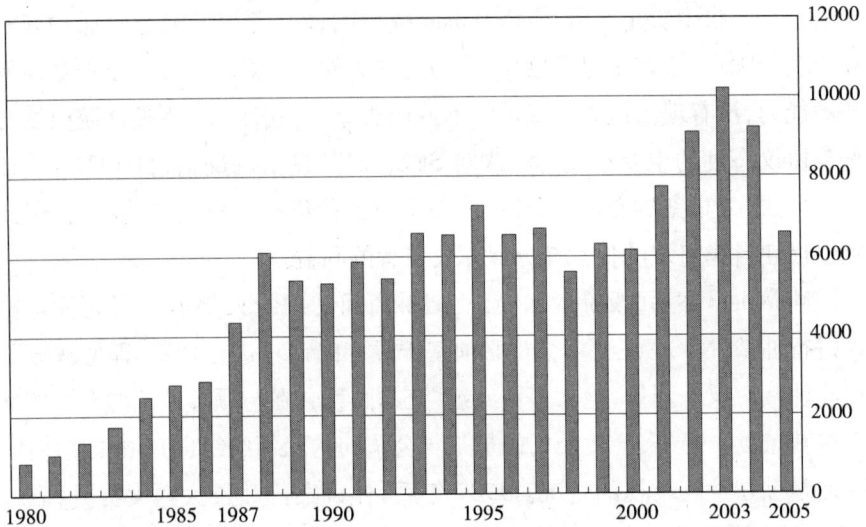

2000年1月,SICA制定了一个实验性项目,该项目要求经纪商给予投资者选择在何种仲裁机构进行仲裁的权利,也就是说,投资者除选择在自律组织仲裁机构仲裁外,还可以选择在非自律组织发起的仲裁机构仲裁,或者选择美国仲裁协会仲裁。2002年,SICA关于该项目的鉴定结论指出,只有极少的投资者选择在其他仲裁机构进行仲裁,主要原因是这些机构日益高昂的费用和律师们更适应自律组织的仲裁程序。②

McMahon案的判决使得大量案件涌入仲裁机构,原来在自愿仲裁模式下仅仅进行了探讨但没有形成最终行动的许多问题不得不重新考虑和执行。例如,扩展发现程序;仲裁员的资格、背景、训练、选择、评级;裁决的事

---

① 数据来源:Constantine N. Katsoris,"Roadmap to Securities ADR", *Fordham J. Corp. & Fin.Law*,Vol.11,(2006),pp.524-525.

② Jennifer J. Johnson,"Wall Street Meets the Wild West:Bringing Law and Order to Securities Arbitration",(footnote n55),*North Carolina Law Review*,Vol.84,(December 2005),p.133.

由分析；仲裁听证记录的录音或保留方法；自律组织的举证责任等。应当说，这些方面的改革是必要的，尽管可能使仲裁变得有些类似诉讼，但有助于裁决的公正。SICA 一直致力于保障《统一仲裁规则》的实际执行效果，当存在实际需要时，它便举行会议商讨调整有关规则。除了 SEC 外，美国商品期货交易委员会、美国仲裁协会等相关组织也被邀请参加这些会议。自《统一仲裁规则》通过后，截至 2008 年，自律组织仲裁机构受理的案件超过 14 万件。① 为了使统一仲裁规则使用起来更便利，SEC 要求该规则应制定得更通俗易懂些（in plain English）。为此，SICA 于 2001 年将整个规则用通俗语言进行了翻译。为示区分，一般将原《统一仲裁规则》称为旧规则，将翻译后的《统一仲裁规则》称为新规则。当然新规则并不是简单的旧规则的翻译文本，而是对旧规则的部分内容进行了调整或合并，新规则也由旧规则的 31 章变成 27 章。本书如无特别说明，所引用的规则为新规则。

二、证券仲裁的基本程序规则

本部分主要以《统一仲裁规则》（以下简称"《规则》"）的内容为基础，并适当结合 FINRA《仲裁规则》进行介绍。《规则》共 27 章，自 2001 年 1 月 18 日起实施。②

（一）管辖

《规则》第一章规定了仲裁的管辖范围。除了受理申请人基于仲裁协议提起的仲裁外，仲裁庭也受理基于客户或非会员提出的仲裁请求，即使不存在仲裁协议。但反之，会员却不能强迫客户接受仲裁。同时，自律组织在发现争议或请求不属于仲裁的适格标的时，可以做出驳回的决定。

为了保障投资者对纠纷前仲裁条款的知情权，《规则》要求仲裁条款必

---

① Constantine N.Katsoris, "Securities Arbitrators Do Not Grow on Trees", *Fordham J.Corp.& Fin.L.*, Vol.14, (2008), p.58.

② 以下内容主要参见：Constantine N.Katsoris, "Roadmap to Securities ADR", *Fordham J. Corp.& Fin. Law*, Vol.11, (2006), pp.425－469. Code of Arbitration Procedure for Customer Disputes, Code of Arbitration Procedure for Industry Disputes 2013 年 7 月 3 日，见 http://www.finra.org/Arbitration Mediation/Rules/Code of Arbitration Procedure/index.htm。

须被醒目标识,置于签字栏之前,并伴随特定的提示语言。为防止协议条款与《规则》要求冲突,《规则》第三章规定禁止仲裁协议中规定限制规则应用或相冲突的条款,或者限制当事人一方可提起仲裁请求的种类,或者限制仲裁员做出任何裁决的能力的条款。

基于多种原因考虑,《规则》禁止以"集团诉讼"的形式提起仲裁,①但并不影响仲裁的合并或加入。《规则》允许申请人加入一个未决集团诉讼,即使存在仲裁协议。如果申请人放弃在法院提起的集团诉讼,他可以提出仲裁申请。FINRA《客户纠纷仲裁程序规则》(Code of Arbitration Procedure for Customer Disputes)12204 条做了类似的规定。

许多在证券业工作的雇员被要求签订仲裁协议,一旦在雇佣过程中发生纠纷,应提交到特定自律组织的仲裁机构进行裁决。1991 年,联邦最高法院在 Gilmer v.Interstate/Johnson Lane Corp.一案中确认了雇佣纠纷的可仲裁性,但该案并未明确仲裁是否适用于所有雇佣合同。一些法院认为,如果涉及就业歧视,则仲裁无权受理。NASD 规定不受理就业歧视申请,但不禁止提出其他雇佣纠纷申请。NYSE 宣布,它不会受理就业歧视的仲裁申请,除非该仲裁协议是在纠纷发生后达成的。FINRA《业内纠纷仲裁程序规则》(Code of Arbitration Procedure for Industry Disputes)13201 条规定,就业歧视纠纷,包括性骚扰,不应提交仲裁。但是如果当事人双方事前或事后达成协议同意仲裁的除外。

《规则》规定仲裁申请的时间应自引发该申请的事件发生之日起六年内提出。SICA 该项规定的意图并非是使申请无效,只是表明超过六年的申请就不能提交到自律仲裁机构仲裁。但 AAA 并没有这样的限制性规定,这

---

① 集团诉讼是指由单个人或部分人代表整个相关利益团体提起的诉讼。其目的在于为那些因为损失额小诉讼成本高而不得不放弃诉讼的群体提供一种救济方式,集团诉讼通过整合多数人资源实现规模效应,以提起巨额诉讼的方式吸引律师代理。美国联邦最高法院在 2003 年的 Green Tree Financial Corp v.Bazzle 一案中确认了集团诉讼的可仲裁性。《规则》禁止集团诉讼的理由是其存在的"复杂性、重复性和费时费力性"。也有学者反对这种例外条款,理由是该条款与 FAA 鼓励仲裁的立法目的相违,也不存在"复杂性、重复性和费时费力性"的问题。See Matthew Eisler,"Difficult, Duplicative and Wasteful? the NASD'S Prohibition of Class Action Arbitration in the Post-Bazzle Era",*Cardozo L.Rev.*,Vol.28,(February 2007),p.1891.

也是证券公司通常不会选择 AAA 作为替代性纠纷解决平台的原因之一。《规则》第12章规定,所有提起的申请都视为合格,除非有反对意见向仲裁主任提出,仲裁主任可就此做出最终决定。对该决定不服,只能向法院提起撤销之诉。一旦申请被认定为不适格,就推定为仲裁协议不存在,申请人可以向法院提起诉讼。

（二）小额申请与简易程序

《规则》第9章规定了简易仲裁程序,以便小额申请能够以快捷和低成本的方式解决。适用简易程序的案件标的额以不超过2.5万美元为限。[①]尽管简易程序追求效率,但仍然要遵循《规则》的许多程序性保障条款,例如庭前发现程序和仲裁员的选择程序等。

（三）庭审的要求

《规则》规定,除了小额申请外,所有其他争议都应开庭审理,除非当事人双方以书面方式放弃庭审,并要求仅依据双方的诉状和书面证据进行处理。即使当事人放弃庭审,仲裁员多数成员也可以作出决定要求开庭审理。任何仲裁员都可以要求当事人提交进一步的证据。

（四）仲裁的终止

基于当事人双方的共同申请,仲裁员可以做出终止仲裁的决定。而且,仲裁员也可以基于自己的判断或者一方当事人的请求,终止仲裁程序,并将案件提交法院,其他当事人同意的争议解决平台审理或者法律允许的其他救济渠道。如果较轻的处罚不起作用,《规则》授权仲裁员以驳回请求、答辩等方式作为对故意不遵守仲裁员命令的惩罚。事实上,仲裁员通常不会在第一次开庭前终止案件,而是在审理部分或全部案件后再做出终止的决定,尤其是面临 pro se cases。[②]

（五）和解

《规则》第14章允许当事人在仲裁的任何阶段达成和解。

（六）仲裁庭的组成、仲裁员的选任以及仲裁员的披露要求

最初,《规则》规定由仲裁主任决定仲裁庭的组成并指定主席。由于受

---

① 依据 FINRA《仲裁规则》,经 SEC 批准,自2012年7月23日起执行5万美元标准。

② pro se cases,是指不聘请律师,自己亲自出庭的案件。

到投资者可能存在暗箱操作的指责,《规则》于 2006 年 3 月 21 日对此做了修改。如果申请额在 2.5 万至 10 万美元间,由独任仲裁员审理;超过 10 万不满 20 万美元的,由独任仲裁员审理,除非任何一方提出要求三名仲裁员审理;超过 20 万美元的(或者申请内容不涉及数额的),由三名仲裁员组成仲裁庭审理。① 在仲裁员的选任上,《规则》采取了由当事人联合选任仲裁员的做法。自律组织仲裁机构将提供两份仲裁员名单,一份是公众仲裁员,另一份是业内仲裁员。如果是由三人组成仲裁庭的话,则每一方当事人可以将不同意的名字从名单上划掉并将同意的人选按顺序填好,仲裁机构将按照当事人的选择决定仲裁员。如果第一次选择不能实现选任目的的话,仲裁机构将向当事人提供第二份名单。第二份名单将按照 1∶3 的比例,即每一个空缺提供三个候选人。当事人可以无需任何理由地从中划掉一个,仲裁机构基于当事人的顺序选择决定人选。如果经过该程序仍然未能选定仲裁员,则由仲裁机构主任指定。为防止指定的仲裁员不能被当事人接受的情况发生,SICA 提供给每一方当事人一次申请仲裁员"无理由回避"(peremptory challenge)的权利。

《规则》第 19 章要求每一名仲裁员都要向仲裁机构主任披露任何可能影响该仲裁员做出客观和公正裁决的信息。在被指定为某案件仲裁员后,他将收到一份《仲裁员道德规则》,该《道德规则》将告知仲裁员应当披露的具体信息。在 McMahon 案之前,仲裁主任只能在第一次开庭前基于披露的信息更换仲裁员,McMahon 案以后,仲裁主任可以在庭审开始后更换仲裁员。同时,如果仲裁主任认为仲裁员有故意隐瞒背景、阅历、现存的或潜在的利益冲突以及偏见等方面的情形时,有权对该仲裁员予以更换。

(七)程序启动

1.诉状

《规则》第 7 章规定了启动仲裁的程序,包括提起申请、提交仲裁协议、答辩、反诉等。对于仅作出概括性否定答辩,没有及时提交答辩状或者没有

---

① 依据现行的 FINRA《客户纠纷仲裁程序规则》12401 规定,上述对应数额分别为不足 2.5 万、2.5 万—10 万、10 万以上。

提出可能的辩护意见或者相关事实的,仲裁员有权禁止该方在庭审时提交证据。为了降低费用,除了申请书外,SICA 要求当事人应互相送达诉状,并将副本提交给仲裁主任。为便利该措施的推行,《规则》允许采用邮寄或其他方式送达。《规则》要求申请书以通俗的语言书写,并明确救济方式。申请书应当简洁并附有充分的证据,索赔额应尽可能明确。答辩状不应当只是含糊和一般性的反对,而是应包含所有可能的辩护意见,并附有相关证据。

2.当事人加入及合并审理

仲裁主任可以决定,如果其他当事人与被告具有相同的纠纷,他们可以加入案件以合并审理。如果任何一方当事人提出异议,仲裁员可以就仲裁主任的决定进行审查,并做出最终决定。

3.对诉状的修改

之前的《规则》曾规定在收到被申请人的答辩状后,当事人不得修改诉状,除非得到仲裁员的许可。现在的《规则》对此作了修正,当事人可以修改诉状,但应在仲裁小组组建完毕前。

(八)律师代理

1991 年之前,《规则》允许当事人由律师或其他人士代理出席庭审。之后,弗罗里达州最高法院和加利福尼亚州最高法院都判定,禁止非律师以收费为目的代理证券仲裁。现在的《规则》采纳了法院的做法。对于小额申请投资者,SICA 允许法律院系的诊所提供帮助。现行的 FINRA《客户纠纷仲裁程序规则》12208(c)规定,当事人可以由非律师代理,除非是州法律禁止代理、代理人目前已被宣布暂时或永久性禁入证券业或者代理人目前被禁止从事法律工作或被永久禁入。

(九)庭审的时间和地点

仲裁主任有权决定第一次开庭的时间和地点,但至少应提前 10 个工作日予以通知。《规则》还禁止仲裁协议中对仲裁地点的选择,以避免给投资者增添不必要的负担。

(十)庭前程序和信息收集

1.告知命令和服从

仲裁员可以在庭审前发布要求提交文件和信息的命令,如果当事人一方拒绝,可召开庭前会议进行处理。

2.证人名单

《规则》第 24 章要求当事人应当在第一次庭审 20 日前交换证人姓名、商业联系和将要在案件中使用的文件。

3.传票

《规则》要求应采取合理的方式使当事人双方能在同一天收到所有签发的传票的副本。这样做的目的在于及时通知另一方当事人,使得其有机会及时阻止任意或不恰当地向第三方签发传票的行为,以免相关材料已经移交给签发传票的申请者。同时,为了防止非当事人对传票的盲目服从,《规则》规定在签发第三方传票前 10 天应通知对方当事人,以使其有机会寻求限制或取消传票。

4.宣誓作证

与诉讼中宣誓作证的过分使用以及由此带来的费用增加与诉讼迟延不同,宣誓作证在仲裁中并不常见。通常在证人生病或即将死亡时出于保存证据的需要或证人距离遥远,难以长途跋涉参与庭审或者为了加速复杂案件审理的需要时,才在庭审前采用宣誓作证的方式。任何时候,当事人都可以无需取得仲裁员的同意而放弃传唤证人。

(十一)庭审

1.出席庭审

除了当事人及其律师外,仲裁员可以决定需要出席庭审的人员。只要给予了合理通知,即使一方当事人缺席,庭审也可进行并做出裁决。仲裁员手册规定,专家证人可以参与整个庭审。有人建议出于透明性的考虑,应对媒体和大众开放。但是这也会带来负面影响。例如可能增加自律机构扩张场地的负担并带来安全问题。媒体的出现可能使当事人更倾向于"表演"而不是寻求事实真相。同时,也可能导致当事人隐私的泄露。

2.程序记录

最初,并没有规定要求保留庭审的记录,但 McMahon 案之后,《规则》要求以速记或者录音的方式对庭审记录进行保留。

3.宣誓

《规则》规定所有证据都应进行宣誓或经确认,宣誓或确认应在第一次开庭前向仲裁员进行。

4.延期

起初,延期是仲裁程序中的习惯性现象,即使是第一次开庭也往往延期很多次,因而严重影响了诉讼的进程。持续的延期还可能导致仲裁员任期已满而不得不重新选任。延期损害了仲裁固有的效率和经济价值,也给当事人增加了负担。为了解决这个问题,SICA 规定,如果一方当事人在仲裁员被指定后申请延期,那么他应当支付一笔费用,除非仲裁主任决定放弃。

5.证据

《规则》第 21 章规定由仲裁员决定证据的重要性和可信性,但仲裁员作出判断时并不受联邦或地方证据规则的约束。应注意的是,尽管根据《联邦仲裁法》撤销仲裁裁决的理由非常有限,但其中一条理由就是仲裁员不合理地拒绝听审相关的或重要的证据。因此,事实上大部分仲裁员都倾向于在证据规则范围内作出判断。

6.重启庭审

《规则》第 26 条授权仲裁员可以在裁决作出前的任何时间,基于自己的意志或者当事人一方的请求决定再次开庭。但《规则》没有规定可以重启庭审的事由。

7.保密性

《规则》并没有对仲裁程序的保密性作出直接规定。但《仲裁员手册》规定仲裁员必须对仲裁的各方面信息进行保密,仲裁记录不能提供给第三人。这样规定的目的在于保障当事人的隐私。

(十二)仲裁裁决

1.仲裁员对《规则》的解释和仲裁员决定的执行

仲裁员对《规则》享有最终解释权。仲裁员有权采取必要的措施使当事人服从仲裁员作出的决定,包括但不限于实施处罚。

2.仲裁裁决

仲裁庭作出任何裁决,都应当采取多数原则。所有的裁决都应当以书面方式作出并由多数仲裁员签名。仲裁员应尽可能在仲裁（庭审）记录做出后30日内作出裁决。所有的仲裁裁决都是终局性的,除法律另有规定外,不受审查也不得提起上诉。仲裁裁决应当公开并附有简要的信息,例如当事人双方姓名及其代理人、仲裁员姓名、争议事项的概述、申请的赔偿额及裁决的数额等。尽管仲裁不实行遵循先例制度,公布这些裁决对于维护投资者对仲裁程序的信心仍然是有益的。

《规则》并不强制要求仲裁员说明裁决理由,是否写明由仲裁员自由选择。是否应当说明裁决理由的争论由来已久。支持者认为,附上裁决理由有助于当事人判断裁决的合理性,并有助于当事人评估仲裁员的水平,以便在未来仲裁中选任仲裁员时做出取舍。反对者认为,书面解释可能造成仲裁裁决的延误。例如假设三个仲裁员最初就赔偿额分别形成了1万、2万和3万美元的决定,最终经过妥协达成2万美元的意见。由于这个结果并不符合其中两个仲裁员的最初意思,如何书写书面意见恐怕颇费脑筋。反对者还认为裁决意见也不能提高裁决的公正性。事实上这么做反而会导致对申请人有利裁决的减少,并且给本来工作就很紧张的自律组织雇员增添负担。同时,裁决理由还可能导致更多的法院诉讼,因为仲裁失利者有了更明确的靶子去攻击。这样的起诉既浪费时间又浪费金钱,最终可能导致仲裁裁决履行的迟延。也有人主张应当在做出惩罚性赔偿裁决的案件中进行解释,因为这类案件不同寻常,解释有助于赔偿方和上诉法院更好地理解做出如此裁决的合理性。

现行的FINRA《客户仲裁程序规则》12904(g)规定,当事人双方共同提出请求时,仲裁庭应附上裁决的解释。该解释主要是分析事实依据,不包含法律依据和损失计算方式。当事人应当至迟在庭前交换证据前提出该项请求,仲裁庭主席负责起草解释意见并额外获得400美元的报酬。上述规定不适用于简易案件和第12801条规定的缺席审理案件(default cases)。

3.裁决数额的支付

故意拖延履行支付裁决的赔偿额尤其会对小投资者不利,因为他们更迫切地需要金钱。《规则》要求除非提起了撤销之诉,所有的金钱类裁决必须在收到裁决书30日内支付,并承担自裁决书下达之日起的利息。由于违反者将受到自律组织的纪律处罚,所以这类裁决通常能够及时履行。但对于不含金钱内容或者仅有部分为金钱支付内容的裁决,仍存在履行的问题,尤其是在经纪/交易商故去的情况下。

4.裁决的范围

1992年,SICA规定仲裁员可以行使其认为公平和公正的任何救济方式,只要这些方式在具有类似案件管辖权的法院也是可行的。后来,NASD修改其仲裁规则,对惩罚性赔偿限定了上限,即在实际损失额的两倍范围内或者不超过75万美元,以二者中少者为标准。从投资者的观点来看,75万美元的限制在大额赔偿案件中是不充分的,该限制是为了保护经纪商/交易商的利益。该规则动摇了投资者对自律仲裁公正性的信心,因而受到了广泛质疑。现行的FINRA仲裁规则没有对惩罚性赔偿及其上限问题做出明确规定。

(十三)大额及复杂案件的特殊规定

尽管《规则》没有对大额及复杂案件做出规定,但SICA在其程序手册中却做了额外的规定。如可依请求公布事实依据和法律结论、庭审迅速进行、仲裁员的特殊资格限制等。当事人如欲寻求这些额外服务,应当在尽可能早的时间向自律仲裁机构咨询。

上述内容是对自律仲裁程序规则的简要介绍。应当说,《规则》的颁布在自律仲裁发展史上具有里程碑的意义,它使不同自律组织仲裁规则逐步趋同,有利于当事人特别是投资者更好地理解仲裁程序,方便参加仲裁活动。但是由于《规则》并不能强制性地要求各自律组织接受,而是需要由各自律组织董事会批准后才能适用,所以《规则》的颁布与实际执行总是存在时间差。另外,各自律组织董事会在批准《规则》时经常进行条款保留,这使得《规则》并不能完全被各自律组织采纳,影响了《规则》统一适用的效果。例如,没有自律组织采纳《规则》提出的纠纷前仲裁协议应单独起草并签署的规定,也没有任何自律规则同意仲裁员享有"按他们认为公平的任何救济方式"进行裁决的权力。更麻烦的是,一些自律组织绕过SICA制定自己的独特规则,例如NASD就经常采取特立独行的做法。各自律组织规则的差异将使投资者在面临不同的仲裁机构时产生困惑,也极易让投资者掉入规则的陷阱中,动摇投资者对仲裁作为一种快捷、经济和公平的纠纷解决机制的信心基础。

完善的规则并不必然保障公平的竞争环境。为确保公平,还需依赖于自律组织对这些规则的贯彻以及对仲裁参与人行为的监管。这些参与人包括自律组织工作人员、仲裁员、当事人等。自律组织工作人员受上级领导监督,自律组织又受 SEC 监管。仲裁员受到选任程序、评价程序以及对其裁决的司法审查程序的监督。这些人都受既定规则和程序约束,能够在一定程度上保障其行为的公正性。当事人参加诉讼是希望能以诚实和快速的方式解决纠纷,作为自律仲裁程序的管理者,自律组织也有义务确保当事人的行为不影响到仲裁的质量。有的律师认为只要能取得有利的裁决结果,即使是以牺牲道德和礼貌为代价,采取任何形式的辩护策略都是正当的。其实这种理解是错误的,因为在仲裁中这么做往往会适得其反。仲裁员往往能在诚实的辩护和无礼之间做出正确区分,他们显然更厌恶后者。对于无礼的行为,仲裁员可以根据行为的严重性采取短期休庭甚至驳回案件的方式。

三、证券仲裁裁决的司法审查与执行

(一)仲裁裁决的司法审查

证券仲裁裁决具有终局性。事实上,对仲裁裁决只能进行有限的司法审查。FAA 规定,只有在符合以下四种事由之一时,法院才可以撤销仲裁裁决:(1)裁决的作出存在贿赂、欺诈或其他不当行为影响;(2)仲裁员存在明显的偏袒或受贿;(3)仲裁员行为不当;(4)仲裁员超越权限。①另外,法院可以基于如下理由修改或纠正裁决:(1)存在明显的计算错误或者存在明显的对人、物、财产的错误描述;(2)仲裁员并非基于申请的事项作出裁决;(3)裁决在无关争议事项上的表述上不恰当。② 实践中,法院还通常以"明显漠视法律"为由撤销仲裁裁决。根据联邦第二巡回法院的解释,明显

---

① 9 U.S.C. § 10(a)(1)-(4)(1994).

② 9 U.S.C. § 11(a)-(c)(1994).

漠视法律是指仲裁员明知法律的存在,但仍拒绝适用或有意忽视;或者被仲裁员漠视的法律是表述清楚、非常明确的,很明显地可应用于案件中的。如果仲裁员作出与证据明显不符的裁决,应当视为明显漠视法律,除非仲裁员对此进行了合理的解释。①在 DiRussa v.Dean Witter Reynolds,Inc.②一案中,申请人向法院提出诉讼,认为应当撤销仲裁员作出的拒绝支付律师费的裁决。其理由是仲裁员超越权限并且明显漠视法律。法院对此予以了驳斥。关于仲裁员是否超越权限,法院认为焦点不在于仲裁员是否做出了正确的决定,而是仲裁员是否有权力做出决定。本案中仲裁员决定不支持支付律师费的请求不属于超越权限。关于明显漠视法律规则,法院认为该规则意在寻求让仲裁员在法律范围内行动的公共利益与支持仲裁作为高效和经济的纠纷解决方式的公共政策之间的平衡。如果仲裁员的错误非常明显以致被有资格担任仲裁员的普通人能直接地、立即感觉到的话,那么就存在明显漠视法律的行为。法院认为尽管有关法律赋予了胜诉方请求支付律师费的权利,但现有证据不能充分表明仲裁员事实上了解该规定,而且,DiRussa也没有对仲裁员解释该条款。如果 DiRussa 及其律师向仲裁员出具了有关法律的副本,则仲裁员仍拒绝裁决支付律师费的行为就是明显漠视法律。③上述做法显示了法院对撤销仲裁裁决的谨慎态度,表明了法院对联邦支持仲裁政策的尊重。

法院很难撤销仲裁裁决的另一个原因在于仲裁裁决通常不附裁决理由。例如,在 2003 年,共有 2077 个涉及客户的仲裁案件结案,仅有 5% 多一点的裁决附有仲裁小组的简要解释,而其中不到一半的解释充其量仅能称得上是一个观点。2004 年,这一数据变成了不足 5%。④ 不充分的解释使法院很难判断仲裁员做出裁决的事实与法律依据,因此,也就很难以"明显

---

① Halligan v.Piper Jaffray,Inc.,148 F.3d 202(2d Cir.1998).

② DiRussa v.Dean Witter Reynolds,Inc.,121 F.3d 818(2d Cir.1997).

③ Norman S.Poser,"Judicial Review of Arbitration Awards:Manifest Disregard of the Law",*Brooklyn L.Rev.*,Vol.64,(Summer 1998),p.508.

④ Jennifer J.Johnson,"Wall Street Meets the Wild West:Bring Law and Order to Securities Arbitration",*N.C.L.Rev.*,Vol.84,(December 2005),p.144.

漠视法律"为由撤销裁决。

（二）仲裁裁决的执行

仲裁裁决的执行分为自律组织的执行和法院的执行两种形式。前者针对的是作为自律组织的会员及其关联人，如果他们拒不履行裁决，将受到自律组织的纪律处罚，严重的可能被撤销会员资格。因此，会员一方当事人通常能严格履行裁决。后者是指一方在对方不履行仲裁裁决时，可以申请法院确认，待法院确认后，可以申请强制执行。FAA 规定，在仲裁裁决作出后一年内的任何时间，任何一方当事人都可向法庭申请确认该裁决书，除非存在裁决被撤销、修改的情况，法院应当作出确认的命令。裁决一旦确认，就获得了如同判决的效果，可以按照其他判决的方式得到执行。①

四、美国证券仲裁制度的评价

（一）证券仲裁效率与公正的博弈

美国证券仲裁制度的迅猛发展有其历史和现实基础，虽然仲裁以其效率、经济和终局性等优点获得了广阔的发展空间，但随着仲裁程序的"诉讼程式化"，仲裁的优势基础正在逐步消解。

依据美国证券仲裁实践，受理证券仲裁申请的机构只有各自律组织仲裁机构和 AAA，由于参加仲裁一方当事人往往是证券业内组织或个人，因此引发了自律组织仲裁机构能否公正裁决的担忧。然而，根据一份基于 18 个月统计数据的实证分析报告，并未发现存在系统性的行业偏见。通过对 NASD、NYSE 及其他自律组织的仲裁裁决与 AAA 的仲裁裁决的对比，前者做出的对投资者有利的裁决占整个裁决的 59%，后者的数字是 60%；投资者在自律组织仲裁程序中得到的损失赔偿额占其申请数额的比例平均为 61%，后者是 57%。② 在另一起关于自律仲裁公正性的独立调查研究中，通

① 马其家:《证券纠纷仲裁法律制度研究》，北京大学出版社 2006 年版，第 246 — 250 页。

② Michael Perino, Report to the Securities and Exchange Commission Regarding Arbitrator Conflict Disclosure Requirements in NASD and NYSE Securities Arbitrations [EB/OL]. [2002 - 11-4]. [2013-06-30]. http://www.sec.gov/pdf/arbconflict.pdf.

过对 2002 年 1 月 1 日至 2006 年 12 月 31 日间审结案件当事人近 3000 份问卷调查,①研究机构得出结论,当事人认为仲裁员能够很好地倾听他们的意见,给他们充分的陈述时间,表现得能够胜任,能够理解争议事项和法律。他们也相信发现程序(discovery process)能够保证得到必要的证实案件或进行反驳的信息。但是,在关于仲裁员公正性和是否能够正确应用法律方面的评价存在一定的争议。那些对仲裁结果不满意的当事人认为如果附有裁决理由可能很有助益,顾客对仲裁程序的评价通常较非顾客更负面一些。② 上述调查显示,与其他仲裁机构相比,自律仲裁并不存在严重的行业偏见,参与自律仲裁的各方当事人对仲裁的评价总体上是积极的,并没有出现普遍的质疑,但处于不同地位的当事人对仲裁的公正性还是有所疑虑的。

应当说,仲裁的最初目的并不是要效仿司法,而是维护自律机制的作用。仲裁为争议当事人提供了非正式的解决平台,在这里纠纷可以按照商业习惯而不是法律规则处理。证券仲裁即是由业内人士按照证券业规范解决争议,直至现在,自律组织会员间的纠纷通常也由专业仲裁员仲裁。仲裁通常具有快捷、便利的优点,但也伴随着程序不透明、不完善的缺陷。是追求效率优先还是以公正为目标一直是证券仲裁发展不得不面对的难题。长期以来,证券仲裁更关注效率,因为证券交易纠纷的存续,将使涉及纠纷的资金处于停滞状态,旷日持久,争议双方当事人均要为此支付额外的机会成本。争议早日解决,资金可早日流回回报率最大化的投资渠道。另外,证券交易电脑记录易于灭失,应及早收集证据。③ 曾有调查显示:1988 年证券诉

---

① 该调查涵盖了不同行业、不同地域的代表,其中客户占 45%,律师占 31%,经纪公司占 7%,关联人占 15%,并充分考虑到申请赔偿额、裁决赔偿额以及纠纷解决方式的不同,以保障调查问卷的广泛代表性。See Jill I. Gross & Barbara Black, "Perceptions of Fairness of Securities Arbitration:An Empirical Study", U of Cincinnati Public Law Research Paper No.08-01, (February 6,2008).

② Constantine N.Katsoris, "Securities Arbitrators Do not Grow on Trees", *Fordham J.Corp.& Fin.L.*, Vol.14, (2008), p.62.

③ 叶振宇:《证券仲裁程序选择权研究》,梁慧星:《民商法论丛》123 卷,法律出版社 1999 年版,第 207 页。

讼案件在法院审理的时间平均为 599 天,在各个证券仲裁机构的仲裁时间平均为 168 天。① 然而进入 20 世纪 90 年代以来,公正的考虑逐渐被放在优先地位。为了实现公正,在仲裁员的选任、庭审程序的安排等方面都进行了一定的改革。当事人对仲裁裁决的公正感逐步增强,但也带来了仲裁效率低下的后果。据统计,2003—2005 年三年间,仲裁案件裁决的平均周期为 14 个月,而同一时期联邦地区法院审理案件的周期为 9.3 个月。② 可以说,现在的仲裁越来越诉讼化了,诉讼程式化的仲裁使得普通投资者觉得复杂的程序令人生畏,如果没有律师的帮助很难进行下去。这很可能动摇传统的仲裁制度存在的根基。

关于投资者是否能在仲裁程序中受到公正对待一直存在较大的争论,也一直有人质疑强制性的纠纷前仲裁协议之效力。许多投资者坚定地认为证券仲裁是不公正的、无效率的、费时费力的,并明显有利于证券业者。③证券业者却一直拥护仲裁,认为仲裁运行良好,相比诉讼有着更高的效率和更低的花费,对所有参与人都是公正的。美国国会对此也极为关注,在 2007 年 7 月,就有议员提出纠纷前仲裁协议无效的法律议案。参议员 Feingold 和 Patrick Leahy 还曾写信给 SEC 主席敦促其制定规则禁止在涉及顾客的合同中签署纠纷前仲裁条款。最近有学者通过实证调查得出如下结论:(1)投资者对证券仲裁的评价比其他参与人要更负面一些;(2)投资者强烈感觉仲裁员存在偏见;(3)投资者缺乏对证券仲裁程序的了解。④ 按照 FINRA 仲裁规则的要求,三人仲裁小组必须有一名业内仲裁员,这也引发了客户对仲裁庭公正性的担忧。有数据显示:在 2003 年,由三名仲裁员组成的仲裁庭裁决客户胜诉的比例是 51%,而由一名公众仲裁员裁决客户胜诉的比例是 58%。这也让投资者对业内仲裁员能否保持

---

① 马其家:《美国证券纠纷仲裁法律制度研究》,北京大学出版社 2006 年版,第 5 页。

② Jennifer J.Johnson, "Wall Street Meets the Wild West:Bring Law and Order to Securities Arbitration", *N.C.L.Rev.*, Vol.84, (December 2005), p.138.

③ Edward Brunet & Jennifer Johnson, "Substantive Fairness in Securities Arbitration", *U.CIN.L.REV.*, Vol.76, (Winter 2008), p.459.

④ Jill I.Gross & Barbara Black, "When Perception Changes Reality:An Empirical Study of Investors' Views of the Fairness of Securities Arbitration", *J.Disp.Resol.*, Vol.2, (2008), p.354.

公正产生质疑。①

　　在2005年年末,SICA仍有7个会员自律组织。各自律组织当年共受理了6555件仲裁案件,其中,NASD受理了6074件,NYSE受理463件,二者合计共占99%。随着FINRA于2007年成立,NASD与NYSE的仲裁部门合二为一,FINRA事实上成为了唯一的证券争议解决机构。这引发了许多市场人士的担忧,于是各种替代方案重新浮出水面。主要有:保留多层次的证券仲裁平台;创建独立的非自律组织主导的平台;恢复投资者选择法院救济的权利;减少证券业仲裁员的比例,只保留公众仲裁员等。所有这些建议都旨在防止因FINRA的垄断损害投资者的利益。然而正如Katsoris指出的,证券仲裁将仍然是一种争议解决的选择途径,不因存在一个自律组织仲裁机构还是多个机构有所不同,也不因仲裁是强制性还是自愿性而产生差异。证券仲裁的成功与否并不在于微观的规制仲裁的程序,而在于仲裁员的诚实和适格。因此,问题的关键在于仲裁员的选任。②

　　(二)证券仲裁未来改革的重点

　　1.仲裁员选任

　　《统一仲裁规则》将仲裁员分为公众仲裁员和业内仲裁员,并要求每个仲裁庭都应由多数公众仲裁员构成。该规则并没有要求仲裁员必须是律师,但是随着案件越来越复杂,几乎每个仲裁庭都至少有一个律师。之前的NASD和NYSE仲裁规则都要求在由三人组成的仲裁庭里,只有一名仲裁员可以是业内仲裁员。如果仲裁庭实行独任审理,则该仲裁员必须是公众仲裁员。《统一仲裁规则》对公众仲裁员和业内仲裁员采取了不同的界定方式,前者采取了排除法,后者则直接列入了资格要求。公众仲裁员是指不符合下列条件的人员:(1)经纪商,登记的投资顾问和从证券业退休的人员;(2)近三年曾受雇于证券业的人员;(3)律师、会计师等专业人士,如果他们投入了20%或以上的精力服务于证券业客户;(4)证券业人士的配偶。

　　① Jill I.Gross & Barbara Black,"When Perception Changes Reality:An Empirical Study of Investors' Views of the Fairness of Securities Arbitration",*J.Disp.Resol.*,Vol.2,(2008),pp.392-393.

　　② Constantine N.Katsoris,"Securities Arbitrators Do not Grow on Trees",*Fordham J.Corp.& Fin.L.*,Vol.14,(2008),p.64.

另外,如果律师、会计师或其他专业人士所在公司每年从证券业获得的收入占公司总收入的 20% 以上,则他们不得被视为公众仲裁员。《统一仲裁规则》规定,符合以下条件之一,视为业内仲裁员:(1)是或与下列人员存在紧密联系:自律组织的会员、证券经纪交易商、政府证券经纪人或交易商、市政证券交易商、登记的期货协会或任何商品交易所的会员以及依照《商品交易法》注册的人员;(2)近三年曾是上述人员或从事上述业务;(3)从上述业务退休或曾将职业生涯的大部分精力投入到上述业务中;(4)近两年将 20% 以上的时间投入于与(1)业务相关的业务的律师、会计师或其他专业人士。

依据 FINRA 仲裁规则,其将仲裁员分为公众仲裁员和非公众仲裁员两类。非公众仲裁员是指符合以下条件的人员:(1)在最近五年内:A.与经纪商或交易商(包括政府证券和市政证券的经纪商或交易商)有关联;B.曾依照《商品交易法》进行过注册;C.是商品交易所或登记的期货协会的会员;D.与依照《商品交易法》进行注册的个人或公司有关联。(2)从上述业务退休,或曾将职业生涯的大部分精力都投入到上述业务中。(3)近两年投入了 20% 以上的精力服务于从事第(1)类业务的顾客的律师、会计师或其他专业人士。(4)是银行或其他金融机构的雇员,或从事股票、政府或市政证券、商品期货、期权交易的人员,或者是从事监管上述人员行为的人员。该规则也对公众仲裁员的范围做了界定。FINRA 认为,如果律师、会计师或其他专业人士所在公司近两年内每年从证券业服务中获得 5 万美元以上的利润,那么这些人不能当选公众仲裁员。这样事实上就将很多在大公司工作的专业人员排除在公众仲裁员范畴之外。根据 FINRA 2011 年生效的补充规则,对于客户诉请超过 10 万美元的,FINRA 对其提供了两种选择方式:其一,就是前面提到的"多数公众仲裁员"规则;其二,其有权选择一个全部由公众仲裁员组成的仲裁庭。该规则无疑是 FINRA 在提升仲裁程序信心方面迈出的重要一步。

严格限制公众仲裁员的范围是为了保持仲裁员的中立性,甚至有建议提出只保留公众仲裁员,取消业内仲裁员。[1] 前 NASD 争议解决中心主席

---

① Constantine N.Katsoris, "Roadmap to Securities ADR", *Fordham J.Corp.& Fin.Law*, Vol. 11,(2006),p.435.

指出,NASD 之所以有意寻求建立由非专业人士尤其不能是由证券律师组成的仲裁庭,是因为大多数被告希望仲裁庭更像陪审员而不是法官。[①] 但是,公众仲裁员与证券业的隔离又会造成专业性的不足,随着仲裁案件越来越复杂,公众仲裁员是否有足够的专业知识处理这些案件不无疑问。如果缺乏对案件的专业理解,就很难保证案件处理结果的公正性。因此存在着仲裁员"中立性"与"专业性"的矛盾。如果拿仲裁员与法官和陪审员做比较,就会发现,仲裁员不仅要决定案件的结果,还要主导案件的审理程序,如发现程序、证人的适格、证据的采信等。陪审员只是负责事实问题,从这个角度说,仲裁员更像是法官。因此,如何提高仲裁员的专业能力至关重要。现在,仲裁规则基本上将业内人士(现在的和曾经的)排除在公众仲裁员之外,而仲裁庭又要求由多数公众仲裁员构成,这种做法是否合适也引发了学者的质疑。事实上,即使是最中立的仲裁员也会发现,如果他缺乏必要的专业知识或没有受到足够的训练的话,他很难理解争议案件,也很难做出公正的裁决。人们之所以选择仲裁而不是诉讼就在于仲裁员拥有的专业能力,他们能"更系统地驾驭复杂的、技术性高的,甚至有些晦涩的问题"[②]。无论是投资者还是经纪人都希望仲裁庭能做出公正的裁决。仲裁员的专业能力从何而来? 或者是以前的教育背景与工作经验,或者是接受直接的培训。由于前者很可能被列入业内仲裁员,所以对公众仲裁员来说接受培训是提高专业能力的基本途径。早在 1987 年,SEC 就建议 SICA 对仲裁员进行相关法律培训,由于 SICA 担心会因此增加仲裁成本而没有做出回应。1996 年,NASD 组建的工作组经过两年的评估得出结论说,自律组织的仲裁员通常不适合解决复杂的争议。该工作组建议应加强仲裁员培训的范围和次数。然而,仲裁员事实上几乎没有受到自律组织相关法律培训。目前的仲裁员培训被压缩成非常短的时间,例如前 NASD 的训练项目由自我学习指

①　Jennifer J.Johnson,"Wall Street Meets the Wild West:Bring Law and Order to Securities Arbitration",*N.C.L.Rev.*,Vol.84,(December 2005),p.166.

②　Michael Perino,Report to the Securities and Exchange Commission Regarding Arbitrator Conflict Disclosure Requirements in NASD and NYSE Securities Arbitrations[EB/OL].[2013-06-30].http://www.sec.gov/pdf/arbconflict.pdf.

导、四小时培训课程、教练评价以及多选测试构成,持续的培训几乎没有。而且,NASD 的培训限于程序性内容,不涉及实体法律。① 另外,FINRA 仲裁规则关于律师、会计师等专业人士收入限制的规定执行起来是困难的。因为这不仅意味着 FINRA 要雇用大量的审计人员对这些公司进行审计,而且也面临着母子公司合并会计报表的困难,以及审计周期与任职时间的冲突等。如果缺乏有力的监管,这些规则就是没有意义的。

2.正当程序

证券仲裁也存在着是否是政府行为的争论。根据 SEC 要求,任何经纪公司、交易商都必须加入一个自律组织,而自律组织又要求这些经纪公司、交易商与其雇员及客户之间必须签署仲裁协议,否则不给予注册。SEC 对自律仲裁一直持鼓励和支持态度,并保留对自律仲裁规则的批准权。也就是说,SEC 通过登记要求、规则批准权力和鼓励使用仲裁的做法控制了证券仲裁,这些事实充分表明自律组织的行为已变成政府行为。② 如果将证券仲裁认定为政府行为,就应遵循宪法的正当程序要求。这意味着要继续扩大仲裁程序的透明性,给予当事人充分的诉讼权利,完善证据规则和庭审程序。其结果很可能造成仲裁的"完全诉讼程式化",仲裁的效率等优势荡然无存。因此,证券仲裁性质的认定绝不仅仅涉及正当程序的问题,归根结底关系到仲裁制度的发展前景,应当慎重对待。

3.裁决理由

关于裁决书是否应附裁决理由也是未来证券仲裁发展必须面对的问题。裁决书不附理由让投资者非常不满,55%的客户在接受调查时认为如果裁决附有理由,他们会更容易接受裁决结果。2005 年,NASD 曾提出仲裁庭可以应客户单方面请求书写裁决理由,但由于受到风险投资者的强烈反

---

① Jennifer J.Johnson,"Wall Street Meets the Wild West:Bring Law and Order to Securities Arbitration",*N.C.L.Rev.*,Vol.84,(December 2005),pp.165-168.

② Sarah Rudolph Cole,"Fairness in Securities Arbitration:A Constitutional Mandate?",*Pace L.Rev.*,Vol.26,(Fall 2005),p.111.

对而未能实施。① 尽管有学者指出附有详尽理由的裁决书可能导致仲裁程序的低效率,②但主张附有裁决理由的声音还是日益高涨。没有裁决理由,当事人就无法判断仲裁员是否是基于对事实和法律的全面理解而做出裁决;没有裁决理由也会加深败诉方对裁决的不满情绪,并会为撤销裁决不懈努力;缺乏裁决理由,可能会纵容仲裁员做出与法律不相符的裁决。附裁决理由并不会导致仲裁低效率,这是因为:其一,附有充分裁决理由的裁决将减少提起撤销之诉的数量,节省了仲裁和司法资源;其二,书写裁决理由增加的费用是有限的,根据 FINRA《客户纠纷仲裁规则》12904(g)(5)之规定,当事人申请书面理由只需额外增加 400 美元的费用;其三,政府也不会因此增加行政成本。③ 从仲裁员角度分析,要求其书写理由会督促其更全面分析证据,更少受先入为主的观念影响。裁决理由使司法审查变得更容易,反过来又会限制仲裁员随意裁决的倾向。

第二节　美国证券纠纷调解制度

随着投资者关注程度的增加,证券仲裁的程序越来越接近于诉讼。当事人发现申请仲裁并非是他们想象得那么快捷和便利,于是证券业开始反思仲裁的价值,并努力寻求其他纠纷解决替代方式(ADR)。1989 年,NASD开始尝试建立调解制度,为证券纠纷提供另一种解决方式。所谓调解,是指由中立的第三方(调解员)为争议双方当事人进行疏导,以达成双方都能接受的解决方案。NASD 相信调解制度能够给予当事人对解决方案更多的控制,以较仲裁更为快捷和便利的方式解决争议。最初,NASD 并没有建立自己的调解机构,而是委托其他机构负责。直至 1995 年,经 SEC 批准,NASD

① Jill I.Gross & Barbara Black,"When Perception Changes Reality:An Empirical Study of Investors' Views of the Fairness of Securities Arbitration",*J.Disp.Resol.*,Vol.2,(2008),p.395.

② Barbara Black,"The Irony of Securities Arbitration Today:Why Do Brokerage Firms Need Judicial Protection?",*U.Cin.L.Rev.*,Vol.72,(2003),pp.415,450-451.

③ Sarah Rudolph Cole,"Fairness in Securities Arbitration:A Constitutional Mandate?",*Pace L.Rev.*,Vol.26,(Fall 2005),pp.106-107.

正式公布了调解规则。此后,证券调解制度得到快速发展。根据 FINRA 官方网站公布的最新数据,2011 — 2012 年,每年受理的案件约为 4000 件左右。①

一、证券调解规则主要内容

NASD 证券调解规则颁布后,除了修改延期费用及对规则的用语、顺序等进行调整外,并未进行过实质性修改。现行的 FINRA《调解规则》共 10 条,基本延续了原 NASD 调解规则的内容。

（一）主管机构

证券调解由 FINRA 内设机构仲裁与调解委员会(National Arbitration and Mediation Committee,简称"NAMC")负责管理。NAMC 由 10—25 名委员组成,其中 50% 应由非证券业人士担任,主席由 NASD 董事会任命。NAMC 负责起草相关规则,提出规则修改建议,以提交 FINRA 董事会表决。所有这些建议都应由 NAMC 委员会多数通过,其中,非业内委员至少应占 50%,但为实现《调解规则》的目的,NAMC 有权放弃非业内委员比例的要求。NAMC 每年至少举行一次会议。

（二）调解主任

董事会任命一名调解主任具体负责调解事务的日常管理。必要时,主任应就管理事宜与 NAMC 磋商。如有需要,主任可以授权他人为某项事务,除非《调解规则》另有规定。

（三）调解受理范围

调解遵循自愿原则,当事人应提交同意调解的书面协议。FINRA 或调解员不能强迫任何当事人进行调解。如果双方当事人同意,任何符合 FINRA《仲裁规则》受理范围的事项,或者部分事项,或者与这些事项相关联的争议,包含程序性事项,都可以提交调解。调解主任有权决定某事项是

---

① Summary Mediation Statistics July2013 ［EB/OL］.［2013 – 08 – 20］.http://www.finra.org/ArbitrationMediation/AboutFINRADR/Statistics/index.htm.该网站只是按月公布调解案件受理数量,并没有按年度公布。2011 — 2012 年,每年 7 月份分别受理 395、348 件,平均为 371 件,据此推算,每年的调解案件约为 4000 件左右。

否属于调解受理范围。

（四）调解对仲裁程序的影响

除非当事人另有约定,否则提请调解不能暂停或推迟关于该事项的未决仲裁。如果当事人同意暂停仲裁以便进行调解,那么仲裁可以暂停,即使《调解规则》或其他规则有相反的规定。如果调解通过 FINRA 进行,FINRA 将不会收取延期费用。

（五）出席调解

当事人可以亲自出席调解,也可以委托律师或其他第三人代理出席。具体要求与前述仲裁程序基本相同。

（六）调解员选任

调解员可以从调解主任提供的调解员名册中选任,或在当事人不能选定时由主任指定。根据 2012 年 8 月 6 日生效的补充规则,当事人是否可以从调解员名册之外选择调解员由调解主任决定。

对于任何从 FINRA 提供的名单中选任的或经指定的调解员,FINRA 都将提供该调解员职业、教育、专业背景等信息以及其从事调解工作的经历、受到的训练和证书等信息。

对于任何从 FINRA 提供的名单中选任的或经指定的调解员,都应当按照《仲裁规则》12408 条内容进行主动披露。对于其他调解员,当事人可以选择放弃该披露要求。

调解员不能再担任该案件的仲裁员,也不能在其后的与调解标的相关联的仲裁中担任任何一方的代理人。

理论上,调解员被分为两类。第一类是评价型调解员（evaluative mediators）,他们对各方当事人的立场进行评价,并努力指导他们达成协议。这些调解员将自己视为"理智之声"（voice of reason）并对各方当事人的期望进行现状分析。另一类是推进型调解员（facilitative mediators）,他们的职责是通过促进当事人之间的交流,让当事人自己起草解决方案。①

---

① Jill I.Gross, "Securities Mediation:Dispute Resolution for the Individual Investor", *Ohio St. J.on Disp.Resol.*, Vol.21, (2006), p.368.

（七）责任限制

FINRA 及其雇员，以及依照《调解规则》行事的调解员，对调解进程中的任何行为或疏忽都豁免承担责任。

（八）调解的基本规则

基本规则的目的在于规范当事人和调解员的行为，当事人可以在任何时间协商修改部分或全部规则。

1.调解自愿进行，任何一方当事人都可以在达成书面调解协议之前的任何时间退出调解，但应以书面方式通知调解员、另一方当事人和调解主任。

2.调解员应在调解程序中发挥中立、公正和推进者的角色，不享有对争议事项做出最终决定的权利。

3.一旦调解员选定，调解员与当事人及其代理人将通过面对面或电话会议的方式进行联系，具体方式由调解员决定或者由当事人协议决定。调解员将通过联合会议、秘密会议或其他方式推进当事人达成调解协议。

4.调解员可以分别会见一方当事人及其代表并进行交流，但应就此向另一方当事人进行通报。

5.当事人应本着诚实信用原则努力达成调解协议。尽管正在进行调解，当事人仍可以就争议解决方案直接进行磋商。

6.调解应保持秘密性。

（1）当事人和调解员同意不得将调解过程中获悉的任何观点、建议、提议、承认等信息作为证据在法律诉讼中披露、传播、介绍或利用。除非当事人获得其他当事人的书面授权或法律允许这么做，或者调解有被视为不再是秘密的情况发生。

（2）上述规定不应被理解为当事人因此可以拒绝向 FINRA 和其他监管机构进行信息披露，FINRA 和其他监管机构可以依据法律授权获得相关文件和资料。

（3）调解员不得将从一方当事人处获得的秘密信息透露给另一方，除非获得提供信息的该方当事人的授权。

（九）调解费用

调解受理费用因直接申请调解还是先提出仲裁申请后转入调解而有不同的规定，后者要低于前者。同时，除非另有约定，当事人还要均额承担调解员的相关费用，包括差旅费和其他费用。当事人应按照调解主任的要求交付预期相关费用的押金。

二、证券调解的公正性

关于证券调解的公正性，不同学者给出了不同的结论。Sternlight 教授认为，参与调解的当事人是为了寻求以下三方面利益，实体正义、程序正义和其他个人的或精神层面的目标。[①] Hyman 和 Love 教授将调解中的正义分为补偿正义、分配正义、关系和程序正义。[②] 总之，尽管观点不同，但主要都是从程序正义和实体正义两大方面进行归纳。

（一）当事人的选择权

1.当事人可以自主选择是否参与调解是确保调解公正性的最重要方面。目前的仲裁程序基本上是强制性的，投资者在是否选择仲裁程序上没有选择权。也就是说参与仲裁可能并不是投资者真实意思表示，许多投资者是不情愿仲裁的，这也是很多投资者对仲裁程序乃至仲裁结果持怀疑态度的原因之一。调解程序有利于当事人最大程度地控制最终结果。调解员不必是律师，甚至不必具有专业背景，调解员的职责是：辨别哪些内容是当事人没有争议的；引导一方当事人了解对方当事人的处境；使当事人形成对自己案件的正确看法；劝导当事人做出必要的让步；最终促使当事人达成调解协议。在调解案件中，调解员主要是通过私下交谈或其他交流方式与每一方当事人进行沟通，传递对方当事人的信息，如疑问、解释、建议、反驳等，使双方当事人了解彼此的想法。这就避免了诉讼或仲裁程序中当事人不得不面对的对抗式的举动，使当事人感觉上更少对抗性和更容易控制结局。

① Jean R.Sternlight，"ADR Is Here：Preliminary Reflections on Where It Fits in a System of Justice"，*Nev.L.J.*，Vol.3，(2003)，p.299.

② Jonathan M.Hyman & Lela P.Love，"If Portia Were a Mediator：An Inquiry into Justice in Mediation"，*Clinical L.Rev.*，Vol.9，(2002)，pp.162-174.

2.当事人选择还体现在对不同种类的调解员的选择上。当事人可以根据自己的需要选择评价型调解员或者推进型调解员,以更好地实现对调解程序的控制。

3.当事人还有选择调解程序时间安排的权利。在诉讼和仲裁中,有着严格的或相对严格的程序要求,每一程序都有着明确的时间限定。当事人往往是被动地按照法官或仲裁员的要求参与程序中。在调解中,完全由当事人决定程序的时间安排,当事人可以根据自己的需要或快或慢地进行调解。

4.当事人的选择权还体现在其他方面,如是否聘请专家,是否传唤证人,是否提交书面证据等。在调解中,所有这些事项都由当事人与调解员协商决定。①

(二)程序正义

程序正义的基础是当事人拥有自由进入调解程序的权利。当事人可通过以下四种渠道启动调解程序:第一,在仲裁程序中,FINRA 争议解决中心会通过以下两种方式提出建议:一是在当事人刚刚提出仲裁申请后不久,中心会向当事人发出鼓励调解的信件,另一种方式是在仲裁员首次审理前电话会议前再次向当事人提出调解建议;第二,工作人员发现案件适合调解的,会主动与当事人联系并提出调解建议;第三,在仲裁裁决作出前,当事人可自愿选择进行调解;第四,当事人可以不需提出仲裁而直接申请调解。上述四种途径确保当事人能够方便启动调解。

根据 Welsh 教授的观点,实现程序正义须具备四个条件:其一,该程序能够保障当事人向第三方表达关切的机会;其二,当事人感到第三方事实上考虑了这些关切;其三,当事人感到第三方能公平地对待他们;其四,当事人感到调解程序能够保障他们的尊严并受到尊重。② 依据《调解规则》,证券调解完全遵循了自愿原则,当事人主导着调解的进程,调解员的权力受到极

---

① Jill I.Gross, "Securities Mediation:Dispute Resolution for the Individual Investor", *Ohio St. J.on Disp.Resol.*, Vol.21, (2006), pp.366-369.

② Nancy A.Welsh, "Making Deals in Court-Connected Mediation:What's Justice Got to Do With It?", *Wash.U.L.Q.*, Vol.79, (2001), p.787.

大限制,当事人获得了足够的尊重。NASD 曾就后三项标准做过非正式的调研,结论表明当事人对调解程序公正性的满意度非常高。2011——2012 年统计数据也表明,调解程序一般可以在 4 个月内结束,而证券仲裁案件平均周期则为 14 个月以上。① 证券仲裁程序的复杂性也将导致仲裁费用的急剧增加。

当然,如果不能通过调解达成协议的话,当事人的满意度就会降低。当事人参加调解要支付调解费用及其他费用,如律师费,然后再回到原点,继续申请仲裁。显然,当事人不会对这样的结果感到满意,尤其是对于那些从仲裁转过来的调解案件。在调解程序中,当事人通常自愿交换有关信息,这就使得另一方当事人可能在仲裁程序中利用这些信息,而如果没有调解程序,这些信息原本难以获取。因此,调解程序可能使当事人面临牺牲信息优势的风险。调解程序的另一个弊端是一方当事人很可能居于信息劣势,因为他们难以获取那些被对方当事人拥有、保管或控制的信息,而在仲裁和诉讼程序中,这些信息可以通过发现程序获得。这也可能激励当事人采取仲裁与调解并行的策略,以获得尽可能多的证据。然而这么做无疑会损害调解固有的成本和时间优势。因此,只有在当事人通过调解达成协议的情况下,调解才能称得上是有效的程序。②

（三）实体公正

由于调解的程序和结果都是秘密的,因此很难对调解结果是否公正进行评价。但调解的程序正义在一定程度上保障了实体正义的实现,正如有学者指出的,既然结果是否合乎客观真实是难以检验的,那就只能由程序的正确来间接地支持结果的妥当性。③ 程序正义是制度正义最关键的组成部

① 根据 FINRA 官方网站统计数据,2011——2012 年仲裁案件的审理周期分别为 14.3、14.7(单位:月),调解案件处理周期分别为 104、118(单位:天),据此得出以上结论。Dispute Resolution Statistics 2013 年 8 月 20 日,见 http://www.finra.org/Arbitration And Mediation/FINRADispute Resolution/Additional Resources/Statistics。

② Jill I.Gross, "Securities Mediation:Dispute Resolution for the Individual Investor", *Ohio St. J.on Disp.Resol.*, Vol.21, (2006), pp.377-378.

③ ［日］谷口安平:《程序的争议与诉讼》,王亚新、刘荣军译,中国政法大学出版社 1996 年版,第 5 页。

分,也是保障实现个案实体正义最有力的制度性条件,①正是由于调解程序的公正性,我们才可以推定调解结果是公正的。当事人自愿参加调解并通过调解自愿达成协议本身就可以被视为一种公正性的体现,因为最终的结果完全是意思自治的产物。如果当事人对调解结果不满意,他完全可以选择退出调解,选择其他方式解决。因此,自愿性也是判断实体公正的重要因素。

第三节　我国证券纠纷仲裁与调解 制度现状及其完善

一、我国证券仲裁制度

(一)发展历程

我国证券仲裁发展缓慢,尚未形成一种被普遍认可和有影响力的纠纷解决制度。1990 年,上海证券交易所在成立之初就制订了《上海证券交易所市场业务实行规则》,对证券仲裁做了原则性规定。第 252 条规定:"证券商对相互间发生的争议,在自行协商无效时,可提请本所仲裁,并承认本所仲裁为终局仲裁。"第 253 条规定:"证券商在与委托人订立委托书时,应约定发生争议在自行协商无效时,由本所仲裁,并承认本所仲裁为终局仲裁;未有仲裁约定的争议,本所不受理仲裁。"第 254 条规定:"上市证券的发行者在办理上市手续时,本所与其约定在发生争议自行协商无效时,报请证券主管部门仲裁。"1991 年,上海证券交易所又颁布了《上海证券交易所仲裁实施细则》,进一步明确了仲裁机构的设立、仲裁事项、仲裁程序、仲裁裁决等内容。同年 4 月又成立了证券纠纷仲裁委员会,作为证券仲裁的专门机构。1990 年,全国证券交易自动报价系统(STAQ 系统)制订了《证券交易自动报价系统仲裁规则》,以解决 STAQ 系统内部各会员之间及会员与客户之间产生的各种与系统有关的纠纷。② 总之,这一时期的仲裁强调自

---

① 郑成良:《论法治理念与法律思维》,《吉林大学社会科学学报》2000 年第 4 期。
② 占小平:《证券争议仲裁制度研究》2013 年 7 月 10 日,见 http://www.civillaw. cn/article/default.asp? id=9177。

愿性,不强制要求订立仲裁协议。但是尽管要求承认仲裁裁决的终局性,但该规定是否有效不无疑问。

1993 年 4 月,国务院发布《股票发行与交易管理暂行条例》(注:该《条例》现已失效),其第八章首先以行政法规的形式,确立了证券仲裁的法律地位。第八章"争议的仲裁"规定两种争议可以提交仲裁:一是与股票的发行或者交易有关的争议,当事人可以按照协议的约定向仲裁机构申请调解、仲裁;二是证券经营机构之间以及证券经营机构与证券交易所之间因股票的发行或者交易引起的争议,应由证券委员会批准设立或指定的仲裁机构调解、仲裁。

1994 年 8 月 26 日国务院证券委员会公布《关于指定中国国际经济贸易仲裁委员会为证券争议仲裁机构的通知》,指定中国国际经济贸易仲裁委员会作为解决证券争议的仲裁机构,仲裁地在北京。1994 年 10 月 11 日中国证监会发布《关于证券争议仲裁协议问题的通知》,对证券仲裁程序中的问题做出了进一步的规定。规定凡是与股票发行或者交易有关的争议,需要采取仲裁方式解决的应当签订证券仲裁协议或者仲裁条款。但证券经营机构之间以及证券经营机构与证券交易所之间因股票的发行或者交易引起的争议必须采取仲裁方式解决。此类机构签订的与股票发行或者交易有关的合同,应当包括证券争议仲裁条款;事先没有订立协议的,应于纠纷发生后签订证券争议仲裁协议。并同时规定证券争议仲裁协议或者仲裁条款应当约定仲裁地点在北京,仲裁裁决是终局的,对合同当事人具有约束力。后来随着《中华人民共和国仲裁法》的颁布,证监会于 1999 年废止了这两个通知。总之,这一时期的证券仲裁立法层次有所提高,但指定仲裁机构尤其是指定仲裁地点的做法是否合适值得探讨。

2004 年 1 月,国务院法制办和中国证监会联合发布了《关于依法做好证券、期货合同纠纷仲裁工作的通知》(以下简称《通知》),对证券仲裁的受理范围、仲裁协议以及仲裁员的选聘等做了相对明确的规定。

第一,规定了证券仲裁的受理范围。适用仲裁方式解决的证券、期货合同纠纷主要有:1.证券发行人与证券公司之间、证券公司与证券公司之间因证券发行、证券承销产生的纠纷;2.证券公司、期货经纪公司、证券投资咨询机构、期货投资咨询机构与客户之间因提供服务产生的纠纷;3.基金发起人、基金管理公司、基金托管机构之间因基金发行、管理、托管产生的纠纷;4.会计师事务所、律师事务所、资信评估机构等中介机构与证券发行人、上市公司之间因提供服务产生的纠纷;5.上市公司、证券公司、期货经纪公司、基金管理公司因股权变动产生的纠纷;6.证券公司、证券投资咨询机构、期货投资咨询机构、期货经纪公司、上市公司、基金管理公司、登记结算机构及其他证券、期货市场主体之间产生的与证券、期货交易有关的其他合同纠纷。上市公司与证券市场公众投资人之间纠纷的仲裁,另行研究确定。

第二,关于仲裁协议问题。《通知》规定当事人选择仲裁方式解决纠纷,应当预先在证券合同中订立仲裁条款,或者在纠纷发生后以其他方式达成协议。《通知》规定当事人有权选择任何仲裁机构进行仲裁,而不再限于中国国际贸易仲裁委员会。

第三,对选聘仲裁员做了规定。《通知》规定应当由符合仲裁法规定条件的证券、期货专业人士担任仲裁员。仲裁员名单应由中国仲裁协会确认后,由仲裁委员会聘任。非经中国仲裁协会确认的证券、期货专业人士不得聘任为证券、期货专业仲裁员。仲裁委员会应当编制专门的证券、期货专业仲裁员名册供当事人选择。

应当说,该《通知》纠正了以前的一些不合理的做法,有利于推动证券仲裁工作的开展。但《通知》没有在关键的仲裁程序上进行规定,意味着证券仲裁仍要适用《仲裁法》的一般程序性规定,忽视了证券仲裁程序的特殊性,不利于实现证券仲裁的效率。①

(二)存在的问题及完善

1.基本法律缺失

目前证券仲裁在基本法律层面仍然缺失。解决途径存在两种思路:一种是修改《仲裁法》,另一种是修改《证券法》。笔者赞同后者,主要基于如下考虑:其一,《仲裁法》作为规范仲裁业的基本法律,应侧重于对一般商业

---

① 当然,这只是从实务操作的角度分析,《通知》如规定不同于《仲裁法》的特殊程序从效力层次看是违反《立法法》规定的。解决这一问题根本上需要专门的立法规定或授权规定。

仲裁作出规定,对特殊仲裁不宜作出规定,否则就会造成体系紊乱。特殊仲裁种类很多,如证券仲裁、保险仲裁、劳动仲裁、人事仲裁等,每一种都有自己的特殊性,《仲裁法》既难以穷尽这些特殊规定,同时如果规定也会造成体系庞杂,损害《仲裁法》作为基本仲裁法的地位。其二,由《证券法》规定符合证券法立法宗旨,也有历史渊源。《证券法》在起草过程中,曾对证券仲裁制度作了原则性的规定。《草案》第 185 条规定:"证券发行或者证券交易中,各当事人之间发生纠纷时,可以通过协商或者调解解决。当事人不愿通过协商、调解解决或者协商、调解不成的,可以依据事先或者事后达成的书面仲裁协议,向仲裁机构申请仲裁。当事人未达成书面协议的,可以向人民法院起诉。"第 186 条规定:"依照前条规定申请仲裁机构仲裁的,由仲裁机构作出仲裁裁决,并制作仲裁裁决书。对仲裁机构的仲裁裁决,当事人应当履行。当事人一方在规定的期限内不履行仲裁机构的仲裁裁决的,另一方可以申请人民法院强制执行。"第 187 条规定:"证券发行或者证券交易纠纷申请仲裁的期限为一年,自当事人知道或者应当知道其权利被侵害之日起计算。"但 1999 年正式公布的《证券法》却没有证券仲裁的规定,具体原因不详。笔者认为可能是立法当时尚未就证券仲裁达成一致的认识,对证券仲裁理论研究尚处于空白①,按照中国立法机关一贯的"宜粗不宜细,成熟一个制定一个"的立法思路,再加上《证券法》起草过程中一直伴随的巨大争议,删除证券仲裁的规定不难理解。当然,现在的立法背景已大为改善,关于证券仲裁的研究已逐渐深入,其中,既有国家级科研立项的支持,也有交易所联合研究计划的赞助,出版和发表了系列论著。② 我国证券市场的发展也步入稳定期,应在总结我国十余年证券仲裁实践的基础上,借鉴国外的成熟做法和经验,制定有关证券仲裁的规则,在将来《证券法》修改时进行补充完善。

2.仲裁机构的设置

目前,我国尚无专门的证券仲裁机构。按照《仲裁法》的立法精神,我

---

① 据笔者查询 CNKI 得到的数据显示,1999 年之前关于"证券仲裁"的论文只有 5 篇。

② 但可观地讲,目前有份量的论文、著作并不多见,其中许多论文(包括硕士论文)重复性研究较多,独创性不足,尤其是对国外一手文献的研究上投入明显不够。

国依法设立的仲裁机构都能受理证券仲裁案件。这固然便于当事人提起仲裁申请,节约仲裁成本,但也存在着因为仲裁专业性不足可能导致的风险,当事人尤其是证券公司可能并不充分信任这些机构的水平,而选择放弃仲裁。这样大量的案件只能涌向法院通过诉讼的方式解决,无疑会给法院带来巨大的负担。笔者建议,应当发挥行业自律的作用,允许自律组织依法成立仲裁机构,这既是自律职能的体现,也为化解社会矛盾增添了重要渠道。未来的自律仲裁机构可以在证券业协会、上海证券交易所、深圳证券交易所分别设立,条件允许的话,还可以按大区在沈阳、武汉、成都、兰州等地设立分支机构,以方便当事人仲裁。对会员之间的纠纷,应提交证券业协会或证券交易所仲裁机构仲裁,以实现设立自律仲裁机构的目的。为了避嫌,应当规定,涉及会员(含特别会员,下同)与交易所之间或者会员与证券业协会之间的纠纷,应由中国国际贸易仲裁委员仲裁。对于上市公司或投资者与交易所之间的纠纷,如果选择仲裁,也应当由中国国际贸易仲裁委员进行。对于会员与发行人或上市公司之间的纠纷,会员与客户之间的纠纷,如果当事人同意选择仲裁的话,应由非会员方当事人选择是否由自律机构仲裁。对于其他机构(如律师事务所)与发行人、上市公司间产生的纠纷应由当事人自主选择。至于投资者与上市公司之间,也可根据事后达成的仲裁协议请求仲裁机构仲裁。

3.仲裁程序规则

应当说,证券仲裁因其专业性而具有特殊性,追求效率的原则使得在仲裁规则的设计上必须充分考虑。在庭前程序、证据交换、庭审、时限、裁决做出和执行等方面都应当做出特殊规定,更好地适应证券仲裁的特点。具体可参照前述美国的做法,于此不赘。①

二、我国证券调解制度

我国并无专门的证券调解法律法规,目前未见两家证券交易所设立专

———————————

① 马其家先生曾在其论著中专节论述我国证券仲裁程序规则的设计,可资借鉴。马其家:《证券纠纷仲裁法律制度研究》,北京大学出版社 2006 年版,第 290—301 页。

门的证券调解机构,中国证券业协会也刚刚于 2012 年制定了证券调解相关规则,成立了证券纠纷调解中心。① 深圳证券期货业纠纷调解中心于 2013年 7 月正式成立。② 这两家机构的成立无疑开创了我国证券调解的先河,对于完善我国证券纠纷解决机制具有重要的示范意义。但由于成立时间短,其运行效果如何目前还无法评估。调解在我国有着得天独厚的优势,无论是诉讼中的调解还是人民调解制度都具有蓬勃的生命力,在未来的证券纠纷解决制度设计中自然有许多可以借鉴的地方。不同的是,我国未来的证券调解应作为一种独立的制度进行规定,而不是附庸于证券诉讼或证券仲裁中,只有这样,才能更好地发挥证券调解在解决非诉纠纷中的作用。我们可以借鉴美国相关制度,在证券调解的机构设置、证券调解的受理范围、证券调解的启动、调解员的选拔、调解员的职责、代理、调解协议的效力、费用等方面单独制定规则,形成一系列制度性规范。这么做可以凸显调解的重要意义,从制度方面而不是方法论方面去认识和把握证券调解,显然更有利于调解制度功能的发挥。

---

① 详见第八章内容。

② 该调解中心属于公益性事业单位法人,是由深圳国际仲裁院、深圳市证券业协会、深圳市期货同业协会、深圳市投资基金同业公会共同举办的独立纠纷解决机构,借鉴中国香港、新加坡等境外成熟市场的做法,采取“调解与仲裁相结合”的机制解决辖区证券期货业务纠纷。深圳证券期货业纠纷调解中心成立,2013 年 8 月 20 日,见 http://stock.sohu.com/20130708/n380937865.shtml。该纠纷调解中心的成立,为多元化证券纠纷解决机制的建设进行了积极的探索,但关于该调解中心所做调解或仲裁的效力,与诉讼的衔接等还涉及诸多法律问题,还需进一步论证。

第七章　金融危机对证券市场
自律的影响

起源于美国的次债危机迅速向世界蔓延,最终演化为金融危机,给各国的经济发展带来了巨大的负面冲击。各国开始反思资本市场监管体系的不足,美国、欧盟和其他国家纷纷提出旨在加强监管的改革方案。金融危机也对国际金融监管合作提出了更高的要求,如何深化国际监管合作是能否有效应对金融风险跨境传播的重要课题。金融危机使得质疑自律的声音高涨,自律的地位和价值受到了巨大的挑战,在金融危机背景下自律如何走向值得关注。

第一节　金融危机背景下的金融监管改革

一、金融危机的缘起

金融危机源于美国的次级住房抵押贷款债券危机(简称"次债危机")。美国的住房抵押贷款分为三个层次:第一层次是优质贷款;第二层次是次优贷款;第三层次是次级贷款。次债危机就是由第三层次的贷款引发。所谓次级贷款,就是指向信用分数低、收入证明缺失、负债较重的借款人发放的贷款。原本,对次级贷款的发放应当是非常审慎的,这样就可以控制次级贷款的规模,一旦发生问题也不会产生波及效应。但是,以下因素的存在推动了次级贷款的膨胀,最终酿成大祸。

其一,美国在安然事件后,为了恢复市场信心,实行了长期宽松的货币政策,美元利率不断下调,至2004年接近1%,这就造成了流动性过剩,借贷成本降低,为金融机构利用短期资金进行长期资产融资提供了充分的市场环境。同时,借款人的还款压力较小,风险不易暴露。然而,2004 年后,面对通货膨胀的压力和经济过热的势头,美联储开始不断加息,至 2006 年连续加息 17 次,将联邦基准利率迅速抬高至 5.25%。这使得本来就经济拮据的借款人还贷压力加大,违约率不断上升。

其二,美国房地产泡沫破灭。美联储的低利率政策刺激了房市的发展,从 2001 年至 2006 年,美国房价一直保持着 6%—9% 的增长。[1] 房价的不断上涨使得贷款机构不必担心借款人的还款能力,因为按此趋势,房屋升值的价值足以弥补借款人违约的风险。然而,自 2006 年以来,美国房地产市场进入了修正期,2007 年美国房地产的销售量和销售价格均继续下降,二手房交易的下跌程度是 1989 年以来最为严重的,第二季度的整体房价甚至创下了 20 年来的最大跌幅。[2] 这样,借款人很难通过第二抵押的方式获得新的贷款,[3]还款压力加大,而房地产价格的下跌使得出售房地产变得困难,往往不能弥补本息。于是违约不可避免。

其三,资产证券化在分散风险的同时,也扩大了风险。为分散风险,次级贷款机构将其抵押贷款打包出售给一个具有风险隔离功能的特定目的机构(Special Purpose Vehicle,简称"SPV"),[4]由该机构作为发行人发行次级抵押贷款债券,其募集的资金用于支付购买抵押贷款的价款,投资者获得债券利息。由于次级债的品质一般,发行人一般要对债券进行信用增级,如担保或保险等,然后经过信用评级机构评级后,对外发售。投资者主要是保险公司、共同基金、养老基金、投资银行等机构,也包括部分个人投资者。通过资产证券化过程,贷款机构将风险转移到投资者,这客观上也导致贷款机构

---

[1]　韩龙:《美国金融危机的金融法根源——以审慎规制和监管为中心》,《法商研究》2009 年第 2 期。

[2]　何帆、张明:《美国次级债是如何酿成的》,《求是》2007 年第 20 期。

[3]　所谓第二抵押,是指在房屋升值后,贷款机构就房屋增值部分可再次发放抵押贷款,借款人往往以新获得的贷款偿还旧的贷款。当然,这是建立在房屋不断升值的基础上,一旦房屋贬值,就不会发生第二抵押。

[4]　SPV 是专门以资产证券化为目的成立的独立实体。SPV 通常是发起人的子公司,也可以由投资银行或其他第三方设立,其业务范围受到严格的法律限制,仅限于发行"资产支持证券"及用发行所得资金购买贷款。通过 SPV 发行证券,旨在实现风险隔离、表外融资、降低税负等目的。

降低贷款条件、疏于尽职调查,扩大了次级贷款规模。一旦借款人无力返还借款,风险就迅速传导,引起投资者的恐慌,大批机构投资者迫于压力不得不低价平仓套现,进一步打压了市场,以至于债券无人问津,债券的资产价值急剧缩水,机构投资者因资不抵债不得不进入破产程序。由于许多银行也持有大量次级债,带来了损失,为满足资本充足率等要求,银行开始变得惜贷。资金流动性不足,殃及其他正常生产经营的企业,这些企业因得不到流动资金的支持影响了生产,为节约成本,不得不大量裁员。于是失业率上升,老百姓消费不足,需求减少,反过来又影响到企业的供应。如此便形成恶性循环,这也是为什么各国纷纷向银行等金融机构注资,补充流动性的基本考虑。次级抵押贷款公司破产放大了次级债风险。次级抵押贷款公司资本实力较弱,资产负债比例较高,而且业务过于集中于次级抵押贷款。因此一旦出现问题,这些机构率先受到影响。2007 年,美国第二大次级抵押贷款公司美国新世纪金融公司成为首个申请破产保护的公司就是例证。由于这些公司的资金很大一部分来自商业银行的借款,它们的倒闭自然还会影响银行金融秩序。所以,我们也不难理解美国政府出手救助"两房"的举动了。

其四,风险的国际化扩散。发达国家的机构投资者大多数是采取全球投资组合策略,一旦某一重要市场的资产价格出现波动,会直接影响机构投资者的资产价值,从而不得不进行资产组合调整,由此风险传递到其他市场。美国次级债的投资者遍及美国、欧洲、日本等市场,因此,次级债危机迅速波及这些国家和地区的投资者,由此造成全球性的金融危机。①

其五,监管的缺失。监管不力被普遍认为是本次金融危机爆发的重要原因,为此,各国包括欧盟都陆续出台了加强监管的措施。1999 年后,依据《金融服务现代化法案》美国确立了混业经营的制度,但金融业分业监管体系却没有进行调整。在美国,混业经营主要是通过金融控股公司实现,金融控股公司通过设立子公司的方式分别经营证券、保险、银行等业务。在监

---

① 马宇、韩存、申亮:《美国次级债危机影响为何如此之大》,《经济学家》2008 年第 3 期。

管上,美国建立了所谓的"伞形"模式,即美联储作为最高的监管机构负责对金融控股公司进行监管,各子公司由对应的行业监管机构实施监管。正如前美联储主席格林斯潘所说,各个监管机构同时存在可以保证金融市场享有金融创新所必备的充分的民主与自由,同时,可以使得每一个监管者形成专业化的比较优势,它们之间的竞争可以形成权力的制衡。① 然而,随着经济全球化和一体化的深入,随着金融市场产品创新的发展,这样的监管体制也暴露出许多问题,突出表现在:(1)无法有效预防系统性风险。没有任何一个单独的监管部门拥有监督系统性风险所需的全部信息的权利,各部门间缺乏协调机制,对系统性风险难以判断和采取措施。(2)存在监管空白。尤其是缺乏对 MBS、CDO 等结构化金融产品和相关机构的有效监管,使得金融创新和金融市场过度暴露于风险之中。如最近几年,抵押经纪人和贷款人在没有联邦监管的情况下发起了全部抵押贷款的大部分和超过50%的次级抵押贷款,但是对这些抵押发起人的监管非常有限,甚至没有监管。②

二、美国政府监管改革的思路

次债危机爆发后,关于美国金融体系监管改革问题引起了广泛的关注。美国商会在 2007 年 3 月的报告称,"美国的金融市场的竞争力受到了限制,美国目前的监管框架是在 20 世纪 30 年代建立起来的,已经不适应全球化和金融创新的需要,美国政府应当考虑更加面向金融市场和参与者的监管改革"。美国金融服务圆桌组织在 2007 年 11 月 7 日发表题为《提升美国金融竞争力蓝图》的报告,指出美国的监管体系存在结构性缺点:监管机构的目标不同,多个联邦和州监管者的不同目标会带来潜在的监管冲突,导致监管套利问题。当冲突发生时,会延缓政策的执行,导致美国金融机构在与外国竞争者竞争时处于劣势。

2008 年 3 月 31 日,美国财政部公布了改革蓝图(简称"保尔森计划")。

---

① 廖岷:《次贷危机下美国对于金融监管的最新反思》,《中国金融》2008 年第 7 期。
② 郑联盛、何德旭:《美国金融危机与金融监管框架的反思》,《经济社会体制比较》2009年第 3 期。

该计划提出了短期和中期的金融监管体制改革建议,并提出了长期的概念化的最优监管框架,其中短期的改革措施是向中期和长期最优监管框架的一种过渡。短期的建议主要集中在针对目前的信贷和房屋抵押市场,采取措施加强监管当局的合作,强化市场的监管等。包括成立一个新的联邦委员会,加强对房屋抵押贷款发起的监管等;中期的建议主要集中在消除美国监管制度中的重叠,提高监管的有效性。更重要的是,在现有监管框架下,使得某些金融服务行业,如银行、保险、证券和期货的监管体制更加现代化。其中包括美国商品期货交易委员会和证券交易委员会合并,对期货和证券行业提供统一的监管和监督等事项内容。长期的建议是向着"目标导向"的监管方式(objectives-based regulatory approach)转变。①

2010年7月21日,美国总统奥巴马签署了新的金融监管改革法案——《多德—弗兰克法案》(又被称为《2010年华尔街改革和消费者保护法案》),该法案被认为是自1933年制定的《格拉斯—斯蒂格尔法》以来最重要的金融监管法案,对美国金融业和金融监管将产生意义深远的影响。

《多德—弗兰克法案》内容十分宏大,包括16个部分,共计2319页。在法案的开头部分就明确提出了其意义和目的:"本法案旨在通过提高金融体系的透明度,促进其承担应尽的责任,进而提升美国金融体系的稳定性,终止金融机构'大而不能倒'的状况,防止对金融机构无止境的救助而损害纳税人的利益,保护消费者免受有害的金融服务,以及其他目标。"法案的主要内容包括:

1.加强对消费者权益的保护。法案将在美联储体系下建立消费者金融保护局(Consumer Financial Protection Bureau,简称"CFPB"),对向消费者提供信用卡、按揭贷款等金融产品或服务的银行或非银行金融机构进行监管。CFPB的局长由总统直接任命以保持其独立的监管权力。CFPB的预算开支由美联储提供,被授权制定有关金融消费者保护的规则。CFPB被授权为独立的或与其他政府组织协作的调查性机构,并被授予了传唤的权力。

———
① 廖岷:《从美国次贷危机反思现代金融监管》,《国际经济评论》2008年第7期。

该局可以对国内外任何人实施民事调查要求和执行申请。该局可以向首席检察官提交刑事诉讼证据。大型非银行金融机构及资产规模超过100亿美元的银行或者信贷机构均将在其管辖范围之内。

2.预防系统性金融风险。将成立金融稳定监管委员会（Financial Stability Oversight Council），其主要职责在于识别和应对影响金融体系稳定的风险。该委员会拥有广泛的职权，主要包括：有权要求任何金融机构提交报告用于评估对金融体系稳定性构成的威胁；有权就加强美国金融市场完整和效率、竞争力和稳定性向国会提出建议；对有系统性风险的金融机构，有权向美联储提出建议，以便在资本充足率、杠杆率、流动性、风险管理等方面实施更加严格的监管要求；定期向国会报告美国金融体系形势。为防范可能的系统性风险，在三分之二多数投票通过后，有权将其认为对美国金融市场构成威胁的非银行金融机构纳入美联储监管范围，可批准美联储对大型金融机构强制分拆重组或资产剥离。在三分之二通过并且在财长、美联储和联邦存款保险公司主席同意的前提下，可以禁止向金融机构提供联邦财政资助。

3.改变金融机构"大而不能倒"的状况。一是引入"沃尔克规则"（Volcker Rule）。要求吸收存款的银行必须剥离各自的衍生品业务，限制银行自营交易，切断其和对冲基金及私募股权基金的关联。二是建立金融机构的清算和破产机制。要求财政部、联邦存款保险公司和美联储一致同意把行将倒闭的金融机构置于有序的清算程序，降低金融机构倒闭给整个系统稳定带来的危害，损失由股东和无抵押债权人承担，纳税人不再为金融机构清算支付成本。三是建立"生前遗嘱"。法案要求大型金融机构事先制定破产预案，预案有助于监管者更好地了解金融机构的架构，并且可以在金融机构破产时作为监管者采取应对措施的"路线图"。如果金融机构不能提供可行的破产预案，将会被实施更加严厉的监管措施，比如更高的资本要求，在规模和业务上予以更多的限制。

4.加强金融衍生产品的监管。一是针对场外交易（OTC）衍生产品监管普遍缺失的状况，由证券交易委员会和商品期货交易委员会对其实施监管。二是标准衍生金融产品必须在第三方交易所和清算中心进行清算，非标准或定制的衍生产品仍然可以进行场外交易,但必须提高透明度,相关数据必须集中到交易中心。三是银行可以保留利率、汇率、金银掉期交易,但对于农产品掉期、未清算的商品掉期、多数金属掉期和能源掉期产品交易必须剥离到特定的子公司。

5.加强对信用评级机构的监管。一是在证券交易委员会成立信用评级办公室,有权对信用评级机构进行罚款,要求证券交易委员会每年至少对"全国范围认可统计评级组织"(NRSROs)进行一次检查,并公布检查中发现的主要问题。对于那些多次出现错误评级的机构,证券交易委员会有权注销其评级资格。二是要求信用评级机构进行更充分的信息披露。要求NRSROs公布其评级体系、评级方法和历史记录;要求评级机构拓宽信息来源,而不仅仅是从被评级机构获得信息。三是防止利益冲突。在评级机构内部建立"防火墙",其销售和市场部门不得影响评级,违规者将被暂停营业或吊销执照;评级机构合规部门主管不得参与评级工作、评级方法的确定和销售活动,合规部门员工工资不得与评级机构业绩挂钩,必须保持独立性;评级机构的雇员到被评级公司工作的情况,要在一年时间内向证券交易委员会报告。四是明确了信用评级机构的责任。法案撤销了1933年《证券法》中第436(g)条规定的在注册说明书中使用信用评级信息的法律豁免权,信用评级机构将承担"专家责任",对其实行类似会计师事务所、证券分析师的执法和罚款措施。

6.加强对对冲基金的监管。法案要求资产规模达到1.5亿美元的对冲基金、私募股权基金在证券交易委员会登记,提供交易信息和头寸信息,并接受证券交易委员会的检查和系统风险评估。这些数据同时提供给系统风险管理机构,证券交易委员会每年要向国会报告如何运用这些数据保护消费者和维护市场稳定的情况。法案同时将由联邦负责监管的投资顾问资产门槛由3 000万美元增加到1亿美元,此举会导致投资顾问更多的由州负责,有助于证券交易委员更多地关注新登记的对冲基金。

7.修正高管薪酬和公司内部治理结构。在高管薪酬问题上为股东提供更多的话语权。要求董事会下的薪酬委员会全部由独立人士组成。允许监管机构强行中止金融机构不恰当、不谨慎的薪酬方案。对上市公司基于错误财务信息发放的高管薪酬,SEC 有追索权。①

　　目前,关于该法案的评价众说纷纭,其实施效果尚有待市场进一步检验。支持者认为该法案有助于减少另一场危机爆发的机会,即使产生新的危机,监管者也能更好地应对。支持者充分肯定该法案对于恢复投资者信心,保护消费者利益和刺激经济增长方面的积极意义。反对者认为该法案是一个 2300 页的立法怪物,进一步扩张了低效率官僚机构的权力范围。②该法案一定程度上加强了政府监管部门的权力,由此必然损害以华尔街为代表的金融集团的利益,因此遭到该集团的强烈质疑和反对,认为改革会扼杀市场的创新力。当年,因为安然事件紧急颁布的《萨班斯—奥克斯利法案》就因为过于严厉在一定程度上抑制了美国证券市场的发展潜力,上市公司运行成本加大,许多外国企业不再选择在美国上市,一度动摇了纽约金融中心的地位,引发了广泛的批评。市场有缺陷无疑需要加强监管,但如果走向政府监管的极端,显然又是危险的。关于美国金融监管改革的争论还将继续,但可以预见,未来的金融改革不会是极端式的政府监管模式,如何平衡政府与市场的关系仍是未来制定监管政策的基本考量。

三、欧盟金融监管改革的实践

　　次债危机也使欧盟成员国损失惨重。据报道,拥有 27 个成员国的欧盟用于应对金融危机的总投入已达到 3 万亿欧元,约为欧盟各国国内生产总值的 25%。其中,为银行提供金融担保和注资的总额就达到了 2.3 万亿欧元,另有 3000 亿欧元用于银行重组项目,4000 亿欧元用于其他救援计划。③可以说,欧盟面临着第二次世界大战以来最严峻的经济衰退的考验。2009年 6 月 18—19 日召开的欧盟峰会通过了泛欧监管变革方案,达成了欧盟金

---

　　① 周卫江:《美国金融监管的历史性变革》,《金融论坛》2011 年第 3 期;杨巍、董安生:《后金融危机时代的美国金融监管改革方案》,张育军、徐明:《证券法苑》,法律出版社 2010 年版,第 348—350 页。

　　② Jessica Luhrs, "Encouraging Litigation: Why DODD-FRANK Goes Too Far in Eliminating the Procedural Difficulties in SARBANES-OXLEY?", *Hastings Bus.L.J.*, Vol.8, (Winter 2012), p.176.

　　③ 《为应对金融危机欧盟已投入 3 万亿欧元》,2013 年 7 月 23 日,见 http://news.163.com/09/0410/15/56I4FB9A000120GR.html。

融监管的框架和原则,是应对金融危机的重要举措。该方案最核心的内容就是新设立两套机构,分别加强宏观和微观层面上的金融监管。在宏观层面上,一个主要由成员国中央银行行长组成的欧洲系统性风险管理委员会将负责监测整个欧盟金融市场上可能出现的系统性风险,及时发出预警并在必要情况下提出建议,这开创了欧盟宏观金融监管的先河。在微观层面上,主要由成员国对应监管部门代表组成的三个监管局将分别负责欧盟银行业、保险业和证券业的监管协调,确保成员国执行统一的监管规则,并加强对跨国金融机构的监管。可以说,金融危机也是一个契机,藉此欧盟消除了对欧盟境内跨国金融机构监管的盲区,实现了更高层次的监管。当然,该计划也有不足之处。欧盟新监管体系的一大缺陷就是未来的欧洲系统性风险管理委员会仅能提供建议,无权强制成员国执行,这不利于防范风险蔓延。在微观金融监管方面,迫于英国的反对,欧盟领导人还对三个监管局的权力施加了限制,即它们的任何决定都不得损害成员国政府的财政权,如监管局不得强迫一国政府出资救助本国金融机构以避免殃及其他国家。[①] 经过长达一年的谈判和协调,欧洲议会终于在 2010 年 9 月 22 日批准成立这四个监管机构,2011 年 1 月 1 日后,这四大机构已经开始运行。新的监管局拥有部分超国家的权力,当某一成员国拒不执行欧盟规定时,监管局可向该国监管机构下达指示,在仍得不到遵守的情况下,监管局可跳过成员国监管机构,直接要求相关金融机构予以纠正。此外,新的监管局还有权对特定金融交易实体、金融产品和裸卖空等金融交易行为展开调查,以评估它们给金融市场带来的风险。根据欧盟相关立法,在出现紧急情况时,监管局将有权临时禁止或限制某项金融交易活动或金融产品的交易,并可提请欧盟委员会提出立法建议,永久性禁止这类产品和活动。今后,对信用评级机构的监管和发布裸卖空禁令都将是监管局的职权。[②] 本次欧盟金融监管改革特别强调了国家间的监管合作,力图构建统一的欧盟监管体系,无疑这是吸取了金融危机的教训,注重控制

---

① 《欧盟金融监管格局迎来大变革》,2013 年 7 月 23 日,见 http://news.xinhuanet.com/fortune/2009-06/20/content_11572180.html。

② 尚军:《欧盟金融监管迎来全新格局》,2012 年 1 月 3 日,见 http://news.xinhuanet.com/fortune/2011-01/03/c_12940470.html。

系统性风险的结果。但是,毕竟欧盟不是一个主权国家,金融监管权力事关各个国家的经济安全,属于主权范畴,自然不能轻易让渡。加上各个国家经济发展并不平衡,各有自身的考虑,妥协是必然的结果。本次金融危机的全球性提示我们必须加强全球金融监管合作,从这个视角分析,欧盟的做法无疑为未来的区域合作乃至国际监管合作提供了重要的参考。未来的国际监管合作显然不会一帆风顺,但是又必须要推进,寻求合作的切入点是非常关键的。否则,我们只能停留在口号式的呼吁中,缺乏全球性的合作,任何国家或组织也不能独善其身。这也是本次金融危机给我们深刻的教训。

四、全球金融监管合作

美国次债危机能够引发世界性的金融危机,某种程度上反映了各国金融监管之间缺乏基础性的合作,缺乏跨境监管的协调机制,使得一些跨国金融机构监管套利成为可能,无形中助长了风险的蔓延。

(一)国际金融监管合作的必要性

1.监管力量的不平衡性撬动了金融体系的稳定。全球金融市场紧密地联结,而各国金融监管机构受国界的限制,只能在本国境内开展活动,不可避免地必须面对国际金融市场"传染效应"带来的挑战。

2.监管原则的不对称性助长了投机行为的滋生。金融全球化背景下,新兴金融市场国家逐步实行自由化和放宽管制,对监管对象施行的差别性监管政策,可能使遭受较严厉监管的金融机构通过支配监管相对松弛的金融机构而逃避监管。

3.投机性攻击的不对称性削弱了金融监管的效用。1997年亚洲金融危机中投机性攻击的成功,暴露了全球金融监管体系的缺陷。对冲基金依靠的是跨国银行对其的巨大融资,跨国银行所持有的金融资本是全球范围的和巨量的,而被攻击国家的国际储备和国家清偿力总是有限的。

4.危机救助机制的不平衡性减损了危机救助的效力。[1]

---

① 茅倩如:《金融危机处理与国际金融监管的合作和协调》,《世界经济与政治论坛》2009年第3期。

（二）金融监管国际合作的形式

国际监管合作的形式主要有以下三类：双边监管合作、区域监管合作和国际监管合作。从效果来看，双边监管合作因体现了较多的自愿性，合作的内容更容易转化为国内法律实现，对参与合作的国家来说效果更理想。但双边监管合作对世界性金融风险的防范是极其有限的。区域监管合作的典型代表是欧盟。例如依据 2005 年 7 月正式实施的招股说明书指令（Prospectus Directive，简称"PD"），确认了相互承认原则。相互承认机制的改进是 PD 的重要内容。为便利发行人在欧盟各成员国间跨境发行，降低发行成本，PD 建立了以通知为形式的成员国之间相互承认招股说明书的机制。具体而言，得到母国有关监管机构核准的招股说明书可以在任何其他欧盟成员国（东道国）被用以公开发行或申请证券在管制市场交易，只要东道国得到了招股说明书经核准的通知。该东道国不得再次对招股说明书进行审查，不得对招股说明书的内容施加其他的要求。东道国可以额外施加的唯一要求就是将招股说明书摘要部分翻译为当地语言。[①] 虽然欧盟在区域监管合作方面取得了诸多进展，但基于各国主权及发展不平衡的考虑，停留在欧盟层面统一立法、执法还存在明显不足。欧盟尚且如此，国际监管合作实质推进的难度可想而知。目前国际合作仍停留在巴塞尔委员会、国际证监会组织框架内的监管合作等，但这些组织的决定更多是建议性的，缺乏强制力。

次债危机的深刻教训使得加强国际监管合作的呼声日益高涨，但因几大经济体的"各怀心腹事"，为合作的实质进展蒙上了阴影。有学者通过模型分析得出结论：国家间的相关度越大，合作诚意越高；体制趋同，金融结构相似，政策决定机制相近，越容易达成合作。开放程度高的国家在全球化条件下有推进金融监管国际合作的动力，因为合作有利于抵御风险，保护收益。开放程度低的国家缺乏兴趣参与国际合作，因为他们不存在相互影响的外部性问题，潜在风险小，合作不会带来明显的收益。但随着金融一体化

---

① 吴晨：《欧盟招股说明书指令——构建欧盟证券发行监管的协调新机制》，《深交所》2006 年第 9 期。

的加强,各国的相关性和外溢效应不断增强,国际合作将大大增加整体及各方的利益,从而成为一种理性选择。[1] 因此,只有从根本上消除国际经济发展不平衡的情况,才可能实现实质意义上的国际金融监管合作。也有学者指出,监管竞争的态势会导致奔向低端,其理由是竞争的模式会鼓励投资者选择在监管标准低的国家建立公司,开展业务。缺乏约束型标准,各国可以自由选择他们认为最合适的监管标准。每个国家都希望通过提供有利于投资人的政策,使自己的国家成为能够吸引投资的最佳商业中心。[2] 尽管目前欧盟的证券监管走在了世界的前列,但欧盟的监管模式尚不能称为集中统一(Centralization)监管,还只停留在趋同(convergence)阶段。Eric C. Chaffee 坚信,未来的全球证券市场监管应建立集中统一的监管模式。他指出,集中统一监管模式有如下优势:其一,有利于减少市场系统性风险。终结"奔向低端"的证券监管,减少各国监管和执法过程中的差异和漏洞,提升投资者信心。其二,能够让市场参与者受益。应用该种模式能够降低交易费用,提高市场效率,减少由于局部市场失败产生的溢出风险。针对有人对集中统一监管模式的质疑态度,该学者也进行了反驳。质疑者主要基于两个理由。集中统一监管模式不利于监管创新,因为在集中模式下,监管者缺乏动力创新监管,而监管竞争模式有利于监管创新。其三,绝大多数国家的监管者不会同意放弃主权,将自己的监管权力交给一个集中的监管者。这两点理由也遭到了反驳。针对第一个理由,Eric C. Chaffee 教授指出,存在于监管者、发行人和投资者之间的张力将会产生探寻最优监管的压力,因为每个群体都拥有争取监管或者放松监管的政治权力。而且,在集中统一监管模式下,各国的监管竞争并没有完全被禁止,因为集中监管者只是设定了一条最基础的监管底线,他允许各国在底线的基础上制定更高的监管标准。针对第二点质疑,从短期看,集中统一监管或许是不现实的甚至有些戏剧性,但该监管模式并不指望一蹴而就,而是通过长期演化方式实现,美国

---

① 李成、姚洁强:《基于国家利益的非均衡金融监管国际合作解析》,《上海金融》2008年第 4 期。

② Shelley Thompson, "The Globalization of Securities Markets: Effects on Investor Protection", *Int'l L.*, Vol.41,(2007), pp.1121-1123.

和欧盟的市场监管模式的演变就是对此最好的说明。最后,Chaffee 提出了实现集中统一监管的可行性路线:其一,互认,即一国与他国通过双边协议的方式互相认可对方的监管效力,这样可以在双边范围内避免双重监管代理的成本和效率损失。其二,发展跨国特别工作组以支持跨境监管。主要设想是由相关国家监管机构之间通过协议的方式成立特别工作组,专门负责跨境事务的监管。该小组应被赋予调查和启动诉讼的权力。其三,赋予国际证监会组织更多的监管和权力。①

考虑到本次金融危机影响范围和程度,笔者认为应由美国、欧盟、中日韩等几大经济体率先进行合作尝试,先通过双边协议的方式,然后在成熟时达成区域合作的协议,逐步推进。一般来说,这些经济体如果能够逐步统一监管标准,互通有无,实质合作,就基本上能够抑制全球性金融风险的传播,或者说将风险控制在一定程度。然后再通过国际组织或其他方式逐步向其他经济体推广,实现全球性监管合作。在这方面的典型例子是美国 SEC 的做法。面对不断升级的内幕交易、市场操纵和财务欺诈案件,SEC 却常常面临着无法收集信息的困境,因为这些违法者的相关信息位于美国国外。许多国家制定了《保密法》或《信息封锁法》阻止信息泄露,规定了侵犯客户私人信息的刑事责任,这样就使得 SEC 信息搜集工作难以进行。为此,SEC 通过签订双边互助条约的方式逐步解决该问题。1977 年 SEC 首先与瑞典签署了互助法律援助条约,此后又与许多国家签署了类似条约。这样,SEC 就能够以较快的方式获得有关信息,加速案件的调查工作,维护了市场的有序和信心。SEC 还通过与有关国家签署备忘录的方式解决信息共享问题。除了这些途径外,SEC 还寻求通过 IOSCO 寻求在更大范围内解决证据获取问题。1986 年 11 月,IOSCO 提出方案,吁请所有监管机构在法律允许的情况下,基于互惠原则,提供有关市场监管和反市场欺诈保护的信息。2002年,IOSCO 制定了一个促进各国监管机构合作的多边备忘录,截至 2007 年12 月,已有 43 个国家或地区的证券期货监管机构签字。2007 年,SEC 共向

---

① Eric C. Chaffee, "Contemplating the Endgame: An Evolutionary Model for the Harmonization and Centralization of International Securities Regulation", *U. Cin. L. Rev.*, Vol. 79, (Winter 2010), p.615.

国外监管机构提出了 556 件协助申请,其中 454 件得到答复。① SEC 的做法既为各国监管合作提供了路线图,也说明了国际监管合作的艰辛和不易。各国之间的监管合作是必要的,每个国家的监管者在未来都应当学会"为他方考虑",正如英国学者 Pierre Schammo 指出的,监管者当前获得的独立性越高,那么他未来失去的将越多。② 经济全球化当然意味着风险全球化,一旦出现市场系统性风险,任何国家都不能独善其身。只有不遗余力地推进全球监管合作,才可能在最大程度上降低风险,推进经济和社会持续健康发展。

第二节　金融危机背景下市场自律的走向

许多学者和市场人士都认为,金融危机意味着自律的失败,金融危机后政府必将加大监管力度,自律的空间将进一步收缩,自律机制的作用将微乎其微。笔者不同意这种看法,理由如下:

其一,金融危机并不意味着自律的失败。本次金融危机主要是由金融衍生品交易风险控制不当引发的,而这些衍生品交易又主要是通过场外交易的方式进行的,是场外交易监管不力导致本次危机爆发。长期以来,类似次贷的衍生品交易一直缺乏有效的政府监管,也缺乏有效的自律监管,属于监管空白地带。

当风险积累到一定程度后,危机爆发不可避免。在美国,衍生品交易市场既不属于美国期货交易委员会(CFTC)监管,也不在美国证券交易委员会(SEC)的监管范围之内。1974 年美国《商品交易法》(CEA)还免除了 CFTC对 OTC 金融衍生品市场的监管责任。美联储、SEC、CFTC 虽曾达成有关备忘录,但是其实际运作情况并不理想。

同样是衍生产品交易,场外市场与场内市场存在较大区别。迄今为止,

---

① Roberta S. Karmel & Claire R. Kelly, "The Hardening of Soft Law in Securities Regulation", *Brooklyn J.Int'l L.*, Vol.34, (2009), pp.912-913.

② Pierre Schammo, "Regulating Transatlantic Stock Exchanges", *International & Comparative Law Quarterly*, Vol.57, (2008), p.861.

全球主要证券期货交易所的场内交易都没有出现过严重的风险事件,出现问题的都是场外衍生品市场的交易。在交易所集中交易的衍生产品结构简单、集中报价、公允价值较容易确定、流动性好、信息披露严格,其合约的数量、投资者的持仓量、交易价格具有透明性,且实行集中结算,易于监管者监管。场外交易采取一对一的交易方式,其交易的数量、交易价格等无法为外界所知,投资者也无法及时了解杠杆率和交易对手是否破产或有风险。场外交易成为这次金融危机的祸首之一,其特征使监管机构无法对其行使监管。① 场外交易并未有诸如证券交易所这样的自律组织负责自律监管,事实上也助长了风险的扩大和传导。缺乏外在的约束,指望投资银行、对冲基金等机构自我约束(自律)显然不符合"自私自利的经济人"的价值追求,是不现实的。因此,金融危机不意味着自律的失败,相反,自律的不足是导致金融危机的重要原因之一。

其二,自律监管一直是市场监管不可缺少的重要组成部分,政府监管的许多规则都是由自律规则演化而来。离开了自律监管规则,政府监管规则的制定将变得盲目,缺乏针对性和实效性。可以说,自律规则在某种程度上是政府监管的"试错石"、"避险器",使政府少走弯路,少受批评,维护正面形象。美国1934年证券交易法就是吸收了许多之前规定在纽约证券交易所上市规则的内容,如季度和年度财务报告、股东年度大会、独立审计等内容。之后,交易所继续制定和执行上市规则,1996年美国国会承认该规则有优先于蓝天法的效力。事实上,自律规则从作为自律组织和上市公司与会员间的私人合同规则,逐步向有普遍约束力的联邦法律演化。在某些情形,自律规则还取得了优先于州法的效力。② 当然,这些变化经历了逐步演进的过程。但不可否认的是,如果没有自律规则的积极探索,政府监管法律或规则的制定将不会那么及时和有效。即使政府承担了较多的监管职责并且自己制定规则,相关程序仍然离不开市场主体的参与。这种参与包含以

---

① 吴弘、杨红芹、刘春彦:《次贷危机对我国金融监管法制的启示》,《东方法学》2009年第3期。

② Roberta S. Karmel & Claire R. Kelly, " The Hardening of Soft Law in Securities Regulation", *Brooklyn J.Int'l L.* , Vol.34 , (2009) , pp.888-889.

下形式:将市场主体纳入到政府有关监管细则制定及解释的委员会或工作组,与利益相关方进行广泛协商或举行听证程序等。同时,法律规则在执行上也允许广泛的自由裁量权。例如新巴塞尔协议规定的资本水平就是部分建立在由金融机构自己设计的风险模型上。在英国,FSA 就是采取了以原则为基础的监管模式,由此产生的"缺漏"由行业制定自律规则解决。[1]

其三,在国际监管合作举步维艰的情况下,应当充分发挥自律监管的优势。金融危机启示我们:一个真正有效的监管制度改革必须面对和解决金融市场的全球性,任何一个国家的政府都必须面对来自跨国金融机构的监管挑战。监管跨境金融行为和执行单一国家的法律和规则已被证明是一项棘手的和复杂的政治任务,因为这会带来无穷尽的国家主权之争。在这样一个国家主权至高无上的世界里,各国监管者对金融事务有限的管辖权与现代金融市场日益一体化的跨境交易的冲突愈发明显。[2] 证券市场全球化需要国际证券监管的合作,但基于主权和经济发展等各方面的考虑,国际合作绝非一日之功。在这种背景下,发挥全球性证券交易所的自律监管优势不失为一种良策。证券交易所可以充分利用自己制定上市规则的优势,在公司治理和财务报告标准等方面逐步推进一体化,利用监管会员的优势在会员公司治理、内部控制、风险控制等方面加强自律监管。虽然,全球化的交易所并不意味着可以超越国界,任意制定并实施规则,但交易所可以充分利用自己在各国经济中的地位与各国政府充分谈判,以求对交易所规则的支持。可以预见的是,这种谈判较之政府间的谈判要非正式些,相对轻松些,也容易达成协议。如果交易所规则能够逐步获得许多国家的支持,事实上也就意味着某种全球性监管标准的确立。无疑这将对下一步国际监管合作提供重要的支持。

其四,自律监管在信息、专业方面的天然优势,对于预防金融市场系统性风险是至关重要的。金融危机充分暴露了监管机构对市场系统性风险认

---

① Eva Hupkes, "Regulation, Self-regulation or Co-Regulation?", *Journal of Business Law*, Vol.5, (2009), p.431.

② Saule T.Omarova, "Rethinking the Future of Self-Regulation in the Financial Industry", *Brook. J.Int'l L.*, Vol.35, (2010), p.684.

知和预防的不足。很明显,及时地了解掌握相关市场信息是监管日益复杂的金融市场的关键环节。在无休止的追逐更快捷和更熟练技术的当今世界,金融监管者拥有监督、辨别、评估和迅速回应由日益复杂的金融工具和交易策略带来的风险和挑战的能力显得格外重要。① 而自律监管者位于市场一线,显然具有更敏锐的市场风险感知能力和信息汇聚渠道,尤其在辨别、分析和评估全球金融市场发展趋势和复杂金融产品和交易方面,较政府监管者具有更为明显的优势。当然,拥有信息优势并不意味着市场主体就一定能判断出市场发展趋势和其脆弱点,就像金融危机显示的那样,许多在知名大公司工作的高管也未能判断出本次危机的广度和深度,其所在公司亦难免陷入亏损甚至倒闭的境地。因此,也需要政府监管部门共享信息,从不同角度对市场风险作出预估和判断。但是,如果没有自律组织的信息资源,仅仅依赖政府机构既无法掌握第一手的大量信息,也缺乏足够的能力对这些信息作出分析和判断。政府监管部门只有与自律组织建立起顺畅的信息共享机制,才能在第一时间对市场信息作出分析和预判,在预防和控制市场系统性风险方面采取有效的措施。监管机构专业知识的相对匮乏也是必须重视自律的重要考虑。

其五,本次金融危机再次引发我们对金融监管与金融创新关系的思考,但金融创新和金融监管的关系本质是如何界定市场和政府的关系。② 当然这也包含了如何合理处理政府监管与市场自律的关系。在现代经济活动中,政府和市场都不是万能的。政府无论以何种形式干预,一定是金融市场和实体经济出现了系统性危机之后的行为,是一种对市场功能缺失的校正。危机时期的政府干预如对大型金融机构的托管、增资和股权收购,是一种利用政府信用稳定市场预期、恢复投资者信心的行为。危机之后,还是要回归本源,还是要让市场发挥配置资源的基础性作用。不过,危机之后的回归,

---

① Steven L.Schwarcz, "Regulating Complexity in Financial Markets", *WASH. U. L. REV.*, Vol. 87,(2010),p.211.

② 吴弘、杨红芹、刘春彦:《次贷危机对我国金融监管法制的启示》,《东方法学》2009 年第 3 期。

更多了一份理性,多了一些监管和约束。① 从每次经济危机爆发后的规律分析,一般是政府会加强监管,待市场逐步走上正轨后,市场机制将再次发挥主导作用,因为金融创新永远是市场的主题,然后市场风险加大,如果政府疏于监管,则会再一次爆发危机。如果监管及时,则可以将风险控制在一定范围内,至少不会爆发大规模的金融危机。所以,问题的关键不是取消自律,否定自律,而是如何积极引导自律机制作用的发挥,为防范金融风险竖起第一道隔离墙。正如美联储主席伯南克所言,无论何时,只要可能,市场纪律的培育是防御的第一战线,依靠市场纪律不应该同自由放任政策相混淆,市场纪律通常需要政府监督的支持。②在后金融危机时代,监管者面临的重要挑战是如何设计一个弹性监管框架,一方面可以化解风险和维护市场稳定,另一方面激励市场创新和刺激市场增长。③ 回顾本次金融危机的历程,英国当代著名经济学家詹姆士·E·米德的论断现在听起来仍然振聋发聩,"我们始终如一地认为:当人们只考虑需要政府对经济进行特别干预而忽视市场机制时,应该提醒政府注意竞争性机制的功能;当人们虔诚地笃信自由放任可以解决一切问题时,又必须强调社会控制在什么情况下仍然是必要的。"④这一关于市场与政府关系永恒话题的精辟论述,无疑会启发我们正确思考和处理后金融危机时代金融监管与金融创新的关系,使我们对市场自律的功能和地位有着更清醒的认识。

尽管,金融危机之后监管的钟摆又指向政府监管,但这是每次大的危机之后社会正常的反应。美国1929年经济危机催生出《证券法》和《证券交易法》,结束了证券业完全自律的状态,尤其是SEC的建立,实现了政府的集中监管,是对证券市场监管体制的重大改革。2001年安然事件导致严厉的《萨班斯—奥克斯利法案》出台,强化了财务审计和公司治理,许多条款

① 吴晓求:《理性认识应对金融危机的政府干预和市场原则》,2013年7月23日,见 http://finance.sina.com.cn/review/20090119/04405774866.shtml。

② 廖岷:《次贷危机下美国对于金融监管的最新反思》,《中国金融》2008年第7期。

③ Nu Ri Jung,"The Present and Future of the Financial Services Industry:Convergence, Consolidation,Conglomeration,and Collaboration",*Quinnipiac L.Rev.*,Vol.29,(2011),p.790.

④ [英]詹姆士·E·米德:《混合经济:明智的激进派政策指南》,欧晓理、罗青译,上海三联书店1989年版,第4—5页。

（诸如 404 条款）因过于严苛而饱受市场批评,加大了上市公司的财务成本,直接影响了国外公司赴美上市的数量,以至 SEC 不断试图修改规则弱化该法案的影响,以提升美国证券市场的吸引力。本次金融危机后,美国政府出台的《多德—弗兰克法案》,涉及面更广。其他许多国家也都有类似的监管变迁经历。这不得不引起我们的思考,法案越来越严厉,政府监管的权力似乎越来越大,那为什么危机还是不断爆发? 至少这说明了严厉的政府监管并不能从根本上阻止危机的发生。

美国学者 Saule T.Omarova 明确指出,控制和减少系统性金融风险的可能措施就是实施广泛的自律机制。① 他还指出,在后金融危机时代,自律作为一种区别于政府监管和纯粹市场约束的监管形式,对于解决系统性市场风险和跨境交易具有重大的意义。有充分的理由表明,如果政府监管部门仍然依赖传统的监管方式和监管技术,那么它将不能很有效地应对金融市场的复杂性和国际化。② 也有学者指出,行业参与仍然具有重要的地位,尤其是在国际层面实现有效监管上。例如,在对冲基金的监管改革上,七国财长会议提出改革建议,要求对冲基金行业审查和提高基金经理在风险管理、估值和信息披露领域的既存行为规范,并要求行业规范标准的统一性。这些要求得到了行业的积极回应,目前,行业内有关组织正在进行标准文件的起草工作。为了在全球范围内应用这些标准,需要建立有效的实施机制,或者由自律组织负责监管并实施惩罚,或者通过政府监管的方式实施。③

的确,在后金融危机时代,提出加强自律的观点肯定不受欢迎,因为社会普遍认为正是华尔街贪婪的利润追逐才是造成金融危机的重要原因,在这个时间点指望他们自律简直就是天方夜谭! 但如果我们不能正确定位自律在未来监管设计中的位置,也许我们就失去了一个能够解决问题的长期

---

① Saule T.Omarova, "Wall Street as Community of Fate: Toward Financial Industry Self-Regulation", *U.Pa.L.Rev.*, Vol.159, (January 2011), p.413.

② Saule T.Omarova, "Rethinking the Future of Self-Regulation in the Financial Industry", *Brook.J.Int'l L.*, Vol.35, (2010), pp.685-686.

③ Eva Hupkes, "Regulation, Self-regulation or Co-Regulation?", *Journal of Business Law*, Vol.5, (2009), p.444.

可行方案。正如有学者指出的,"每一次市场丑闻和危机伴随的结果通常是自律的严重削弱,取而代之的是法律。有人声称这是自律的终结,这明显是反应过度,真正需要的是政府监管和自律的适度结合。① 考虑到当今金融市场的复杂性和全球性,任何政府试图通过采取单边的命令——控制模式来监管市场都无法回避监管套利的基本问题,各国也将不断陷入规则规避、制定、再规避、重新制定的怪圈。只有在未来的监管程序中动员广大业者积极参与,这个怪圈才可能被打破。因此,市场自律在后金融危机时代具有特殊重要的意义。

---

① Klaus J.Hopt, "Comparative Corporate Governance: the State of the Art and International Regulation", *Am. J. Comp. L.*, Vol.59, (Winter 2011), pp.66-67.

第八章 我国证券市场自律的
改革与完善

西方国家证券市场的发展实践表明，市场自律始终是维持证券市场规范发展的重要机制。由于我国证券市场的政府主导性，注定了它缺乏西方国家证券市场的自律机制，自律传统的缺失与自律功能的局限成为制约我国证券市场规范化发展的瓶颈。

第一节 我国证券市场自律的现状

一、证券交易所自律的现状

我国的上海、深圳证券交易所属于政府强制性制度变迁的产物。① 交易所建立之初并不是作为自律机构身份出现，而是为了解决股票流通问题组建的"准金融机构"。这一点从人民银行主导、主管交易所的历程可以得出结论。相当长一段时间，交易所承担的是为国企解困的使命，被赋予了更多的政治色彩。这一切缘于对自律管理认识的不足，甚至是怀疑。这种做法直接导致实践中自律机构有名无实，自律管理形同虚设。西方的证券交易所创始之初都是会员自发组建的产物，会员有让交易所实施自律管理的现实需要，因而也有动力推动交易所自律职能的发挥。我国的交易所是地方政府推动、中央政府批准的一个改革"试点"，是中央政府和地方政府为实现公共利益而组建的证券交易机构，它在任何意义上都不是会员发动的

---

① 为行文方便，如无特别说明，下文"交易所"主要以上海证券交易所为例。

非官方产物。① 在政府的推动下,中国证券交易所的成立表现为一个自上而下的过程,政府官员从一开始就深入其中,并在交易所建设过程中发挥着领导、组织、实施的全方位作用。由于国家对证券交易准入的限制,才产生了交易所的会员,而不是相反由会员组织了交易所。② 可以说,正是交易所这种与众不同的诞生过程,从根本上注定了我国交易所自律之路的艰难。

(一)证券交易所的身份界定

上海证券交易所最初申请的是企业法人营业执照,1998 年 3 月变更为国有企业法人,2003 年又变更为事业单位法人;深圳证券交易所最初办理的也是企业法人营业执照,1999 年底变更为事业单位法人。现行的《证券法》也删除了"事业单位法人"的表述。两家交易所在企业法人和事业单位法人之间徘徊不定,正说明了交易所性质不清。③ 据方流芳先生的考证,"事业单位"一词,在一定程度上是官办传统和计划经济的结合;"事业单位法人"一词则是在计划经济向市场经济转变的过程中,把本地术语"事业单位"和进口术语"法人"拼凑在一起而已。事业单位可以是地道的行政机关,可以是强制执法机关,可以是控股公司,可以是提供专业服务的私立机构等。把交易所说成是事业单位并没有提供任何有助于说明它的真实性的信息。④ 根据《证券法》第 102 条规定,证券交易所是为证券集中交易提供场所和设施,组织和监督证券交易,实行自律管理的法人。按照《证券交易所管理办法》的规定,证券交易所是不以营利为目的的法人。不以营利为目的说明该法人不是企业法人,自律管理的特征似乎更符合社会团体法人的要求。但如果从证券交易所的人事管理和运作规则来看,与社会团体的本质要求也不吻合。《证券法》虽然删除了"事业单位法人"的表述,但证券

① 方流芳:《证券交易所的法律地位——反思"与国际惯例接轨"》,《政法论坛》2007 年第 1 期。

② 吴卓:《证券交易所组织形态和法人治理》,东方出版中心 2006 年版,第 183—184 页。

③ 谢增益:《公司制证券交易所的利益冲突》,社会科学文献出版社 2007 年版,第 241 页。

④ 方流芳:《证券交易所的法律地位——反思"与国际惯例接轨"》,《政法论坛》2007 年第 1 期。

交易所的很多方面的确仍有着事业单位的影子。所以,关于我国证券交易所的身份的确令人费解。

姑且不论交易所是否是事业单位法人,交易所是否是会员制就颇具争议。

首先,交易所并没有明确将会员缴纳的会员费或席位费计为资本。历史上,交易所曾经按债务、会员按债权对席位费登记入账,后来证券交易所的资产负债表上又专门设置了"会员权益"科目,其中包括席位基金、资本公积和盈余公积。但在会员公司方面,席位费只能列作长期待摊费用,而不能记入长期投资。① 我国交易所历经十几年的发展已经积累了巨额的资产,②虽然,根据《证券法》规定,交易所积累归会员所有。但是正如方流芳先生指出的,我国交易所的积累来源于政府特许的独占权,与会员有无出资或出资多少无关。与政府特许的独占权相比,任何资金投入都是微不足道的。如果有一天真的按照《证券法》将交易所的积累分配给会员,那将是一个无法纠正的历史误会。③

其次,我国交易所的运作方式也不符合会员制的要求。按照会员制的运作逻辑,会员大会应是最高的权力机关,由其选举决策机关——理事会,理事会再聘任经理负责日常运营。而现实中,交易所会员大会自1999年以来未开过一次。④理事会理事由会员理事和非会员理事组成,既然长期不开会员大会,会员也就无法选举会员理事,原会员理事长期任职。对于非会员理事,由证监会委派,人数占全体理事的1/3到1/2,理事长、副理事长都由证监会提名,这样的理事会构成还有何会员意志可言? 总经理、副总经理都

---

① 吴卓:《证券交易所组织形态和法人治理》,东方出版中心2006年版,第252—253页。

② 按照沪深交易所的交易经手费比例计算,从交易所设立至2012年7月,两家交易所佣金获取额就超过了700亿元。另外还有上市公司的上市初费(每家3万元)和上市月费;会员(证券公司)的席位费(每个60万元)、席位管理费等。陈旭、张勇、巢新蕊:《传沪深交易所启动股份制改革年内或将完成》,《经济观察报》2012年7月30日。

③ 方流芳:《证券交易所的法律地位——反思"与国际惯例接轨"》,《政法论坛》2007年第1期。

④ 卢文道:《证券交易所自律管理论》,北京大学出版社2008年版,第168页;另据笔者网上查询,截至2013年9月份,未发现关于交易所会员大会召开的报道。

由证监会直接任命。实践中,总经理助理也由证监会任命。交易所的人事及财务部门负责人的任免需报证监会批准,其中中层干部任免报证监会备案。这种模式的交易所已完全背离了会员制运作的初衷,与"会员制"的主旨显然不符。

综上,"交易所不是一个民法意义上的法人,更不是一个会员制社团,而是政府创设、政府管理之下的一个承担证券市场组织、营运职能的公权力机构。"①

（二）交易所的自律权力限制

交易所自律管理的权力主要表现在四方面:对会员的监管、对上市公司的监管、对交易的监管以及对证券交易纠纷的处理。

其一,对会员的监管。《证券交易所管理办法》虽然规定了交易所对会员的自营业务和经纪业务管理的权力,但又设置了诸多限制②。自律管理最初含义就是会员自己管理自己,如果在会员管理方面都没有较大的自主权,不能不说此时的自律已经异化了。

其二,对上市公司的监管。对上市公司的监管主要体现在两方面:一是上市标准的制定权;二是上市的决定权。前者就是通常所说的交易所制定上市规则的权力,虽然这是一项交易所固有的权力,但随着政府监管的加强,该权力逐步受到政府的控制。例如在美国,1975年《证券交易法》修正案就赋予了SEC对自律规则批准的权力,SEC还可以在必要时对自律规则进行增加、删除、废除等修改。我国的交易所上市规则亦需要证监会的批准。但如果据此得出结论,中美两国交易所制定规则的权力都同样受到限制,那就错误了。在美国,虽然赋予SEC如此强大的权力,但上市规则制定的主动权仍然在交易所手里,交易所可以根据本所的情况,调整相应规则。SEC的审批主要从是否有利于投资者保护和是否损害市场公平、公开、公正

① 方流芳:《证券交易所的法律地位——反思"与国际惯例接轨"》,《政法论坛》2007年第1期。
② 例如《证券交易所管理办法》第43条:证券交易所必须限定交易席位数量。证券交易所设立普通席位以外席位应当报证监会批准。证券交易所调整普通席位和普通席位以外其他席位数量应当事先报证监会批准。

的角度,而不是代替交易所制定上市规则。这也从另一个方面说明美国为什么会存在多个交易所了。即使SEC意图提出修改意见,也不是强制性地要求交易所单方面接受,而是充分尊重交易所的权利,允许其提出不同看法,进行辩解。例如在废除固定佣金率问题上,SEC本可以直接对交易所有关规则进行修改,但是SEC并没有这么做,而是通过多次的听证会,让交易所充分发表意见,提出维护固定制佣金的理由,真理越辩越明,最终交易所不得不接受浮动佣金率。反观我国,两个交易所主板的上市规则基本相同,如果不是在证监会统一协调甚至主持下,这样相似的局面可能很难形成。交易所在这种情形下,事实上也基本丧失了主动权,往往是被动地接受安排。甚至说交易所是以自己的名义颁布证监会制定的规则也不为过。关于上市决定权,交易所从未享有。按照我国证券上市的实践,拟上市公司通过证监会发审委审核后,由证监会统一安排到哪家交易所上市,无论是交易所还是拟上市公司都没有决定权,只能被动地接受。所谓签署上市协议,更多是程序性的和形式上的,没有什么实质内涵。实践中,从未发生过已经通过发审委审核,但交易所拒绝接受上市的事例。

其三,对交易的监管。对交易进行实时监控是交易所的基本职责,是保障交易有序进行,维护市场信心的重要举措。因此,各交易所无不重视对交易监控系统的升级改造,及时发现违法行为,维护市场的公正与效率。在这方面,我国交易所取得了一定的成绩,如上海交易所就制定了《会员客户证券交易行为管理实施细则》和《证券异常交易实时监控指引》,较详细地规范了交易行为。但也存在监管措施有限、监管力度不够的问题。例如,当交易所发现证券价格出现异常波动或者证券交易出现异常的,有权采取盘中临时停牌、书面警示、限制相关证券账户交易等措施。实践中,许多违规交易(内幕交易或市场操纵等)都有证券公司操盘手的参与,交易所对这些从业人员可以施加罚款、禁止一定期限交易资格或终身禁入的处罚,对相关证券公司处以罚款等处罚。如果仅仅停留在停牌、限制账户交易等措施,交易所的交易监管的优势并不能充分发挥,也不能有效制止违规行为。实践中,对内幕交易、市场操纵的查处都由证监会负责,但证监会有限的人力、物力往往面对查处时力不从心。如果赋予交易所更多的权力,则交易监管的效果必将更为理想。可以考虑将涉及证券公司、证券投资基金等机构投资者的违规交易查处工作交由交易所负责,其他市场主体的违规行为由证监会负责。否则,交易所的交易监管缺乏独立性,难以充分发挥"一线监管者"的角色。正如有学者评论的,交易所的交易监管"总的说来,仍停留在为政府主管机关服务的层面上,并没有发展成为提高市场质量、巩固投资信心的重要环节"①。近期发生的光大证券"乌龙指"事件,凸显了上海证券交易所在处置突发事件时的不足,这与长期以来交易所交易监管方面制度建设方面的缺失,尤其是欠缺处置有关紧急事态的能力有关。②

其四,交易所纠纷解决机制的缺失。证券交易过程中,会员之间、会员与客户之间、会员、上市公司、投资者与交易所之间难免发生纠纷,作为自律机构为此种纠纷提供解决机制也是自律管理的应有内涵。历史上看,纽约证券交易所很早就建立了证券纠纷仲裁解决机制。我国两大交易所至今未建立类似机构,导致相关纠纷不能通过自律机构解决,既影响了纠纷解决的效率,也损害了自律的权威。事实上,交易所完全可以利用自己的专业优势,借鉴其他交易所的做法,建立纠纷解决机构,为证券纠纷提供一条高效、便捷的解决途径。

二、证券业协会自律的现状

中国证券业协会的成立带有一定的自发性。1988 年初,当时的上海八个证券交易柜台联合组织的"周六碰头会",可以视为上海自律性协会的雏形。1990 年成立的深圳证券商联席会议可以视为深圳自律性协会的雏形。1991 年 8 月,经中国人民银行批准,中国证券业协会成立。协会采取会员制,会员分为团体会员与个人会员。协会组织结构分为会员大会、理事会和

---

①　吴卓:《证券交易所组织形态和法人治理》,东方出版中心 2006 年版,第 227 页。

②　上海证券交易所新闻发言人就此答记者问时也承认,市场存在要求交易所及时公告以减少信息不对称的巨大需求。如何顺应市场呼声,建立交易所直接在盘中对异常交易和大幅波动的提示性公告制度,建立相对明确的信息公告标准和程序,以避免误判、误导和有失公允,是摆在我们面前的极富挑战性的重要课题。上交所:《光大证券乌龙指属错量型交易　无必要做特别公告》,2013 年 8 月 20 日,见 http://finance. sina. com. cn/stock/t/20130825/155316554930.html。

监事会,其中,会员大会是最高权力机构,理事会是决策机构,监事会是监督机构。在《证券法》颁布之前,由于协会缺乏明确的法律地位,因而其工作主要是证券知识的普及宣传,没有系统的自律管理目标和方式,缺乏深层次的自律管理。直到1999年《证券法》颁布,协会才明确将自律作为首要任务。① 根据最新的《中国证券业协会章程》(2011年版),协会的主要职责是:(1)会员服务与管理,包括为会员提供信息服务,制定会员业务规范,组织会员培训,组织开展会员评级工作,对违规会员进行纪律处分等;(2)从业人员资格管理,负责证券业从业人员资格考试、认定和执业注册管理,负责组织证券公司高级管理人员资质测试和保荐代表人胜任能力考试;(3)提供纠纷解决机制,对会员之间、会员与客户之间发生的证券业务纠纷进行调解;(4)国际合作与交流。《章程》规定,经中国证监会批准设立的证券公司应当在设立后加入协会,成为法定会员。依法设立并经中国证监会许可从事与证券有关业务的证券投资咨询机构、金融资产管理公司、财务顾问机构、资信评级机构等证券经营或服务机构,在获取业务许可后可以申请加入协会,成为普通会员。证券交易所、金融期货交易所,从事证券业务的律师事务所、会计师事务所及其他中介机构等可以申请成为协会的特别会员。截至2011年6月,协会共有会员239家,其中,证券公司107家,证券投资咨询公司86家,金融资产管理公司2家,资信评估机构5家,特别会员39家(其中地方证券业协会36家,证券交易所2家,证券登记结算公司1家)。②

与中国同期其他行业协会一样,证券业协会也打上了深刻的时代烙印,如对政府依附性强,自主性较弱等。具体而言,证券业协会具有如下特征:

1.证券业协会的独立性不足。独立性不足体现为协会的主要领导受制于证监会提名。根据《章程》第42条的规定,协会设专职会长一名,专职副会长和兼职副会长若干名。会长、专职副会长由中国证监会提名,兼职副会长从会员理事中遴选,由理事会选举产生。专职会长、专职副会长每届任期四年,连任不超过两届。因特殊情况需要延长任期的,须经会员大会三分之

---

① 陈野华等:《证券业自律管理理论与中国的实践》,中国金融出版社2006年版,第87页。

② 《中国证券业协会简介》,2013年8月20日,见 http://www.sac.net.cn/ljxh/xhjj/html。

二以上会员表决通过,报中国证监会审查并经民政部批准同意后方可任职。第43条规定,协会根据需要设秘书长一名、副秘书长若干名。秘书长、副秘书长协助会长、副会长工作。秘书长、副秘书长由中国证监会推荐。秘书长连任不超过两届。实践中,会长、专职副会长往往兼任证监会领导职务或从证监会系统转任。① 这样,协会的主要领导的人事任免权基本掌握在证监会手里,协会与其说是一个独立的自律机构,不如说是证监会的附属机构。虽然,会长兼任证监会领导从某些方面来说有利于推动证券业协会工作开展,但同时也会使得协会丧失了独立的人事权,很容易成为证监会的下属部门,而不是作为独立的自律机构出现。从证监会系统转任事实上可能成为证监会安排"富余"人员的一种过渡。从长远来看,这些都是不利于协会自律职能实现的。

2.协会并未形成特有的自律监管体系,其自律职能更多的是来自于政府的让权。2002年证监会发布《关于赋予中国证券业协会部分职责的决定》,赋予证券业协会如下职责:(1)受理证券经营机构作为主承销商从事股票承销业务报送的备案材料;(2)制定行业自律规则,规范证券公司股票承销业务竞争行为;(3)监督证券公司、证券投资基金管理公司、证券投资咨询机构等会员依法履行公告义务;(4)负责证券从业人员资格的考试、认定和执业注册;(5)制定证券从业人员职业道德操守准则和行为规范,对证券从业人员实行自律管理;(6)强化信息技术应用委员会的职能,明确其职责,做好证券信息技术的交流和培训工作;(7)负责与证券公司相关的行业公共标准的起草与维护工作,但涉及证券交易、证券登记结算等行业标准,应当由证券交易所、证券登记结算机构制定;(8)制定有关证券公司为包括退市公司在内的非上市公司股份转让提供服务的规则,监督管理证券公司代办

① 现任会长陈共炎此前多年在中国证监会任职。据笔者统计,现任14名副会长(含监事长、秘书长)中,有11名是由各大证券公司主要领导兼任,其余3名副会长都由证监会系统领导转任。在协会的实际运作中,可以预见,兼任副会长多为挂名,不太可能有时间和精力参与其中。那么,事实上就由来自证监会系统的人士负责协会的运作。其中,有的副会长还很年轻,不排除只是过渡,将来有机会到证监会系统担任更高职务。这种组织结构能否代表会员利益,是很有疑问的。

股份转让的业务活动;(9)依法对会员、从业人员违法、违规的行为进行调查和处分。此后证券业协会还获得了诸如证券业从业人员资格考试、保荐人资格考试等资格认定工作。至此,证券业协会才获得了广泛的职权。笔者认为,这种依靠让权的方式获取自身发展的思路是不可取的,既然能让权,如何保证不收权? 协会的发展还得靠自己探索一套完善的自律体系,协会完全可以根据与会员间的协议制定自律规则,主动承担自律管理的职责,靠自己的管理效果取得政府的认可,而不是依赖政府的施舍。例如在会员风险管理、会员纠纷解决、会员信息服务等方面可以尝试建立相应制度,逐步完善。

3.证券业协会主动性不足,仰赖证监会交办案件。

证券业协会由于与证监会"理不断"的关系,使得其日常运作中表现出浓厚的机关化色彩。证券业协会与会员等市场主体的联系被淡化,监管机构的监管力量取代了会员大会的权力。人们很难看到协会自律管理的影子,甚至有人戏称之为"第二证监会"。机关化的协会变得更加保守,丧失为会员服务的主动和热情,行动迟缓,缺乏创新。协会充其量在会员受到权益侵害时发挥协调者的角色,它是很难积极捍卫会员权益的。于是,会员事实上难以充分信任协会,更多时把协会作为"联谊会所"。证券业协会自律性社团的定位只能是停留在"纸面上"了。

另外,据了解实务中,协会所处理的纪律处分案件,相当一部分来自于证监会的交办,而非协会本身依章程或自律规则主动进行。当然,证监会将情节轻微尚不违反法律法规的案件交由协会处理,无可厚非。但是如果将违法的案件,仍交由协会处理,则值得商榷。主管机关考虑到证券商的不法交易曝光后,负面的舆论可能影响投资者的市场信心,因而可以降低案件处理层级。但大事化小的结果,恐怕会使阻却不法的效果大减。主管机关与协会在处理案件的方式及惩罚种类上有着较大的不同,如果习惯性的交办案件,只会养成协会仰赖主管机关为其耳目,更会误导协会,使其以为当主管机关未交办案件时,便代表着未有证券商违规的情事。①

---

① 杨光华:《期货市场自律功能——以规章制度为探讨中心》,《证券市场发展季刊》1996 年第 2 期。

4.行业自律惩罚权力有限。

根据《中国证券业协会自律管理措施和纪律处分实施办法》(2012 年 8 月 13 日发布)第十七条规定,对会员及其他作为自律管理对象的机构实施的纪律处分包括:(一)行业内通报批评;(二)公开谴责;(三)暂停或者取消协会授予的业务资格;(四)暂停部分会员权利;(五)取消会员资格。从上述规定分析,证券业协会拥有了传统协会部分惩罚权力,但却没有规定经济罚——罚款。罚款是行业协会约束会员行为的重要惩罚措施,各类行业协会都拥有此项权力。如 NASD 就经常运用罚款的权力①。我们也常见到足协、篮协及其他体育协会对违规球队、球员进行罚款。罚款应被看做成员对章程的认同而通过权利的让渡赋予协会的一项处罚性权利。当然,协会对违规者的处罚数额不宜过高以至没收了会员的全部财产,剥夺了违规者的基本财产权。② 实践中,罚款的权力似乎是归证监会专有,证监会时常对违规者开出巨额罚单。③ 但是,协会的罚款不同于行政罚款,因为"行政机关的罚款必须上缴国库,成为国有财产,而商会、行业协会的罚款则变成互益性法人的财产,继续用于法人章程所规定的目的。"④如果将部分罚款的权力归为协会,如对尚未违反法律、法规但违反协会章程及其他自律规则的行为由协会处罚,既可以弥补协会财政上的不足,又可以树立协会的权威。当然,为防止协会滥用罚款权力,应当完善救济机制,通过内部复核、行政复议、仲裁以及诉讼的方式切实保障被处罚人的权利。

另外,协会对从业人员的处罚种类较少,处罚措施较轻。应当有取消或限制其在会员单位从业(如终身禁入或一定期限禁入)的处罚,以及增加罚款的措施。这样既不违反其自律管理的权限(通过限制会员单位达到限制个人的目的),又能真正起到约束从业人员行为规范的目的。

---

① 2004 年,NASD 以对高收益企业债券投资者多收费为由对花旗、高盛等投行共计罚款 2000 万美元。同年,对摩根士丹利处于 220 万美元的罚款,因该公司未能及时向监管部门更新其经纪人信息。类似罚款在业界非常常见。

② 鲁篱:《行业协会经济自治权研究》,法律出版社 2003 年版,第 200 页。

③ 如证监会就曾对浙江证券开出 5.03 亿罚单。

④ 陈晓军:《互益性法人法律制度研究——以商会、行业协会为中心》,法律出版社 2007 年版,第 124 页。

实践中,协会很少行使上述惩罚性权力。根据证券业协会2011年的报告,截至2010年年底,协会诚信信息系统共记录了1545人的投诉、处分、处罚类诚信信息①,但是,笔者在协会网站上并未查询到该信息系统,关于处分、处罚类信息也只能搜索到很少的几条。不知道是的确处分、处罚类案件就这么少,还是另有其他考虑,选择性的进行公布。如果是前者,显然令人难以置信,从这几年证券市场爆发的违规案件数量看,协会绝非无用武之地,仅仅处罚几例,协会工作的积极性和效率令人疑虑。如果是后者,显然违背了处罚结果公开的基本法治原则,其处罚的程序正当性也会令人质疑。所以,笔者建议协会应通过网站公开其诚信系统中的处分和处罚信息,这不仅有利于对处分和处罚过程和结论合法性的监督,也会起到很好的警示作用,有利于证券市场其他主体引以为戒,减少类似违规行为的发生。

5.协会没有提供证券仲裁平台。

长期以来,协会没有提供证券纠纷解决平台,大量证券纠纷只能依靠行政途径或司法途径解决。但正如现任证券业协会会长陈共炎指出的,"证券行业的特殊性和业务的专业性决定了证券业务纠纷通过法律诉讼等方式难以达到预期目的,由此给监管部门带来了巨大的投诉处理压力"②。协会作为专业性的自律管理机构的优势没有体现,其自律管理的必要性和有效性很难得到市场的认可。令人欣慰的是,协会2012年2月成立证券纠纷调解中心,并于2012年陆续制定了《中国证券业协会证券纠纷调解规则》(试行)、《中国证券业协会调解员管理办法》(试行)、《中国证券业协会证券纠纷调解工作管理办法》(试行)等文件,填补了证券调解的空白,规范了证券调解工作,是近年来证券业协会自律纠纷解决机制建设的重要成果。但是,《中国证券业协会会员管理办法》、《证券业协会章程》及其他文件却未规定纠纷解决的另一种解决方式——仲裁,这不能不说是一大遗憾。仲裁作为纠纷解决方式在证券市场发达国家已非常流行。作为自律机构的证券业协

① 《不断健全证券行业自律管理体系》,2013年8月20日,见 http://www.sac.net.cn/ljxh/xhgzdt/201106/t20110617_22818.html。

② 陈共炎:《稳步推进证券业务纠纷调解》,2013年8月20日,见 http://money.163.com/12/0612/09/83PNLNQ800253B0H.all.html。

会理应在仲裁环节发挥优势,为纠纷当事人提供高效、便捷的解决渠道。仲裁有着调解不可代替的优势,仲裁裁决有着判决的执行力,而证券调解协议却不当然具有。调解协议自愿达成后,在当事人间具有约束力,但却不具有强制执行力。虽然当事人可以参照《人民调解法》的规定,共同向法院申请进行司法确认,但若一方反悔或不配合,就难以完成确认程序,仍然需要走诉讼程序。这无疑损害了证券调解的权威性,也会增加当事人的诉讼成本,因而实践中不易得到当事人的认同。

第二节　我国证券市场自律的完善

一、树立自律优位理念

尽管关于自律的地位和功能还存在不同看法,但就我国证券市场发展的实践来看,不是要探讨要不要自律的问题,而是如何加强自律的问题。目前我国证券市场监管的权力过于集中于证监会,自律组织缺乏独立的地位,二者之间是领导与被领导的关系,而不是监管与被监管的关系。自律组织缺乏独立运行的机制与土壤,也使得真正的自律成为不可能。证监会领导也认识到自律的重要性,多次提出加强自律的作用。前证监会主席周小川指出,"在世界各地,无论成熟市场,还是新兴市场,行业自律伴随着证券市场的发展,是市场机制作用的重要表现形式。在新兴市场,往往是政府主导市场发展,承担培育和监管市场的多重职能,市场机制发育不全;自律组织作用弱小,创新不足,缺乏活力,许多本应由自律组织承担的职能实际由政府代行。因而强化自律组织职能,发挥其在行业自律和市场发展中的作用,越来越成为新兴市场政府监管部门面对的重要课题。"①但重视自律、发挥自律的作用不能仅仅停留在主管领导的讲话,更重要的是从制度建设上进行保障。制度存在了,自律的基础才能夯实,自律理念和精神才能深入人心。当前主要的工作就是从组织结构上保障自律机构的独立性,改变证监

---

① 周小川:《证券业自律机构要承担更多的监管性职能》,2013 年 8 月 20 日,见 http://www.chinanews.com/2002-07-03/26/200154.html。

会过多干预的情况。在交易所方面,应当恢复会员大会——理事会——经理的组织结构与选举聘任体系,改变证监会任命交易所经理的状况。借鉴其他国家经验,理事会应当由一定比例的独立理事,但这部分独立理事应由交易所独立的机构聘任,而不应再由证监会委派。所谓独立理事应当代表社会公众的利益,与政府机关、交易所、会员等机构没有利害关系,证监会委派的理事不等于是独立理事,不必然代表公共利益,相反很可能是政府机构的利益代表者。政府利益显然不能等同于公共利益。有关独立理事的规则应由交易所制定,报证监会批准,证监会可以通过审批环节控制理事资格的独立性。对于证券业协会而言,证监会也要还权于协会,由协会自主决定组织机构及人员安排,其理事会也应有一定比例的独立理事。或许,从短期来看,这种组织结构上的改变,减少了与证监会的利害关系,在中国这样一个关系社会里,似乎不利于自律组织工作的顺利开展。但长远来看,这是自律组织真正实现自律必须要经历的阵痛,只有切断证监会与自律组织人事上的密切联系,才能确保自律组织人格的独立。

二、完善纪律惩罚措施和纪律处罚程序

为更有效地实现自律监管职能,应赋予自律组织更多的纪律惩罚措施,如罚款、限制或取消在会员单位任职的资格等。同时,应进一步完善纪律处罚程序,通过程序公正实现实体正义。这几年交易所在纪律处罚程序上进行了规范,制定了系列文件,例如上海证券交易所就制定了《上海证券交易所纪律处分和监管措施实施办法》、《上海证券交易所复核制度暂行规定》,深圳证券交易所制定了《深圳证券交易所自律监管措施和纪律处分措施实施细则》(试行)和《深圳证券交易所纪律处分程序细则》。上述规则对纪律处分委员会的构成、纪律处分程序、复核程序等进行了规定,使得纪律处分程序具有了一定程度的透明性和公开性。例如深交所在纪律处分方面推行了查审分离,对于违规行为的调查和做出纪律处分的机构是分开的两个部门。业务部门负责调查,法律部以及纪律处分委员会负责纪律处分决定的做出。交易所还设立了上诉复核委员会,主要是对于交易所的处理决定不服的,可以向委员会提起复核。这些措施都是为了更好地体现公平性,给相

关的监管对象更好的救济渠道。截至 2009 年 11 月 30 日,深圳证券交易所处分委员会成立以来 27 次对 89 家进行了处分。①

当然,也有需要完善的地方。例如《上海证券交易所纪律处分和监管措施实施办法》(上证法字[2013]4 号)第 44 条规定,参加审核会议的委员认为有必要的,可以要求纪律处分工作小组通知被监管对象,到会陈述意见、接受询问。该条就存在一定的问题,"认为有必要"显然存在很大的随意性,应当进一步细化。例如对可能处以罚款、取消会员交易权限、取消会员资格等较重的处分必须通知当事人到场,被监管对象可以选择放弃该项权利。另外,被监管对象是否有权利聘请律师到场应予明确规定。纪律处分委员会的人员组成也需要完善,是否需要建立所外人员专家库,每次纪律处分审议会是否需要一名所外人员等都值得研究。被处罚人对纪律处罚结果不满,可以按照交易所规则的规定申请复核。问题是如果仍对复核结果不服,是否还有其他救济渠道? 目前尚无规定。深圳证券交易所法律部总监彭文革先生认为,交易所的自律监管的措施和纪律处分措施具有可诉性,但法院在司法审查的时候,要注意内部救济用尽原则,到法院起诉,首先要到交易所申请复核,审查的内容是程序性和合法性,对于是否合规合理,法院不适于直接介入,应该交给自律监管机构去做。彭冰教授指出,在自律规则的制定上,公共参与的程度不够。理论上讲,既然是一个自律性的规则,应该让被规则影响的人更多的在这里发表意见,应该有一个公共的更公开透明的规则制定程序。只有在这样的规则制定程序下,我们才能说司法对你的审查是合法性的审查,而不是一个合理性的审查。② 笔者认为,可以借鉴美国的做法,如被处罚人对处罚结果不服,应当先向证监会申请行政复议,如果对复议结果不服,仍可以向法院提起诉讼。但被处罚人不能越过行政救济直接向法院提起诉讼,是所谓行政救济穷尽原则。如此,既可以最大程度的保障被处罚人的权利,也尊重了证监会的行政权,既捍卫了司法审查

---

① 《论金融司法的稳定与创新(上)》,2013 年 8 月 20 日,见 http://www.civillaw.com.cn/article/default.asp? id=48673。

② 《论金融司法的稳定与创新(上)》,2013 年 8 月 20 日,见 http://www.civillaw.com.cn/article/default.asp? id=48673。

的最终地位,也有利于减轻法院的压力。当然,为了防止无休止的拖延,应通过立法明确行政救济的时限。

三、有效整合交易所之间以及交易所与证券业协会自律监管

在我国,两个交易所的会员基本相同,这些会员同时又是证券业协会的会员,这就使得同一会员可能面临三个"管家"的重复性监管。交易所会员监管的重复往往不是纯粹交易上的,交易监管都是基于自己市场的需要,一般不会发生冲突。重复性主要体现在对会员财务控制、风险控制等方面的监管上。如果这些监管职能剥离,交易所可集中精力于自己市场的交易监管。同时,交易所和证券业协会自律监管在会员监管方面存在一定的重合,交易所的会员基本上都是证券业协会的会员,两个机构从各自兼管的需要出发,制定了大量会员监管规则,难免有一些重复性规定,给会员带来了不必要的负担。今后,应当考虑二者间的适当分工。交易所应集中于交易监管,其他关于会员监管方面的规则,如资本充足率、财务风险控制、例行检查等监管应由证券业协会负责,或者由证券业协会主导,交易所派员参与。这样可以在分工合作的基础上提高监管的效率。当然,这种分工不是绝对的,有时很难将交易监管与会员监管的其他方面区分开。如果不能有效合作,这种分工可能成为相互扯皮,反而无助于迅速及时发现问题、解决问题。问题的关键是应建立信息沟通交流平台,互通有无,通过交易监管发现的问题加强对会员的监管,通过对会员的监管遏制违规交易的发展。

在自律纠纷解决机制上,目前交易所没有建立专门的仲裁或调解平台,证券业协会虽建立了证券纠纷调解机制,但证券仲裁制度却付之阙如。自律纠纷解决机制的缺失是自律功能不完整的体现,应当予以完善。我国可以考虑在交易所或证券业协会分别建立仲裁机构的做法,但考虑到证券纠纷多发生在投资者与证券公司之间,证券公司相互之间的现实,以及考虑到交易所交易监管的侧重,甚至未来交易所非互助化的可能性,笔者建议,由证券业协会主导负责组建自律仲裁机构,提供解决纠纷的平台。证券业协会组建的仲裁机构可以仿效中国国际贸易仲裁委员会的做法,在北京设立总会,在上海、深圳设立分会,以方便当事人仲裁。当然,对于投资者与上市

公司之间的纠纷,应根据事后协议由当事人自主选择证券自律仲裁或其他社会仲裁机构仲裁,不应当限制。由仲裁业协会主导组建自律仲裁机构的另一个原因是收入上的考虑。虽然,证券业协会依靠会费,尤其是组织证券从业资格考试,有一定的经费保障,但相较于交易所还是有较大差距。仲裁可以在一定程度上拓宽收入渠道,为协会发挥更大的角色提供支持。对于证券调解,应在既有的证券业协会证券调解平台上,参照前述证券仲裁的设置思路完善。同时,通过立法的形式明确赋予调解协议一定的效力,尤其是对于不同主体之间(投资者与会员间、会员与会员间)的调解效力认定上应有所区别,体现对投资者的倾向性保护。

四、确立自律组织民事责任有限豁免制度

赋予自律组织民事责任豁免制度具有现实的合理性。最高人民法院《关于对与证券交易所监管职能相关的诉讼案件管辖与受理问题的规定》指出,投资者对证券交易所履行监管职责过程中对证券发行人及其相关人员、证券交易所会员及其相关人员、证券上市和交易活动做出的不直接涉及投资者利益的行为提起的诉讼,人民法院不予受理。例如交易所对上市公司做出终止上市决定,如果股民主张交易所赔偿因公司退市给自己造成的损失,就属于间接涉及投资者利益,法院不会受理。近年来,因交易所行使自律职权引发的诉讼有十余起之多,较早的一起是国泰证券公司沈阳分公司诉上交所案件。[①] 此后,因327国债期货交易、PT水仙退市、虹桥机场转债、亚星未及时支付转赠股份等事件陆续发生诉讼。总之,这一时期的特点

---

　① 　基本案情是:原告国泰证券公司沈阳分公司1995年8月19日因327国债期货事件起诉辽宁国发(集团)股份有限公司(简称"辽国发"),要求其赔偿损失,同年9月14日、18日又以上交所和登记公司擅自转移、变卖"辽国发"名下归原告所有的股票为由,将上交所和登记公司追加为第三人,要求上交所和登记公司承担连带责任,并申请法院冻结了上交所资金2亿元。辽宁高院一审认为"辽国发"名下股票所有权已转移给原告,登记公司侵犯了原告财产所有权,上交所规则不完善、监管不严,故判决登记公司承担给付责任、上交所对登记公司承担连带清偿责任;最高人民法院2001年11月终审认为原告未取得"辽国发"名下股票的所有权和质权,登记公司的处分行为是否违法及上交所应否承担责任不属本案的受理范围,故撤销原判中要求登记公司承担给付责任、上交所对登记公司承担连带清偿责任的内容。

是:一是诉讼中的原告主要是个人投资者。上述案件原告除了原国泰证券公司沈阳分公司、原江西证券公司、青岛万国宝通投资公司属于机构外,其余的都是个人投资者;二是案件类型包括民事诉讼和行政诉讼。"PT 水仙"案和"ST 生态"案属于行政案件,其余案件属于民事案件;三是诉讼均涉及上交所行使法定职权的市场监管、服务活动。与上述诉讼相关的 327 国债事件、虹桥机场转债事件、"PT 水仙"退市、"ST 生态"退市、青岛澳柯玛股份公司信息披露、对上市公司流通股由原来的分散保管转为统一托管以及对上市公司予以"＊ST"风险揭示等,上交所在其中承担着重要的监管职责与服务功能,具有典型性;四是原告上诉现象突出。除了吴某某诉上交所虹桥机场转债案一审终结外,其余已结案件都经过了一审和二审;五是原告针对上交所的诉讼请求无一例外均被驳回;六是为处理上述诉讼事宜,上交所投入了大量人力、物力,这在一定程度上牵制和影响了上交所一线监管的决策与实施。[1] 实践中,针对深交所也发生了多起诉讼。正是基于这样的背景,最高人民法院出台了上述司法解释,明确了管辖法院与受案标准。该司法解释肯定了证券交易所的可诉性,主要目的在于解决涉及证券交易所案件的管辖与起诉主体,防止投资者滥诉,其出发点是为了保障交易所的自律监管的有效实施,避免交易所疲于应诉。当然该规定引发了学者的批评,认为不仅"没有直接利害关系"标准难以判断,而且"限制诉权"的做法也违背法治精神。[2]笔者认为,限制诉权的做法无疑有着深层次的现实考虑,但确与法治社会的司法理念不符。而且限制诉权,并不意味着争议的结束。失去了司法救济,当事人很可能选择其他渠道甚至通过上访等要求解决争议,无疑从另一个方面给社会增添了沉重的成本。因此,可以借鉴美国民事责任绝对豁免的思路解决类似纠纷,赋予市场主体起诉权,同时在具体适用上也应对传统的绝对豁免理论进行改革,承认豁免例外的存在,以相对豁免原则代替绝对豁免理论。

---

① 李伟:《最高人民法院关于对与证券交易所监管职能相关的诉讼案件管辖与受理问题的规定的理解与适用》,2009 年 8 月 15 日,见 http://www.falvm.com.cn/falvm/app/book/f_extractchapter.jsp? TID=20080512145904828701288。

② 卢文道:《证券交易所自律管理论》,北京大学出版社 2008 年版,第 185 页。

五、我国交易所非互助化的思考

我国上海证券交易所和深圳证券交易所都是会员制结构,至今尚未进行非互助化。但在证券市场全球化和世界经济一体化大背景下,在交易所国际竞争的压力下,我国交易所进行非互助化改革是必然选择。更有人指出,目前的金融危机为我国交易所改制提供了难得的良机。[①]

目前我国交易所公司制改造的最大障碍是如何将交易所的巨额积累转化为股份?按照会员制的逻辑,交易所积累的财产为会员所有,如果将如此巨额积累都分配给会员,显然是政府不愿意也不能够接受的。按照我国交易所运行的现状,没有国家的批准,交易所自己是不可能决定改制的。退一步讲,即使会员同意改制,如果不能妥善处理积累的分配问题,政府也不会批准。解决该问题可以进行如下考虑:首先由会员大会做出改制的决定,在股份折算上会员自愿同意划出一定比例的股份归国家所有,考虑到积累形成的主要原因以及国家对交易所的控制,该股份宜在50%以上。该股份具体持有主体由国资委负责,但不宜由证监会享有,否则会引发证监会既当裁判员又当运动员的利益冲突。其他财产可根据会员贡献大小(如缴纳会费的多少)折算成股份分给会员。经证监会审核后,该方案尚需报国务院批准。

当然,交易所改制是一个复杂的过程,除了股份折算外,还涉及治理结构的安排、自律管理权限的变更、交易所的监管等。因此,认真地研究梳理国外证券交易所非互助化改革的历程,尤其是分析其利益冲突解决的途径,将有助于我国交易所未来非互助化改革的顺利进行,从而推动我国证券市场又好又快地发展。

---

①　民革中央2009年政协提案"关于沪深证券交易所公司制改革的建议",指出现存体制存在以下弊端:(1)交易所性质难以界定。(2)会员权益难以体现,投资者权益缺乏有效保护。(3)交易所自身缺乏市场意识和竞争意识,发展动力不足。(4)难以实现国际合作和提高竞争力。因此建议抓住当前金融危机创造的机遇,通过公司制改革实现交易所的科学运营,提高交易所在全球金融市场上的竞争力。另据笔者掌握的资料,学者也多建议我国交易所应实行非互助化改造。另外,据悉交易所股份制改革已经启动,陈旭、张勇、巢新蕊:《传沪深交易所启动股份制改革,年内或将完成》,《经济观察报》2012年7月30日。

后　记

本书是在我博士后出站报告的基础上修改而成。

我之前的硕士、博士学习一直是计划内连续就读，没有工作和家庭琐事的烦扰，至少学习时间安排上能自己做主，因此能够保持思考的连续性，博士论文的写作过程也未有十分痛苦与煎熬的体会。但博士后出站报告的撰写使我深刻体会到了成家和工作后学习的不易，即使付出再多努力，也时常会为思绪经常被打断而烦恼，难以找到一气呵成的感觉。是故，出站报告留下诸多遗憾，本书的写作意在对此做出弥补。断断续续历时三年的修改，虽然在许多方面进行了补充和完善，但受本人学术功底、实践经验等多方面的限制，仍有不少困惑尚未解开，书中有些地方论证也未能充分。相信这些不足将成为督促我进一步研究的动力，我将时刻警醒自己，不敢懈怠。

证券市场日新月异的变化即是本书写作的巨大动力，同时也带来不小压力。在本书写作过程中，我必须紧跟中外证券市场的发展，收集和掌握最新的案例和动态，它们既为我的研究提供了源源不断的素材，更不断拓展了本书的研究视野，我的写作思路也常常随之调整。这些构成了本书写作的动力。但与此同时，这些变化又给本书写作增加了许多压力，我写作过程中提出的许多设想、观点和建议，往往还没来得及公开"面世"，就被无情的现实世界"打乱"，有的被实践采纳，有的被现实推翻，我已记不清多少次调整写作思路和内容了，甚至已经成稿的几万字的章节也只好忍痛作罢了。尽管如此，当发现文中有些设想已被付诸实践时，我还是会感到无比欣慰，虽然相关章节需要重新修改，我也乐在其中。我想正是广大市场人士的共同努力和推动，才有了证券市场的不断创新和发展，能参与其中，我感到无比荣幸。感谢证券市场。

华东政法大学的金融法学研究一直居于国内前沿，我一直期望有机会到华政进行学术深造，提升自己的学术水平。2007 年我如愿进入到华政博士后流动站进行合作研究，两年多的学习极大开拓了我的学术视野，令我受益匪浅。感谢合作导师吴弘老师的宽容与提携。吴老师对我写作的情况一直很关心，从不同方面给予鼓励和支持。吴老师提出的诸多修改意见令我受益匪浅，也使得本书增色不少。感谢顾功耘教授、徐士英教授、罗培新教授、周洪钧教授、何敏教授、高富平教授、韩长印教授等老师的指导，他们在开题、中期考核、出站报告会等环节给我提出了许多有见地的意见，指导和影响了本书的写作。还要感谢华政博士后管理办公室张贤炯老师给予的关照，张老师工作认真细致，待人热情周到，使我在千里之外也能感受到来自华政的温暖。

感谢我国台湾地区赵相文博士惠赠其博士论文，虽与赵博士素昧平生，但当我冒昧写信提出索要其论文时，赵博士慨然应允，在第一时间迅速寄来论文装订本和其他相关论文资料，并给予我诸多鼓励。同胞情深，令我终身难忘！

感谢学校社科处李洲良处长、文法学院何长文院长、张成山书记、李晓峰副院长、刘灵芝副院长等各位领导一直以来对我的关心和帮助。

感谢人民出版社姜冬红编辑的辛苦付出，姜编辑在本书审稿过程中提出的诸多意见使我避免了不少低级错误，一定程度上保障了本书内容的新颖性。

本书也是我承担的教育部人文社科一般项目"证券自律组织民事责任豁免研究"的成果，感谢教育部项目的评审机制和各位匿名评审专家的支持，使我这样一个在普通高校任职的教师也有机会承担重要课题。项目的获批不仅对我的研究提供了经费支持，更重要的是给予了我莫大的鼓舞与肯定，使我有信心在学术之路上继续前行！

李志君

2013 年 12 月 1 日

主要参考文献

一、著作及译著类

1.卢文道:《证券交易所自律管理理论》,北京大学出版社 2008 年版。

2.卢文道:《判例与原理:证券交易所自律管理司法介入比较研究》,北京大学出版社 2010 年版。

3.谢增益:《公司制证券交易所的利益冲突》,社会科学文献出版社 2007 年版。

4.吴卓:《证券交易所组织形态和法人治理》,东方出版中心 2006 年版。

5.鲁篱:《行业协会经济自治权研究》,法律出版社 2003 年版。

6.李朝晖:《证券市场法律监管比较研究》,人民出版社 2000 年版。

7.郑远民:《现代商人法研究》,法律出版社 2001 年版。

8.梁慧星:《民法解释学》,中国政法大学出版社 1995 年版。

9.郑成良:《法律之内的正义》,法律出版社 2002 年版。

10.姚建宗:《法律与发展研究导论》,吉林大学出版社 1998 年版。

11.张文显:《法哲学范畴研究》,中国政法大学出版社 2001 年版。

12.马长山:《国家、市民社会与法治》,商务印书馆 2002 年版。

13.邓正来:《市民社会理论的研究》,中国政法大学出版社 2002 年版。

14.康晓光:《权力的转移——转型时期中国权力格局的变迁》,浙江人民出版社 1999 年版。

15.方福前:《公共选择理论》,中国人民大学出版社 2000 年版。

16.刘波:《资本市场结构》,复旦大学出版社 1999 年版。

17.于绪刚:《交易所非互助化及其对自律的影响》,北京大学出版社 2001 年版。

18.林建:《大交易场:美国证券市场风云实录》,机械工业出版社 2008 年版。

19.王名扬:《美国行政法》,中国法制出版社 2005 年版。

20.蔡立东:《公司自治论》,北京大学出版社 2006 年版。

21.马其家:《证券纠纷仲裁法律制度研究》,北京大学出版社 2006 年版。

22.陈晓军:《互益性法人法律制度研究——以商会、行业协会为中心》,法律出版社 2007 年版。

23.陈野华等:《证券业自律管理理论与中国的实践》,中国金融出版社 2006 年版。

24.徐明、李明良:《证券市场组织与行为的法律规范》,商务印书馆 2002 年版。

25.张千帆:《西方宪政体系(上册·美国宪法)》,中国政法大学出版社 2004 年版。

26.王锡锌:《行政程序法理念与制度研究》,中国民主法制出版社 2007 年版。

27.吴伟央:《证券交易所自律管理的正当程序研究》,中国法制出版社 2012 年版。

28.孙长永:《沉默权制度研究》,法律出版社 2001 年版。

29.[美]乔尔·赛利格曼:《华尔街变迁史——证券交易委员会及现代公司融资制度的演化进程》,田凤辉译,经济科学出版社 2004 年版。

30.[美]约翰·S·戈登:《伟大的博弈——华尔街金融帝国的崛起》,祈斌译,中信出版社 2005 年版。

31.[英]哈特:《法律的概念》,张文显、郑成良、杜景义、宋金娜译,中国大百科全书出版社 1996 年版。

32.[英]洛克:《政府论》下篇,叶启芳、瞿菊农译,商务印书馆 1964 年版。

33.[法]卢梭:《社会契约论》,何兆武译,商务印书馆 1980 年版。

34.[德]黑格尔:《法哲学原理》,范扬、张企泰译,商务印书馆 1961 年版。

35.[德]哈贝马斯:《公共领域的结构转型》,曹卫东、王晓珏译,学林出版社 1999 年版。

36.[美]哈罗德·J·伯尔曼:《法律与革命——西方法律传统的形成》,贺卫方、高鸿钧、张志铭、夏勇译,中国大百科全书出版社 1993 年版。

37.[美]曼瑟尔·奥尔森:《集体行动的逻辑》,陈郁、郭宇峰、李崇新译,上海三联书店、上海人民出版社 1995 年版。

38.[英]戴维米勒、韦农·波格丹诺:《布莱克维尔政治学百科全书》,邓正来译,中国政法大学出版社 2002 年版。

39.[法]孟德斯鸠:《论法的精神》,张雁深译,商务印书馆 1961 年版。

40.[美]E·博登海默:《法理学:法律哲学与法律方法》,邓正来译,中国政法大学出版社 1999 年版。

41.[英]哈耶克:《自由秩序原理》上卷,邓正来译,生活·读书·新知三联书店 1997 年版。

42.[英]约翰·基恩:《公共生活与晚期资本主义》,马音、刘利圭、丁耀琳译,社会科学文献出版社 1999 年版。

43.[加]布莱恩·R.柴芬斯:《公司法:理论、结构和运作》,林华伟、魏旻译,法律出版社 2001 年版。

44.[日]谷口安平:《程序的争议与诉讼》,王亚新、刘荣军译,中国政法大学出版社 1996 年版。

45.[英]詹姆士·E·米德:《混合经济:明智的激进派政策指南》,欧晓理、罗青译,上海三联书店 1989 年版。

46.[美]罗伯特·H.威布:《自治——美国民主的文化史》,李振广译,商务印书馆 2006 年版。

47.[美]查里斯·R·吉斯特:《华尔街史》,敦哲、金鑫译,经济科学出版社 2004 年版。

48.[意]贝卡里亚:《论犯罪与刑罚》,中国大百科全书出版社 1993 年版。

49.[美]约书亚·德雷斯勒、艾伦·C.迈克尔斯:《美国刑事诉讼法精解》,魏晓娜译,北京大学出版社 2009 年版。

50.[美]波斯纳:《超越法律》,苏力译,中国政法大学出版社 2001 年版。

51.[英]麦考密克:《法律推理与法律理论》,姜峰译,法律出版社 2005 年版。

52.[美]波斯纳:《法理学问题》,苏力译,中国政法大学出版社 2002 年版。

二、编著类

1.吴弘:《证券法教程》,北京大学出版社 2007 年版。

2.尚福林:《证券市场监管体制比较研究》,中国金融出版社 2006 年版。

3.吴晓求:《海外证券市场》,中国人民大学出版社 2002 年版。

4.赵旭东:《公司法学》,高等教育出版社 2003 年版。

5.王保树:《商事法论集》第 2 卷,法律出版社 1997 年版。

6.邓正来、[英]J.C.亚历山大:《国家与市民社会》,中央编译出版社 1999 年版。

7.刘军宁:《市场逻辑与国家观念》,生活·读书·新知三联书店 1995 年版。

8.屠光绍:《证券交易所:现实与挑战》,上海人民出版社 2000 年版。

9.郑振龙:《中国证券发展简史》,经济科学出版社 2000 年版。

10.李学军:《美国刑事诉讼规则》,中国检察出版社 2003 年版。

三、中文论文类

1.王书丽:《1929 年前纽约证券交易所和行业自我约束机制述评》,《历史教学》(高教版)2007 年第 9 期。

2.韩铁:《1929 年股市大崩溃以前的美国证券管制》,《世界历史》2004 年第 6 期。

3.盛学军:《法德英证券监管体制研究——以证券监管主体在近代的变迁为线索》,《西南民族大学学报》2006 年第 5 期。

4.高基生:《德国证券市场行政执法机制研究》,《证券市场导报》2005 年第 4 期。

5.金志霖:《论西欧行会的组织形式和本质特征》,《东北师范大学学报》(哲学社会科学版)2001 年第 5 期。

6.雷勇:《西欧中世纪的城市自治——西方法治传统形成因素的社会学分析》,《现代法学》2006 年第 1 期。

7.陈新权:《金融业的他律、自律》,《新华文摘》2001 年第 12 期。

8.郑江淮、李艳东:《私序的功能与转型——一个文献综述》,《产业经济研究》2007 年第 1 期。

9.吕耀怀:《两种自律观的歧异》,《道德与文明》1996 年第 3 期。

10.沈敏荣:《市场法律与市场自律》,《法学杂志》2000 年第 6 期。

11.桁林:《论自律的法律基础》,《浙江社会科学》2001 年第 9 期。

12.李远书:《论社会自治》,《学习与探索》1994 年第 5 期。

13.张康之:《论新型社会治理模式中的社会自治》,《南京社会科学》2003 年第 9 期。

14.周安平:《社会自治与国家公权》,《法学》2002 年第 10 期。

15.郑成良:《论法治理念与法律思维》,《吉林大学社会科学学报》2000 年第 4 期。

16.何增科:《市民社会概念的历史演变》,《中国社会科学》1994 年第 5 期。

17.王浩斌:《市民社会概念的三个历史阶段》,《理论探讨》1999 年第 4 期。

18.郁建兴:《马克思的市民社会概念》,《社会学研究》2002 年第 1 期。

19.王岩:《马克思的"市民社会"思想探析——兼论"市民社会"理论的现代意义》,《江海学刊》2000 年第 4 期。

20.马长山:《公民意识:中国法治进程的内驱力》,《法学研究》1996 年第 6 期。

21.李龙、周刚志:《论公民意识的法治价值》,《浙江社会科学》2001 年第 1 期。

22.周永坤:《社会优位理念与法治国家》,《法学研究》1997 年第 1 期。

23.陈昀、王韬:《西方企业国际双重上市研究评价及其启示》,《外国经济与管理》2006 年第 6 期。

24.陈昀、贺远琼:《双重上市对公司治理和公司绩效的影响研究——基于中国双重上市公司的证据》,《管理学研究》2009 年第 1 期。

25.高秦伟:《美国行政法中正当程序的"民营化"及其启示》,《法商研究》2009 年第 1 期。

26.叶振宇:《证券仲裁程序选择权研究》,梁慧星:《民商法论丛》123 卷,法律出版社 1999 年版。

27.韩龙:《美国金融危机的金融法根源——以审慎规制和监管为中心》,《法商研究》2009 年第 2 期。

28.何帆、张明:《美国次级债是如何酿成的》,《求是》2007 年第 20 期。

29.马宇、韩存、申亮:《美国次级债危机影响为何如此之大》,《经济学家》2008 年第 3 期。

30.廖岷:《次贷危机下美国对于金融监管的最新反思》,《中国金融》2008 年第 7 期。

31.郑联盛、何德旭:《美国金融危机与金融监管框架的反思》,《经济社会体制比较》

2009 年第 3 期。

32.廖岷:《从美国次贷危机反思现代金融监管》,《国际经济评论》2008 年第 7 期。

33.茅倩如:《金融危机处理与国际金融监管的合作和协调》,《世界经济与政治论坛》2009 年第 3 期。

34.王宝杰:《论金融监管的国际合作及我国的法律应对》,《政治与法律》2009 年第 6 期。

35.李成、姚洁强:《基于国家利益的非均衡金融监管国际合作解析》,《上海金融》2008 年第 4 期。

36.吴弘、杨红芹、刘春彦:《次贷危机对我国金融监管法制的启示》,《东方法学》2009 年第 3 期。

37.方流芳:《证券交易所的法律地位——反思"与国际惯例接轨"》,《政法论坛》2007 年第 1 期。

38.赵相文:《由法律观点论自治制度》,《中原财经法学》2005 年第 15 期。

39.杨光华:《期货市场自律功能——以规章制度为探讨中心》,《证券市场发展季刊》1996 年第 2 期。

40.史世伟:《德国应对国际金融危机政策评析》,《经济社会体制比较》2010 年第 6 期。

41.尹兴中、王红领:《交叉上市理论研究评述》,《经济学动态》2009 年第 9 期。

42.周建、刘小元、程广林:《境外上市战略与企业绩效动态性研究》,《山西财经大学学报》2010 年第 1 期。

43.周卫江:《美国金融监管的历史性变革》,《金融论坛》2011 年第 3 期。

44.杨巍、董安生:《后金融危机时代的美国金融监管改革方案》,张育军、徐明:《证券法苑》,法律出版社 2010 年版。

45.吴宏耀:《反对强迫自证其罪特权原则的引入与制度构建》,《法学》2008 年第 6 期。

46.万毅:《论"不强迫自证其罪"条款的解释与适用》,《法学论坛》2012 年第 3 期。

47.樊崇义:《从"应当如实回答"到"不得强迫自证其罪"》,《法学研究》2008 年第 2 期。

48.周成泓:《卡多佐:实用主义法律思想》,《理论探索》2006 年第 4 期。

49.许可:《卡多佐的法律世界——兼论实用主义审判的真与伪》,《人大法律评论》2010 年。

四、外文论文类

1.Andreas M.Fleckner, "Stock Exchanges at the Crossroads", *Fordham Law Review*, Vol. 74,（2006）.

2.StavrosGadinis & Howell E.Jackson,"Markets as Regulators:A Survey",*Southern California Law Review*,Vol.80,(September 2007).

3.Robert S.Kanmel,"The Once and Future New York Stock Exchange:The Regulation of Global Exchanges",*Brook.J.Corp.Fin.& Com.L.*,Vol.1,(Spring 2007).

4.Joseph Silvia,"Efficiency and Effectiveness in Securities Regulation:Comparative Analysis of the United States's Competitive Regulatory Structure and the United Kingdom's Single-Regulator Model",*DePaul Bus.& Comm.L.J.*,Vol.6,(Winter 2008).

5.Cally Jordan & Pamela Hughes,"Which Way for Market Institutions:The Fundamental Question of Self-Regulation",*Berkeley Bus.L.J.*,Vol.4,(Fall 2007).

6.Onnig H.Dombalagian,"Self and Self-Regulation:Resolving the Sro Identity Crisis", *Brook.J.Corp.Fin.& Com.L.*,Vol.1,(Spring 2007).

7.David Lipton,"The SEC and the Exchange:Who Should Do What and When? A Proposal to Allocate Regulatory Responsibilities for Securities Market",*U.C.Davis L.Rev.*,Vol.16,(1983).

8.Onnig H.Dombalagian,"Demythologizing the Stock Exchange:Reconciling Self-regulation and the National Market System",*U.Rich.L.Rev.*,Vol.39,(May 2005).

9.Adam C.Pritchard,"Self-regulation and Securities Markets",*Regulation*,(Spring 2003).

10.A.C.Pritchard,"Markets as Monitors:A Proposal to Replace Class Actions with Exchanges as Securities Fraud Enforcers",*Va.L.Rev.*,Vol.85,(1999).

11.Jonathan R.Macey & Maureen O'Hara,"Regulating Exchanges and Alternative Trading Systems:A law and Economics Perspective",*J.Legal Stud.*,Vol.28,(1999).

12.Dale Arthur Oesterle,"Securities Markets Regulation:Time to Move to a Market-Based Approach",*Policy Analysis*,Vol.374,(June 2000).

13.Ernest E.Badway & Jonathan M.Busch,"Ending Securities Industry Self-Regulation As We Know It",*Rutgers L.Rev.*,Vol.57,(Summer 2005).

14.Roberta S.Karmel,"Turning Seats into Shares:Causes and Implications of Demutualization of Stock and Futures Exchanges",*Hastings L.J.*,Vol.53,(January 2002).

15.Maureen O'Hara,"Searching for a New Center:U.S.Securities Markets in Transition",*Fed.Res.Bank Atl.Econ.Rev.*,Vol.4,(2004).

16.Joel Seligman,"Cautious Evolution or Perennial Irresolution:Stock Market Self-Regulation during the First Seventy Years of the Securities and Exchange Commission",*Bus.Law*,Vol.59,(2004).

17.Yesenia Cervantes,"'FIN RAH!' ··· A Welcome Change:Why the Merge Was Necessary to Preserve U.S.Market Integrity",*Fordham J.Corp.& Fin.L.*,Vol.13,(2008).

18.John C.Coffee,Jr., "The Future as History:The Prospects for Global Convergence in Corporate Governance and Its Implications", *Northwestern University Law Review*, Vol. 93, (Spring 1999).

19.Amir N.Licht, "Cross—Listing and Corporate Governance:Bonding or Avoiding? ", *Chi.J.Int'l L.*, Vol.4, (Spring 2003).

20.John C.Coffee,Jr., "Racing towards the Top?:The Impact of Cross—Listings and Stock Market Competition on International Corporate Governance", *Colum. L. Rev.*, Vol. 102, (November 2002).

21.Sara M.Saylor, "Are Securities Regulators Prepared for a Truly Transnational Exchange?", *Brooklyn J.Int'l L.*, Vol.33, (2008).

22.Roberta S.Karmel, "The EU Challenge to the SEC", *Fordham Int'l L.J.*, Vol.31, (June 2008).

23.Bo Harvey, "Exchange Consolidation and Models of International Securities Regulation", *Duke J.Comp.& Int'l L.*, Vol.18, (Fall 2007).

24.Erwin Chemerinsky, "Absolute Immunity:General Principles and Recent Developments", *Touro L.Rev.*, Vol.24, (2008).

25.Rohit A.Nafday, "From Sense to Nonsense and Back Again:SRO Immunity,Doctrinal Bait—and Switch,And a Call for Coherence", *U.Chi.L.Rev.*, Vol.77, (Spring 2010).

26.WilliamI.Friedman, "The Fourteenth Amendment's Public/Private Distinction among Securities Regulators in the U.S.Marketplace—Revisited", *Ann.Rev.Banking & Fin.L.*, Vol. 23, (2004).

27.Steven J.Cleveland, "the NYSE as State Actor?:Rational Actors,Behavioral Insights & Joint Investigations", *Am.U.L.Rev.*, Vol.55, (October 2005).

28.Lanny A.Schwartz, "Suggestions for Procedural Reform in Securities Market Regulation", *Brook.J.Corp.Fin.& Com.L.*, Vol.1, (Spring 2007).

29.Richard L.Stone& Michael A.Perino, "Not Just a Private Club:Self Regulatory Organizations as State Actors When Enforcing Federal Law", *Colum.Bus.L.Rev.*, Vol.1995, (1995).

30. Andrew J. Cavo, "Weissman v. National Association of Securities Dealers:A Dangerously Narrow Interpretation of Absolute Immunity for Self—Regulatory Organizations", *Cornell L.Rev.*, Vol.94, (January 2009).

31.Craig J.Springer, "Weissman v.NASD:Piercing the Veil of Absolute Immunity of An SRO under the Securities Exchange Act of 1934", *Del.J.Corp.L.*, Vol.33, (2008).

32.Jill I.Gross, "Securities Mediation:Dispute Resolution for the Individual Investor", *Ohio St.J.on Disp.Resol.*, Vol.21, (2006).

33.Jennifer J.Johnson, "Wall Street Meets the Wild West:Bring Law and Order to Securities Arbitration", *N.C.L.Rev.*, Vol.84, (December 2005).

34.Constantine N.Katsoris, "Roadmap to Securities ADR", *Fordham J.Corp.& Fin.Law*, Vol.11, (2006).

35.Matthew Eisler, "Difficult, Duplicative and Wasteful? the NASD'S Prohibition of Class Action Arbitration in the Post-Bazzle Era", *Cardozo L.Rev.*, Vol.28, (February 2007).

36.Norman S.Poser, "Judicial Review of Arbitration Awards: Manifest Disregard of the Law", *Brooklyn L.Rev.*, Vol.64, (Summer 1998).

37.Constantine N.Katsoris, "Securities Arbitrators Do Not Grow on Trees", *Fordham J. Corp.& Fin.L.*, Vol.14, (2008).

38.Edward Brunet & Jennifer Johnson, "Substantive Fairness in Securities Arbitration", *U.CIN.L.REV.*, Vol.76, (Winter 2008).

39.Jill I.Gross & Barbara Black, "When Perception Changes Reality: An Empirical Study of Investors' Views of the Fairness of Securities Arbitration", *J.Disp.Resol.*, Vol.2, (2008).

40.Barbara Black, "The Irony of Securities Arbitration Today: Why Do Brokerage Firms Need Judicial Protection? ", *U.Cin.L.Rev.*, Vol.72, (2003).

41.Jean R.Sternlight, "ADR Is Here: Preliminary Reflections on Where It Fits in a System of Justice", *Nev.L.J.*, Vol.3, (2003).

42.Jonathan M.Hyman & Lela P.Love, "If Portia Were a Mediator: An Inquiry into Justice in Mediation", *Clinical L.Rev.*, Vol.9, (2002).

43.Nancy A.Welsh, "Making Deals in Court-Connected Mediation: What's Justice Got to Do With It?", *Wash.U.L.Q.*, Vol.79, (2001).

44.Shelley Thompson, "The Globalization of Securities Markets: Effects on Investor Protection", *Int'l L.*, Vol.41, (2007).

45.Roberta S.Karmel & Claire R.Kelly, "The Hardening of Soft Law in Securities Regulation", *Brooklyn J.Int'l L.*, Vol.34, (2009).

46.Jennifer Elliott, "Demutualization of Securities Exchange: A Regulatory Perspective", IMF Working Paper No.02/119, (July 2002).

47.Jill I.Gross & Barbara Black, "Perceptions of Fairness of Securities Arbitration: An Empirical Study", U of Cincinnati Public Law Research Paper No. 08 – 01, (February 6, 2008).

48.Jon Evan Waddoups, "Narrowing the Scope of Absolute Judicial Immunity from Section 1983 Suits: The Bar Grievance Committee and the Judicial Function", *B.Y.U.L.Rev.*, Vol.1990, (1990).

49.EvaHupkes, "Regulation, Self-Regulation or Co-Regulation?", *Journal of Business Law*, Vol.5, (2009).

50. Robert S. Karmel, "Should Securities Industry Self-Regulatory Organizations be Considered Government Agencies?", *Stan. J. L. Bus. & Fin.*, Vol.14, (Fall 2008).

51. Alan Lawhead, "Useful Limits to the Fifth Amendment: Examining the Benefits that Flow From a Private Regulator's Ability to Demand Answers to its Questions During an Investigation", *Colum. Bus. L.* Rev., Vol.2009, (2009).

52. Saule T. Omarova, "Wall Street as Community of Fate: Toward Financial Industry Self-Regulation", *U. Pa. L. Rev.*, Vol.159, (January 2011).

53. Eric C. Chaffee, "Contemplating the Endgame: An Evolutionary Model for the Harmonization and Centralization of International Securities Regulation", *U. Cin. L. Rev.*, Vol.79, (Winter 2010).

54. Eric C. Chaffee, "Finishing the Race to the Bottom: An Argument for the Harmonization and Centralization of International Securities Law", *Seton Hall L. Rev.*, Vol.40, (2010).

55. Eric J. Pan, "Structural Reform of Financial Regulation", *Transnat'l L. & Contemp. Probs.*, Vol.19, (Winter 2011).

56. Joseph McLaughlin, "Is FINRA constitutional?", Vol.12, ENGAGEJ, (2011).

57. Jessica Luhrs, "Encouraging Litigation: Why DODD-FRANK Goes Too Far in Eliminating the Procedural Difficulties in SARBANES-OXLEY?", *Hastings Bus. L. J.*, Vol.8, (Winter 2012).

58. PierreSchammo, "Regulating Transatlantic Stock Exchanges", *International & Comparative Law Quarterly*, Vol.57, (2008).

59. Nu Ri Jung, "The Present and Future of the Financial Services Industry: Convergence, Consolidation, Conglomeration, and Collaboration", *Quinnipiac L. Rev.*, Vol.29, (2011).

60. Ryan C. Williams, "The One and Only Substantive Due Process Clause", *Yale L. J.*, Vol.120, (December 2010).

61. Russell A. Eisenberg & Frances Gecker, "Due Process and Bankruptcy: A Contradiction in Terms?", *Bankr. Dev. J.*, Vol.10, (1993/1994).

62. Christopher J. Schmidt, "Ending the Mathews v. Eldrige Balancing Test: Time For a New Due Process Test", *Sw. L. Rev.*, Vol.38, (2008).

63. James W. Hilliard, "To Accomplish Fairness and Justice: Substantive Due Process", *J. Marshall L. Rev.*, Vol.30, (Fall 1996).

64. Rosalie Berger Levinson, "Reining in Abuses of Executive Power through Substantive Ddue Process", *Fla. L. Rev.*, Vol.60, (July 2008).

65. Reena Aggarwal, Allen Ferrell, Jonathan Katz, "U.S. Securities Regulation in a World

of Global Exchanges", European Corporate Governance Institute Finance Working Paper No. 146/2007, (December 2006).

66. Willliam S.Helfand & Ryan Cantrell, "Individual Governmental Immunities in Federal Court: The Supreme Court Strengthens an Already Potent Defense", *The Advoc. (Texas)*, Vol. 47, (2009).

67. Boyd M.Mayo, "Monetary Libility for Involuntary Servitude? South Carolina Needs to Abandon the Negative Incentive Approach and Grant Absolute Immunity to Indigent Criminal Defense Attorneys Appointed under Rule 608", *Charleston L.Rev.*, Vol.3, (2009).

68. Kenneth B.Orenbach, "A new twist to an on-going debate about securities self-regulation: it's time to end FINRA's federal income tax exemption", *Va.Tax Rev.*, Vol.31, (Summer 2011).

69. Klaus J.Hopt, "Comparative Corporate Governance: the State of the Art and International Regulation", *Am.J.Comp.L.*, Vol.59, (Winter 2011).

70. Raghav Sharma & Tarun Jain, "Cross Listing of Stock Exchange: Strengthening Self-regulation?", *Company Law Journal(India)*, Vol.3, (2007).

五、学位论文类

1.赵相文:《行业自治作为"我国"行政任务民营化之方法——以证券市场自律机制为例》,(中国台北)台湾大学法律学研究所,2005年。

2.陈颐:《从中世纪商人法到近代民商法典——1000—1807年欧陆贸易史中的法律变迁》,华东政法大学,2002年。

责任编辑：姜冬红
封面设计：周涛勇
责任校对：陈艳华

图书在版编目（CIP）数据

证券市场自律研究/李志君 著. −北京：人民出版社，2013.12
ISBN 978 − 7 − 01 − 012865 − 8

Ⅰ.①证⋯　Ⅱ.①李⋯　Ⅲ.①证券市场-研究　Ⅳ.①F830.91

中国版本图书馆 CIP 数据核字（2013）第 280856 号

证券市场自律研究

ZHENGQUAN SHICHANG ZILÜ YANJIU

李志君　著

人民出版社 出版发行

（100706　北京市东城区隆福寺街 99 号）

北京龙之冉印务有限公司印刷　新华书店经销

2013 年 12 月第 1 版　2013 年 12 月北京第 1 次印刷
开本：710 毫米×1000 毫米 1/16　印张：17.5
字数：253 千字　印数：0,001-2,000 册

ISBN 978 − 7 − 01 − 012865 − 8　定价：40.00 元

邮购地址 100706　北京市东城区隆福寺街 99 号
人民东方图书销售中心　电话（010）65250042　65289539

版权所有·侵权必究
凡购买本社图书，如有印制质量问题，我社负责调换。
服务电话：（010）65250042